U0020496

醫者無懼

WAR DOCTOR

Surgery on the Front Line

大衛・諾特——著

林步昇——譯

獻給艾利、莫莉，以及伊麗莎白，
滿懷著愛。

目次

〔中文版作者自序〕

疫區如戰區——戰地醫生眼中的新冠疫情

二〇二〇年初，大衛．諾特基金會（David Nott Foundation）開始籌劃一個培訓課程，準備三月下旬前往敘利亞。我們那時已經聽聞中國出現新型冠狀病毒的相關報導，但當時大家的了解十分有限。一月發表在國際醫學期刊《刺胳針》的一系列香港報導在在顯示，新型病毒的致死率與傳播力都令人憂心。世界衛生組織建議各國關閉機場以封鎖傳播途徑，嚴肅看待該病毒可能引發的死亡潮。

當時，我每天在倫敦聖瑪莉醫院的工作如常。三月中旬，這個如今稱作COVID-19的病毒對健康人體的影響愈來愈明顯。某個週五，發生了讓我傻眼的事：一整天手術全都被取消了，手術恢復室被改裝成可容納二十張病床的加護病房。這實在讓人措手不及，當時任誰都還不曉得之後的疫情會有多嚴重。新的加護病房尚未收治任何病患，但病房內已架好呼吸器，以及各式各樣的監控儀器，準備好因應週末可能湧入的病患。

隔週一，英國首相強生宣布英國進入封城狀態。沒有人能隨意外出，政府強烈建議大家在家工作。當時的口號是「乖乖在家，守護健保，拯救生命」。只有必要人員獲准上班，包括我的醫院同事。我回到醫院時驚訝不已，病床躺滿了需要呼吸器的病患。所有非必要手術都被取消了，到處都可以看到「COVID」和「非COVID」臨床路徑的標示。忽然間，醫療人員全都得學會如何穿戴個人防護裝備，包括從頭到腳的全套式防護服、護目鏡、防護口罩和醫用手套。我參加了一場麻醉科舉辦的研討會，主題是呼吸器的詳細使用說明，因為我得親自照顧使用呼吸器的病患。畢竟醫療人員短缺，工作量必定爆增。

在首次封城期間，我學會了如何當個稱職的加護病房醫師。每天跟著其他醫師巡房，也愈來愈有自信能監測氧合指數、搞懂呼吸器上頭一大堆按鈕的功能，這是為了要替病患肺部提供壓力輔助或容積輔助；我也漸漸習慣穿著全套個人防護裝備一連數小時，熟練地更換深靜脈導管。我也成為「俯臥通氣」（proning）團隊一員。關於這個過往從未聽過的工作，其實有點像一級方程式賽車在維修站的換胎團隊。我深深敬佩物理治療師、麻醉師、護理師的專業，他們齊心協力協助仰賴呼吸器的病患翻身，如此，加上重力的影響，氧氣才得以抵達部分已坍塌的肺葉。

身為所謂的「戰地醫生」，常遇到有人問我對當前疫情的看法。就很多方面來看，這很像身在戰區，主要差別在於明明知道有敵人，卻看不到、摸不到或感覺不到對方。某種程度上，這種感受比在戰區還要糟糕，因為假如身處戰區，非戰鬥人員至少曉得自己通常有路可逃——你知道前線在哪裡，就可以離遠一點。但在全球疫情爆發之際，不曉得自己是否會遭到病毒感染，也不確定假如不幸感染病毒，身體會出現什麼症狀。有些確診者毫無症狀，但很多確診者終究死亡。每天我值完班、筋疲力盡地離開醫院騎腳踏車回家，便馬上把所有衣物扔進洗衣機，接著盡快沖個澡，設法離病毒遠遠的。但也還是每天都到醫院上班，盡人事聽天命。

二〇二〇年十一月，英國第二度封城期間，情況同樣嚴峻，病房內患者都戴著正壓呼吸器進行氧氣治療。醫療人員此時再度穿上個人防護裝備，但這次由於護理師嚴重短缺，我自願擔任加護病房護理師。說起來，這堪稱我這輩子做過最困難的工作：必須照顧依賴呼吸器的病患，值班十二小時，幫病患處理所有事宜，包括確保病患體內水分足夠、運用注射器管理所有施打藥物、適時更換藥物、計算維持病患沉睡的麻醉劑量；此外，還必須留意病患排出的體液，定時替病患更換衣物。護理師都得像這樣連續工作十二小時，中間僅有兩個半小時的休息時間，下班絕對筋疲力盡。

不過，我也從中汲取重要心得，了解到加護病房護理師的工作有多辛苦。我一向非常敬重護理師，本來以為自己已經明白他們的工作有多累，但俗話說得好，親身體驗後才能將心比心。我有幸能藉此機會從事護理工作，近距離接觸那些努力求生的病患，真可謂畢生難忘的經驗。

回想起來，我很意外自己居然沒有感染病毒。正如同這本書描述的許多極端情境，我真的非常非常幸運。在此要對所有患者表達深刻的慰問之意，同時要感謝世界各地無私的醫療專業人員不遺餘力地挽救生命。

（本文寫於二〇二一年二月）

前言

我走遍了世界各國，尋找動盪不安之地。這就像是一種癮頭，教我難以抗拒。這個癮頭部分是發自內心的願望，即運用外科醫師的專業知識，幫助慘遭不幸的民眾；部分則源自一股興奮感，可以置身於險惡的環境、住在一般人沒去過也不想前往的夾縫地帶。

自古以來，人類時時發動戰爭，對象常是自己的鄰居。以往戰場上都是士兵承擔傷亡的風險，戰爭可以細分成一連串的會戰，地點通常離平民百姓很遠，唯有作戰人員在前線交火。然而，第二次世界大戰期間，隨著戰爭愈來愈專業化，這樣的情況開始轉變，傷亡的多半是無辜的民眾，時至今日依然如此。

不僅受害人數不斷成長，造成傷亡的速度也一再提升。幸好，七十多年前日本的那場慘劇沒再度上演。當時破壞力驚人的兩顆原子彈先後落下，奪走數十萬條人命。可是，我們擁有愈來愈強大的火箭、飛彈、炸彈等各式投放系統，用意都是要對人體造成重創。而受到戰爭衝擊最大的人，往往最缺乏抵抗的能力，多為貧窮或弱勢，生活匱乏簡陋，無法享有西方國家習以為常的便利設施。戰爭只會讓本來就困苦的民眾更加生不如死。

世界各地有許多慈悲為懷的醫師與護理師——真要感謝上帝，想以醫療照護為畢生職志的人，一直都占了人口一定比例。但戰爭或天災等重大事件，在在挑戰著照護能力的極限。難民的傷勢愈來愈嚴重，黃金救援時間愈來愈短，資源愈來愈稀少，隨時可能用盡；醫療人員的壓力愈來愈大，而且往往自己也置身險境。即使在和平時期訓練有素的外科醫師，目睹了戰區景象依然會倍感震驚，我自己就是如此。外傷科醫師得花很多時間累積所需的能力與經驗，才能因應各式各樣的難題。

二十多年來，我花了大把時間自告奮勇前往危險的地帶（原因容我在後文詳述），幫助那些天災人禍波及的民眾。面對這些重大事件，他們往往束手無策。我多次冒險進入他人戰事之中，舉凡阿富汗、獅子山共和國、賴比瑞亞、查德、象牙海岸、剛果民主共和國、蘇丹、伊拉克、巴基斯坦、利比亞、加薩走廊、敘利亞等地都有我的足跡。有時，我可以在遠離戰火又設備完善的醫院進行醫療工作，有時則遷就於前線設備簡陋的野戰醫院，即我們所謂的「嚴峻環境」，無法仰賴X光機或電腦斷層掃瞄儀器等檢驗設備。

我為何要一再回到充滿苦難與心痛的地方呢？答案很簡單：幫助那些面臨人生重大危難的民眾，他們像你我一樣有權接受適當的照護。

假如有個小小孩因手指被門夾住而大哭，而我們是唯一在場的大人，通常會怎麼辦呢？我們會把可憐的孩子抱到懷裡，同理孩子感受到的疼痛，安慰他一切都會沒事的，展現愛與關懷——擁抱本身就傳遞了一種安全感，彷彿在說：「我在這裡陪你、保護你，幫助你好起來。」

現在把場景換成戰區，眼前是身負重傷的患者，就需要同樣的憐憫心。傷患希望得到安慰與照護，醫病關係建立之初即必須符合這個需求，同時要鞏固傷患的信心，相信醫師能予以協助、進行妥善醫療，減輕受傷的疼痛。

即使是太平盛世，醫院處處都可能牽動情緒；身處戰爭環境之中，一切感受更加放大，因此務必要給人自信又可靠的感覺。在這方面，我已經比以前嫻熟多了。然而，如今事態十分嚴峻，因為通常四周武器遍布、情勢更加緊張，而且槍治超越法治。我曾出入許多險境，能活到現在純屬僥倖。

日內瓦公約所要保護的不只是傷患，還包括戰時醫療人員。二〇一六年，我在倫敦舉辦了一場示威遊行，反對無差別轟炸敘利亞與其他戰區的醫院。醫院必須受到保護與重視。炸毀醫院不僅道德上有罪，更反映了惡毒的心腸，因為主事者往往視其行為合理，因此故意為之。敘利亞衝突頭六年，各地醫院就遭到超過四百五十次攻擊，其中九成都是敘利亞和俄羅斯政府所主導。在衝突過程中，醫療設施有數個月幾乎每天都遭受砲火攻擊。這些行徑本身當然歹毒，否認其正在發生同樣可惡。

一九九〇年代初期，我只是一名年輕的醫師，根本無法想到自己居然會舉辦示威遊行、接受電視專訪呼籲設置人道走廊，或成立基金會以便傳播外傷醫學知識。過去的我絕對認不出有這番作為的自己，但我還是我，無論是過去或現在的自己，都是來自威爾斯的成長經驗，加上數不清形塑了我如今性格的因素。

我現在力推的倡議與教學，都是過去一切經歷的產物，而近年來我在敘利亞的經驗尤其重要。二〇一二年以來，我總計造訪了敘利亞三次，還有幾趟是前往邊界地帶，那段時期徹底改變了我的人生。我開始認真整理多年來習得的知識，分享給其他醫師，尤其是國家正逢戰亂的那些醫師。我也開始對世界強權感到無比憤怒，這些大國居然眼睜睜讓醫院淪為戰略目標，醫療人員不過想拯救人命罷了。最神奇的是，我居然認真開始跟一位女性交往，真心想跟她共度餘生，後來也順利娶她為妻，共組家庭。

二〇一二年以來，雖然我也去過其他地方，但敘利亞貫穿了我人生中最不可思議的時期，也是我一再造訪的國家。每趟旅程都充滿了意想不到的收穫、挫敗與危險。

1 炸彈工廠

我十分小心地先用手指夾住，隨後把它拉出傷口，拿起來端詳一番；身旁的敘利亞助手看了一眼，臉色瞬間慘白，顯然知道這是何物，脫口說出：「Mufajir!」隨即轉身逃離房間。

我和麻醉醫師兩人面面相覷。我手上的東西該不會是炸彈吧？

自願放無薪假的戰地醫生

二〇一二年，倫敦夏季奧運正如火如荼地進行，英國隊奪下的獎牌數量打破以往紀錄。國家選手的表現優異，加上賽事辦得十分成功，讓英國上下沉浸在榮光之中。難以想像的是，搭機僅僅數小時的路程之外，有個國家正陷入動盪的無政府狀態。

當時，我的正職是替英國國家健保局工作。整年下來，我主要在倫敦三家醫院服務。在聖瑪莉醫院，我是血管暨外傷科主治醫師；在皇家馬斯登醫院，我則協助一般外科、泌尿科、顎面外科與婦科等不同專業的腫瘤外科醫師，完整切除大型腫瘤，再進行血管重建手術；在雀兒喜暨西敏醫院，我擔任腹腔鏡（俗稱鑰匙孔）暨一般外科主治醫師。但除了這些工作之外，我從一九九〇年代初期開始，幾乎每年都會前往戰區待上數週，專門進行外傷手術。我時常緊盯著電視新聞，留意即將掀起戰亂的熱點，心想不久後就會有援助機構請我前去幫忙。

我只要接到這類電話，心跳便會瘋狂加速，同時升起一股衝動，想剷除眼前任何可能的阻礙。我當下的回應永遠都是：「等我兩小時左右，我會回電給你。」這類電話打來的同時，我可能在動手術、幫同事的忙，或看例行門診。無論我人在哪裡或在做什麼，想去的欲望永遠都很強烈，簡直難以抗拒，但有時不得不拒絕。每個月，我平均會接到兩次不同機構的洽詢，想成為全職醫療志工並非難事，但我也不得不維持生計。的確，一個月的戰地醫療服務可以得到約三百英鎊的酬勞，但多半都會花在日常開銷上頭。

由於雀兒喜暨西敏醫院已與我簽訂合約，因此在口頭答應對方前，我都會打電話給該院外科主任，說明哪個地方發生人道危機、哪個單位請我前往支援，然後立即向外科主任請無薪假。主任往往不會反對──「你只要安排好自己的門診、手術與待命時段就沒問題。」我目前還沒被拒絕過。自願放無薪假又做好份內工作，果然有助減輕健保局的疑慮！

因此，二〇一二年「無國界醫生」巴黎總部來了通電話，詢問我是否願意到他們在敘利亞成立的醫院工作。我一如往常在家打點大小事、收拾好醫療用品箱，就搭機前往土耳其了。

我跟大多數人一樣，知道敘利亞是一個中東國家，過去一直未能避免捲入許多鄰國的軍事衝突──包括伊拉克、黎巴嫩和以色列在內，鮮少見到寧靜之日。就我過去的印象所及，敘利亞是個封閉、略帶神祕但整體和平的國家，當地民眾熱情好客，不時會見到愛探險的歐美遊客前往度假。

治療比戰鬥更危險

我前往的國家中，許多都在威權統治政權遭反抗後陷入動亂，這已是老生常談，後文會再討論。真空也許不見容於自然界，但權力真空正中戰爭販子下懷。以敘利亞為例，威權政府的背後是阿薩德家族，一九七〇年哈菲茲．阿薩德（Hafez al-Assad）發動政變奪權後便統治至今。二〇〇〇年哈菲茲過世後，兒子巴夏爾．阿薩德（Bashar al-Assad）贏得百分之九十九點七的選票，確定攬下大權，成為敘利亞現任總統。阿薩德家族是伊斯蘭什葉派少數分支阿拉維派（Alawite）的領頭羊，而敘利亞人口有四分之三都是遜尼派教徒。阿薩德家族儼然也是許多人崇拜的偶像，不少辦公室和商店都看得到哈菲茲和巴夏爾的畫像。阿薩德父子先後掌權，統治敘利亞數十年，還有作風殘暴的祕密警察撐腰。這些警察往往戴著墨鏡、身穿皮革夾克，模樣格外顯眼。

我與敘利亞的緣分很早就開始了。一九七〇年代，我父親曾指導過一位名叫布洛克的敘利亞醫師，還稱讚布洛克是他合作過最優秀的專科醫師。另外，早在一九九〇年代初期，我就認識了年輕的巴夏爾·阿薩德，他當時在倫敦西區眼科醫院擔任住院醫師。猶記得，我們討論著某位患者頸動脈的血塊何以導致眼疾。他為人親切又有禮——萬萬沒想到，多年後我們會再度相遇。

二〇一〇年，敘利亞的局勢已開始轉變。當時，突尼西亞的民眾走上街頭，展開大規模示威遊行，宣洩對現況的不滿，抗議政府貪汙、失業率攀升與缺乏言論自由。那年元旦，長年掌權的突尼西亞總統遭到罷黜，引起北非與中東一帶國家的關注，這些國家也面臨類似的政府腐敗問題。二〇一一年初，摩洛哥、阿爾及利亞和蘇丹街頭一再出現抗議活動，這股浪潮又蔓延到伊拉克、黎巴嫩、約旦和科威特等地，而後在利比亞、埃及、葉門、巴林和敘利亞五國形成所謂的「阿拉伯之春」，陸續引發嚴重暴動、政權垮台乃至全面內戰。目前，唯有突尼西亞成功脫離動亂，推動民主改革，其他國家的局勢可說是每下愈況。

在敘利亞，所有要求阿薩德總統下台的抗議活動，都遭到格外血腥的鎮壓。我認為，假如當初敘國政府以較為溫和的方式回應，內戰根本可以避免或快速趨緩。二〇一一年三月，幾個孩子在南部城市達拉亞牆上噴了反政府的塗鴉。阿薩德居然派出維安部隊拘留這些孩子，還加以嚴刑拷打，引發數千位民眾上街抗議。三月二十二日，阿薩德部隊闖入達拉亞市的醫院占領整棟大樓，還安排狙擊手在屋頂上待命。隨著抗議示威愈演愈烈，狙擊手開始朝群眾掃射。一位名叫阿里・瑪哈米德的外科醫師在替傷患治療時遭到擊斃，而當天傍晚有數千位民眾出席他的喪禮致哀，也遭到掃射。狙擊手在屋頂上駐守長達兩年之久，朝著單純想到醫院治療的病人與傷患開火。

隨著抗議聲浪延燒至敘利亞全境，分歧的勢力撕裂著社會，深受其害的卻是該國醫療系統。反抗敘利亞政府的人士多半屬於遜尼派，敘利亞自由軍即是從中崛起。他們很快發覺，戰鬥負傷後尋求治療的危險，居然不亞於戰鬥本身。

敘利亞政府把醫療體系當成自己的武器，公立醫院儼然成為國安機構的一環。據報導，依然忠於阿薩德的醫療人員，遇到輕傷者往往都予以截肢，當作懲罰手段。負傷等待治療的抗議民眾，常常會被悄悄地帶離病房，遭到虐殺。

根據紀錄，敘利亞內戰第一年內，就有五十六位醫療人員不是成為政府狙擊的目標，就是在拘押設施被折磨至死。二〇一二年七月，阿薩德通過一項法律，明定反政府活動必須舉報，等於凡是治療非力挺阿薩德的病患，便有刑事責任。敘利亞各地的醫療人員光是盡好本分，就得背負如此的壓力。

前往煙硝之地

我先搭機到伊斯坦堡，再飛往哈塔伊機場，附近是最靠近敘利亞邊界的土耳其小鎮雷伊漢勒。我被帶到「無國界醫生」在雷伊漢勒的安全屋，聽取該次任務的簡報、最新安全警戒事項與緊急撤離時的脫逃路線。隔天，一位敘利亞司機與當地後勤人員前來帶我到邊界旁的檢查哨，接著給我一個假名登記，又發給我身分證明文件。隨後司機載我到邊界，該地受到土耳其軍方嚴密監控，他們也仔細地檢查我的身分文件。我們越過僅由鐵絲網隔開的邊界，等待一台敘利亞汽車前來，載我們到「無國界醫生」在阿特邁的醫院。我們經過搭建好不久的難民營，數千人住在簡陋的帳篷中，衛生條件極差。儘管帳篷破破爛爛，裡面的人穿著居然十分講究，鞋子乾乾淨淨，想必外表令他們引以為傲。可以肯定的是，他們當時絲毫沒察覺，自己的難民處境只是開端，接下來得熬過多年的悲慘生活。「無國界醫生」這個我合作過多次的人道醫療組織，接手了鎮上一座大型別墅，將其改建成醫院，稱為「阿爾法（alpha）」，代表該組織在敘利亞成立的第一座醫療設施。別墅不但空間寬敞、格局分配良好，屋主剛好也是一位外科醫師，當時在阿勒坡工作。由於料想醫療需求可能增加，所有房間都已重新改裝：餐廳成了我們的手術室，客廳充當檢傷分類的急診部門，廚房則擺放消毒設備；一、二樓是病房，擺了約二十張病床，頂樓則供醫療人員居住——只不過我抵達當時天氣太熱，我們都會睡在屋頂上，並在周圍掛起蚊帳。無論是敘利亞人，或是像我一樣的外國志工，連續值完班後全都累癱地躺在屋頂，看著頭頂上戰機呼嘯而過，也欣賞著繁星點點的夜空。

我不久便找到工作的節奏，逐漸覺得自己能派上用場。我們都一大早就起床，先跟專案經理開會，聽取當天安全情勢的簡報、最新戰火集中區域等等，隨後便開始巡視病房。十分值得慶幸的是，曾與我共事過的優秀醫師彼得．馬修也是團隊成員。彼得是蘇格蘭鄧迪市的神經外科醫師，來敘利亞之前就非常熱衷參與人道救援工作。早在二〇〇二年，我跟寶琳．達茲和珍妮．海沃—卡爾森兩位同事，在英國紅十字會贊助下開了一門培訓課程，教英國外科醫師如何在戰區工作，彼得當時就是學員之一。我們從此便成為好友，一直都有保持聯絡。

在阿特邁巡視完病房後，我們才會吃早餐，然後按排程來動手術。我們剛到時，僅是內戰爆發初期，尚未有大量傷患，還有時間執行常規手術，或針對已無生命危險的傷患進行後續手術。

但敘利亞情勢急遽升溫。沒多久，院內得處理許多重大緊急手術。隨著阿薩德政府開始轟炸民房、派直升機發射火箭砲，我們開始治療大量的槍傷與碎裂傷。民眾除了可能遭受直接攻擊，導致當場死亡或事後截肢，還可能因為金屬彈殼往四面八方噴射，或飛彈擊中大樓後殘骸飛出，而間接被流彈或彈片所傷。

Mufajir! 有炸彈

三不五時，可能是白天或夜晚，我們會聽到遠方傳來汽車或貨卡車的喇叭聲，上頭載滿了傷患。隨著車輛高速接近，喇叭也愈來愈大聲。喇叭聲有著警笛的功能，告知我們要準備好急診室，方便評估患者的傷勢，決定誰得直接送進手術室。某一天，首位需要我們開刀的傷患，是當地一位炸彈製造工人的妻子。當時，阿特邁開了許多家製造炸彈的小工廠，成品都十分粗糙，鮮少有工人曉得自己在做什麼——他們多半在家工作，製造炸彈的過程中，也害家人置身極大的危險之中。

這位女子的丈夫似乎在廚房製造炸彈時，不小心將其提早引爆，造成整棟房屋全毀、自己當場死亡，妻子則是左小腿遭彈片所傷，火速被人送到我們那裡治療。當時她的傷口大量出血，必須立即在大腿上綁止血帶。

麻醉醫師迅速替她抽了血，再以陽春的血紅素檢驗器測量紅血球數。檢查結果證實，她體內血紅素只剩每公升四克——血紅素負責運送血液裡的氧氣，正常值介於每公升十二到十五克。她顯然已失血過多。麻醉醫師確認她的血型後，立即從日益緊縮的血庫中，取來半公升的新鮮血液，再於另一隻手臂吊上生理食鹽水點滴，補充一些她已流失的水分。

這些都發生在餐廳內的手術台上。傷患在接受全身麻醉時，護理師備妥急救車上的手術鋪單與器具。由於很可能是腿部淺股動脈出血，無法適當評估傷勢，上頭還有用來局部加壓的大片敷料。我先刷手消毒，便準備動手術。

當時，有位英語不大好的敘利亞助手幫忙抬她的腿。我一邊幫患肢擦碘酒，一邊請助手撕下加壓敷料，此時傷口的血已止住，留下一大片血塊。如今手術單已鋪好、患肢也消毒完成，我便先在止血帶下開了切口，位置偏大腿上方，以便夾住動脈再處理傷口。在控制血管近端後，我才開始深入檢查。我小心地把手指放入她膝關節上方的大孔，摸到一個像是金屬的東西：可能是炸彈或房屋的碎片。

在這種情況中，所有動作務必要非常謹慎，你得小心翼翼地把手指放入傷口，因為裡頭可能有跟碎玻璃一樣銳利的斷骨——畢竟，連傷患的血液狀態都還不曉得，當然要避免先被扎傷。身處這樣的環境，也許不大需要擔心人類免疫缺乏病毒（HIV）或肝炎，但心存僥倖是很常見的錯誤心態。

我緩慢地用手指觸摸著那個東西，發覺它不是一般的尖銳金屬或碎片，而是平滑的圓柱狀物體。我十分小心地先用手指夾住，隨後把它拉出傷口，拿起來端詳一番；身旁的敘利亞助手看了一眼，臉色瞬間慘白，顯然知道這是何物，脫口說出：「Mufajir!」隨即轉身逃離房間。

我和麻醉醫師兩人面面相覷。我手上的東西該不會是炸彈吧？那一瞬間，我僵在原地，不知道接下來究竟該怎麼辦。手術室內一片寂靜，只聽到呼吸器把氧氣輸入傷患肺部的嘶嘶聲。麻醉醫師拖著腳步，緩緩移動到櫥櫃後方的角落。此刻，我的雙手不停顫抖，那東西隨時可能落地。我明白自己得採取行動，於是深吸了一口氣，盡可能小心又緩慢地走出手術室。我需要麻醉醫師幫忙開門，便把頭朝門的方向擺了擺，設法表達我的意圖，根本不敢開口說話。他要我稍等一下，因為他確定很快就會有人來了。幸好他的判斷正確，我又思索了幾秒後，門打開了，那位敘利亞助手提了一桶水進來，擺在我身旁的地板上，接著便跟麻醉醫師跑到隔壁房間了。當時我的心跳劇烈，萬般謹慎地把東西擺在水桶底部，感受到冷水滲入綠色手術袍的袖子，再輕手輕腳地把桶子提到外面。

「Mufajir」的意思是「引爆器」，當時很難判斷是否已啟動。後來我才知道，那個引爆器應該不至於要我的命，但很可能會炸爛我的手。就算大難不死，醫師生涯也會告終，這其實跟死也差不多了。

我不止一次遇到土製炸彈。我們處理的炸彈碎裂傷，大都是業餘炸彈所造成。執行這次醫療任務的過程中，我們治療了好幾個小男孩和小女孩，他們到院時可能已失去了一隻手，或甚至兩隻手都斷了。有些孩子的顏面受到重度傷害，甚至傷及眼睛、造成失明。我有好多次抵達病房時，會聽到父母抱著五、六歲的孩子啜泣，因為孩子可能再也見不到他們，或再也無法用手觸摸他們。此情此景令人心碎。

武裝聖戰士

儘管四周許多人都接受了身處戰區的事實，我們在室內總感到相當安全。我們沒特別注意對面的大樓，只曉得有許多身穿深色野戰迷彩服的年輕男子，每個人往往荷槍實彈。回想起來，我大概下意識地把那裡當成敘利亞自由軍的某個訓練設施。每天早上約四點半，清真寺會傳出喚拜聲，我們會看見他們開始跪拜禱告，也知道對方看得到我們展開當天的工作。那一刻其實十分浪漫。我意識清醒地躺在屋頂上，聆聽著清真寺傳出悠揚的歌聲。清晨的空氣既甜美、清新又帶寒意，隨著天空漸漸亮起，我的內心感到全然寧靜。到了早上七點，便已熱到讓人難以繼續躺在橡膠床墊上，逼得我們全都乖乖起床，排隊等著使用大樓內的公共廁所與淋浴間。

日落時分同樣美不勝收。傍晚的天空通常呈一大片深藍，偶爾點綴著幾縷雲朵。太陽緩緩下沉，展露千奇萬變的色彩，最後落在地平線上兩座小山之間，是幅不可思議的奇景。

某個這樣的傍晚，其他醫療志工全都前往鎮上的游泳池了。我當時自覺有點發福，便決定不與他們同行，上樓到屋頂休息一下。當晚暮色格外美麗動人，我打定主意要拍張照片。此時，我已有多年的海外醫療任務，也知道跟「無國界醫生」出團不得拍照的規定。然而，基於教學需求，我長年都習慣拍些臨床照片與影片——當然會先徵詢病患的同意——通常是把GoPro相機架在頭巾上。我很慶幸自己留下這些紀錄，因為現在這些檔案確實成了重要教材。況且，每個人隨時都在拍照，根本不甩所謂的規定。

我先架好相機，又費時調整縮時攝影的功能，只為了獲得最棒的成果。於此同時，我望向底下的街道，注意到一個很面熟的人——他是以薩．拉曼醫師，我們數週前才在土耳其與敘利亞交界認識。我朝他揮揮手，他也揮手致意。他當時剛從帝國學院取得醫師資格，替醫療慈善組織「攜手救助敘利亞」（Hand in Hand for Syria）工作，該組織先前在阿特邁成立了一家診所。

我轉頭看著牆上的相機，它看似俯視著著周圍的街道與樓房，其實是聚焦於遠方的金黃色地平線。我拍了幾張照片後，發覺醫院後勤人員冷不防出現，著實嚇了一跳。原來，他專程衝上屋頂要我立刻停止拍攝。他的神情驚慌、臉色蒼白，說話有些語無倫次。我完全不曉得，醫院樓下約有二十名全副武裝的男子闖入大門，誤以為我在偷拍他們，因此想要拿走我的相機。

「沒有沒有。」我連忙喊冤，「我只是在拍夕陽的照片啊！」

這些氣憤不已的男子是隔壁那群信仰虔誠的戰士，他們剛才一直觀察我的一舉一動。原來，他們根本不是敘利亞自由軍，而是隸屬於某個伊斯蘭聖戰組織。那位後勤人員已迅速跟那群人商量好，要把我的相機拿下樓，給他們看裡頭的照片。他說我得馬上交出相機，否則他們揚言在兩分鐘內占領醫院。我乖乖把相機給了他，隨後緊張地坐在椅子上，不知道會發生什麼事。

後勤人員離開後過了約十五分鐘。我站起身子，從圍牆邊探頭，朝下方街道看，又跟以薩對到眼。我打了個手勢，要他看看樓下的狀況，也許能視情況幫忙。他向我點點頭，隨後走向醫院。

二十分鐘後，那位後勤人員再度出現，而且居然把相機還給我。我原以為再看不到它了。所幸，相機裡沒半張那些聖戰士的照片，否則我絕對會被帶去拷問，天曉得還會發生什麼事。儘管照片證明了我的清白，那些聖戰士原本仍想帶走我，還好以薩最後說服他們離開醫院。

如今，我知道自己欠以薩很大的人情。這則插曲發生不久後，同一群聖戰士綁架了另一位「無國界醫生」的外籍醫師數個月。我再也沒見到以薩，令人難過的是，一年後得知他喪命的消息。當時他在伊德利布省的診所工作，遭到彈片所傷不治身亡，據說是敘利亞政府軍所為。

行醫至今，我歷經多次死裡逃生的關頭，但此事是回想起來才格外難忘——我後來才曉得，自己遇到了現在人盡皆知的「伊斯蘭國」激進組織。外界對該組織有不同的稱呼，包括阿拉伯文的縮寫「達伊沙（Daesh）」，但由於我是在敘利亞遇到那群伊斯蘭戰士，因此會稱之為「伊拉克與敘利亞伊斯蘭組織（Islamic State of Iraq and Syria, ISIS）」。

這張由照片而起的無妄之災，日後還留下了另一道陰影。但至少照片本身拍得很棒。

戰地醫療人員流動快速

醫療團隊成員三不五時會更換，由其他醫師或護理師前來接手。有時，成員離開對團隊而言也是種解脫，因為在高壓環境中，有些人難免承受不住壓力。你可以看出他們不再像初來乍到時那般快樂，有些人變得沉默許多，有些人變得口無遮攔，還有些人甚至變得不講道理。

在我看來，當時有位管理病房的資深護理師，漸漸忘了我們來敘利亞的初衷。彼得剛替一位受到碎裂傷的年輕人動完極困難的手術，擔心他腸子接合處之一可能發生滲漏。若真如此，腹部就會出現劇痛，進而導致瀰漫型腹膜炎，引發肌肉不自主痙攣的現象，腹部肌肉還會變得硬如木板。許多徵兆都顯示，這位傷患已罹患腹膜炎，我與彼得討論著要把他送回手術室。我把此事告訴那位護理師後，她卻表示難以同意，堅持要我們用救護車送患者至土耳其境內，才能讓他接受最妥善的手術。她不顧在場其他病患，開始對我們大吼大叫，情緒變得激動莫名，不准我們動刀。

我完全可以接受團隊合作。無論是資淺或資深，對於治療病患總各有見解。任誰都會犯錯，可能忽略某項臨床徵兆或觀察有誤，有時反而是最資淺的同仁找出盲點。

然而，一旦個人所做判斷超乎自身職權，就會衍生問題。叫救護車送患者到邊界不是不可能，但阿特邁到邊界的路程既緩慢又費時，患者得承受太大的痛苦與風險。我們跟阿爾法的專案經理討論此事，最後決定把年輕人送回手術室治療。

看到那位護理師離開，我並不感到難過，但有些人的離開實在令人倍感不捨，譬如團隊裡一位優秀的德國急診醫師。但值得慶幸的是，接替的人是我先前在查令十字醫院的住院醫師娜塔莉·羅伯茲，日後也成為人道醫療工作與「無國界醫生」的指標人物。身為我們的新任急診醫師，她負責管理客廳改裝成的臨時急診室。急診室外頭就是露台，可以容納六張病床，她在此進行手術前的檢傷；萬一啟動大量傷病患機制，需要更多空間，我們便會把露台當成分流區。

急診室裡的未爆彈驚魂

羅伯茲醫師來到醫院不過幾天，醫院附近一棟民宅就發生爆炸。這次又是民眾在家自製炸彈，炸彈被裝在圓柱金屬容器裡，大小相當於老式洗潔精的瓶子。早上十點半，我們就聽到陣陣喇叭聲，隨著車輛愈來愈接近醫院，聲音也愈來愈刺耳。

到院的是一家八口：一對夫妻與六個孩子。他們當時正在自家後院禱告，父親伏地跪拜時，一枚炸彈從他的口袋滑落而爆炸。全家人先被抬進醫院大門，再被放置於露台上，我們開始設法辨認血肉模糊的屍塊。

六個孩子與母親全部不幸身亡，製造炸彈的父親四肢受到嚴重碎裂傷，有些傷口還算淺，但有些則深到見骨。我們沒有X光機可用，所有診斷不得不仰賴臨床的發現——基本上，就是好好看仔細，自己下決定。

娜塔莉檢查著眼前男子的傷勢：患者胸部被一枚高能量的小碎片穿刺，導致胸腔內出血，這可能源自斷裂的肋骨、肋間血管、肺臟，最糟的情況則是心臟出血。娜塔莉做出正確的判斷，患者胸腔內大量出血，需要用胸管進行引流。胸管通常置於腋下附近，從肋骨間進入胸腔，排出肺以外的血液和空氣，好讓肺部得以擴張，進而促進呼吸。娜塔莉的動作看來十分熟練，巧妙運用一支特殊濾管把血引流出胸腔，再將其置於另一只血袋內，輸回患者體內。

凡是有人被送進急診室，我們會先進行「初步評估」——即檢視性命攸關的基本參數，我們把這些步驟簡稱為「CABCDE」。

第一個「C」代表「catastrophic hemorrhage（大出血）」。若患者大量出血，首要任務就是用直接加壓來止血，或在心臟與開放性傷口之間綁緊止血帶。有時，出血部位並不明顯，可能是來自胸部、腹部或骨盆深處。若臨床檢查排除了四肢，加上患者面色驚慌蒼白，出血部位必定無法直接加壓。我們就會決定是否要直接送患者進手術室開刀。

再來的「A」代表檢查「airway（呼吸道）」，確認氧氣輸送到肺的過程毫無阻塞。再來就是肺臟本身，「B」代表「breathing（呼吸）」，確認左右肺可以正常擴張，足以提供全身氧氣。肺臟可能受到挫傷，或遭血液或空氣壓迫，需要以胸管引流。

第二個「C」代表「general circulation（循環狀況）」，檢查脈膊以快速評估血壓，「D」則是「disability（失能評估）」，最常見的是頭部外傷引發的神經失能。「E」代表「exposure（除去衣物）」，檢查患者身體其他部位，同時了解環境溫度，此時務必要盡量除去患者衣物，方便檢查身體前後的外傷。

我旁觀娜塔莉放入胸管時注意到，這位男子的褲子雖然部分已被剪開，某個圓柱狀的東西卻從口袋露出來，大小跟噴霧罐差不多。忽然間，它從口袋落到地板上，原來是另一枚炸彈。

此刻一切彷彿呈現慢動作，我們看著圓柱體在急診室的磁磚地板上彈起，隨後在空中旋轉兩圈。萬萬沒想到，在場一位敘利亞口譯員以迅雷不及掩耳的速度，展現我這輩子見過最厲害的貝克漢踢球絕活，一腳把炸彈踢出敞開的露台大門。那枚炸彈沒有爆炸，應該是因為裡頭缺乏引爆器，但毋寧讓我們所有人學到了教訓：當初應該更細心檢查患者全身上下。只是見到他全家慘遭不幸，我們都太過震驚，二話不說便開始忙了。

戰區的生活跟家中的日常天差地遠，由於專注力都在傷患身上，很容易就忘記要靈活變通或照顧自己。但依然要隨時採取預防措施，設法降低涉入險境的機率。你得換個腦袋，不能把平時看診的心態帶到戰場。在設施較為完善的醫院中，所有人進入前都得接受手持金屬探測器的安檢，確定身上沒有攜帶任何武器。我前往敘利亞的數個月前，人在巴基斯坦北部一家醫院工作，即使是提供志工服務的醫師和護理師，抵達時也要接受檢查。但我們在阿特邁沒有這類設施，無法控管進來醫院人員的身分。

為什麼要救助敵人？

我想起自己在巴基斯坦時，曾幫炸彈客開過刀。他是一位塔利班戰士，為了對抗阿富汗邊界聯軍，自行組裝簡易爆炸裝置，但不慎在過程中受傷。他到醫院後，由我開刀救了他一命。經常有人會問，我何以能一面從事人道醫療工作，一面拯救敵人的生命，畢竟說不定對方日後製造的炸彈，可能會害死許多英國士兵或無辜平民。這個論點當然有道理，也是每位外科醫師早晚得應付的難題。但答案其實頗簡單：我無法挑選開刀的對象。我只能努力拯救眼前亟需治療的傷患，通常要事後才會曉得他們的身分或經歷——但即使手術當下知道，也不會有任何改變。我都會自己合理化此事，心想：「嗯，說不定那個塔利班成員，還是那個ＩＳＩＳ戰士，最後會發現救活自己的人是信奉基督教的歐美醫生，而改變了自己對事物的看法啊。」可能有些人會認為這樣太過天真，但本來就是如此。

然而，除了炸彈客和業餘爆炸裝置造成的傷害外，我們還得應付其他的難題。敘利亞政府對平民發動空襲的頻率增加，而餐廳改裝的手術室每天得使用約十八個小時，供我們進行各式各樣的急救手術，對象遍布各個年齡層。同時，我們也逐漸成為重建手術的轉診中心。

其中一個病例格外令人感同身受，患者是阿爾法醫院前身別墅的屋主。如前所述，他自己就是外科醫師，在阿勒坡工作時遭飛彈波及受傷。當初，從阿特邁開車到阿勒坡還只要四十五分鐘左右，我一年後回去卻花了超過三小時，兩地之間增設了許多檢查哨。受傷當下，他立刻被人沿著直路載回家。某個來自炸彈或大樓的巨大碎片刺穿他的左臂，手肘附近的骨頭與血管外露。他需要大面積的重建手術。我和彼得用患者腿部一條靜脈重新供血給手臂，並用外固定器將骨頭盡量排列整齊。

忙得不可開交之際，我察覺外頭傳來騷動，有人用英語嚷嚷著要進來。通常在手術進行中，任何人都不能進入手術室，因此我先把手術收尾，任憑他在外頭連聲抱怨。結束後，我脫去手套，出去看看究竟在吵什麼，跟我面對面的是一位男子，他自稱是慈善組織「解救敘利亞（Syria Relief）」的副會長。他表示，我的患者是敘利亞國內一位大人物，必須立即交給他照護。

「你是誰？」我不耐地說。

「我叫作慕尼爾・哈基米，是曼徹斯特的骨科住院醫師。」他回答得煞有介事。

「喔，我叫大衛・諾特，是倫敦的外科主治醫師。」我回敬一句。

我拒絕讓他走進手術室，因為患者依然在恢復中。我們互不相讓地爭論著，火藥味十足，氣氛僵持不下。幸好，一位敘利亞裔的美國醫師從旁打岔緩頰。最後，我們雙方同意，這位屋主可以轉送土耳其境內，但我得先確認他的狀況穩定到可以移動。他到了土耳其接受術後照護，聽說康復情形良好、無須其他手術，我得知後也很高興。後來我又造訪敘利亞數次，有幸再度遇到他，每次都感到滿滿的自豪。

這並非我最後一次見到慕尼爾，而隨著這趟醫療工作接近尾聲，我還想像不到他與敘利亞日後對我的人生會有多重要。我曉得自己一定會回來，敘利亞與敘國民眾已深入我的心靈。我們在短時間內完成許多善舉、拯救許多條人命，我藉由工作之餘從事的教學，也打造了未來醫療照護與專業的基礎。

老實說，這項任務完美體現了我對這類工作的憧憬，那就是藉由促成改變、幫助社會來獲得自我滿足，挑戰自己在嚴峻環境下自力更生，跟價值相近的敬業同仁培養情誼——還有略帶危險的刺激感。

我想要出走助人的衝動依然不減，接下來幾年只變得更加強烈。但這股衝動源自何處？我不禁要想，這應該是很久以前埋下的種子，當時年紀輕輕的我剛展開行醫生涯，因為兩件事影響了人生走向，促使種子就此發芽。

2

兩大領悟

當時時間緊迫，我只匆匆戴上手術用手套。由於神經外科手術鮮少會由如此年輕的醫師操刀，因此我即將開刀的消息很快傳遍醫院上下，同仁紛紛前來手術室觀看。旁觀人數想必有二十位左右，很想了解我進行得如何，而有觀眾在場完全無助我冷靜下來。

最初的起點

在我踏上危險的旅程之前，最初的起點其實十分安全，說不定也是我所知最安全的地方，至今我依然可以稱之為避風港。

我的外公外婆住在小村莊崔勒屈，位於威爾斯卡馬森鎮西北方十五英里處，我在那裡度過快樂無比的童年歲月。外婆和外公——威爾斯語分別是曼古（Mamgu）和達庫（Datcu）——住在山丘頂上一間小小的連棟屋裡。整座村莊也蓋在山丘上，四周盡是無與倫比的鄉村美景。我母親伊芙與八個兄弟姊妹在那裡長大，生活起來頗為擁擠。這類村莊的特點，就是所有人都知道彼此的事。母親和外公外婆都未曾離開卡馬森。有天，外公開車載她到新港市，讓她能就讀護理學校，未來才能成為護理師。

首先，她得自學英語，因為當時，崔勒屈的家中只說威爾斯語。但我母親很有膽量，決心要活出自己的人生，部分也是因為認識一位地方護理師而受到激勵，她有個妹妹就是那位護理師所接生的。

我父母都是現在所謂的「醫療專業人士」，幫助社會的衝動想必由來已久。關於此事，最早的一則回憶約莫在兩歲，不小心被柴爐給燙傷、曼古替我擦藥時，展現的呵護與關愛仍歷歷在目。

我對於在崔勒屈度過的童年記憶猶新：達庫在車庫修理村裡的機器，我在一旁幫忙，空氣中飄著濃濃的潤滑油味，地板上散落著數百件工具和零件。他有點像當地的維修大師，老是在敲敲打打、焊接修補。我記得戶外的空氣瀰漫著農家的味道，以及鄉下獨有的清新氣息，自己老喜歡到車庫五十碼以外的那口井，那裡似乎有源源不絕的清甜井水。我也依稀記得外公衣服上戶外的氣味，小時候很愛用鼻子在他的外套上磨蹭，任憑自己沉浸其中。

外公外婆的屋子素樸，周遭事物也很簡單，卻又不失其深意。曼古會用斧頭劈柴，再丟進爐火裡。除了曼古和達庫，母親有不少弟弟妹妹依然住在那裡。家中人口多，固然擁擠了些，但我想自己真的被寵壞了，那些阿姨又對我特別好。我的回憶充滿了歡笑與關愛，以及對威爾斯的深刻情感。當時只懂威爾斯語的我並未察覺，在餐桌上說威爾斯語也能鞏固情感，連結著家人與整個社區。正因為有這樣的歸屬感，生活中又充滿親人的關愛，讓我們深感安心。追求單純生活的想法——儘管生活毫不奢華，也不去妄想得不到的東西，更不會被帶壞或覺得自己錯失某些機會——便深植在心中。

這段童年與威爾斯密不可分，在我看來簡直不可思議。這是我的本質所在，產生的影響難以磨滅，造就了現在的自己。一直到晚近當了父親，我才恍然明白為何自己會跟曼古和達庫住在崔勒屈，而不是跟父母同住。

雙親

我母親為了一圓自己的護理師夢前往新港，遇見了當時仍是住院醫師的父親：麥爾康・諾特。麥爾康出生於緬甸中部城市曼德勒，他的父親是印度陸軍軍官，母親則是緬甸人。當時是一九五五年，我母親跟出身南亞的男人談戀愛，勢必會引人側目。

諾特並非常見的南亞姓氏，至今我依然不懂其意涵。這個姓氏的由來有許多說法。爺爺告訴我，一八四〇年阿富汗戰爭期間，將軍威廉・諾特爵士率領著英國部隊，而有位印度籍勤務兵採用了將軍的姓氏。另一個說法則是，我父親的曾祖父是赫瑞福德的鐵道工程師，借調到印度幫忙建造鐵路，後來定居下來，還娶了當地的女子。儘管多方嘗試，我依然未能證實這些說法。

一九四二年，日本入侵緬甸後，麥爾康帶著母親與弟弟自位於山區的危險邊界，偷偷進入印度，抵達現今的孟加拉。他哥哥原本在緬甸陸軍服役，遭日本軍隊俘擄後，被迫修建泰緬鐵路，最終死於營養不良，得年二十二歲。

麥爾康的父親，即我爺爺，是一位通訊官，獲英軍借調擔任英日口譯員，而在日本入侵前，主要在新加坡等地工作。由於他跟英軍往來密切，戰後可望有較為安穩的生活。

父親一到印度，就進入馬德拉斯醫學院就讀。在他取得醫師資格後，爺爺要他到英格蘭碰碰運氣，同時尋找他原先設想的安穩生活。因此，父親離開了老家，拋下熟悉的人事物，前往英國展開全新的生活，成為戰後移民潮的一員。他先在倫敦郵局工作了一段時間，後來應徵上新港的皇家格溫特醫院。他一進去就認識了我母親，兩人在數月後結婚，沒多久母親便懷孕了。

隨著預產期愈來愈近，我母親回到崔勒屈的老家。然而，她不慎感染毒血症，住進卡馬森鎮修道院街醫院。一九五六年七月，她剖腹生下我，母子兩人險些喪命。母親不想放棄護理的學業，但她缺課時間比預料來得久，校方通知她得從頭開始。

因此，母親眼前有四年的課程待完成，當時仍是年輕醫師的父親又收入微薄，加上經常被派到各地短期支援，他們便決定讓我留在崔勒屈這個世上最美麗的地方，由曼古、達庫、山姆和安妮這些最愛我的親友陪著長大，我一直到四歲前都住在崔勒屈。

不過，恬淡的鄉村生活也有畫下句號的一天。當父母覺得安頓得差不多了，可以帶我離開崔勒屈，所有人都感到極為不捨與難過。如同母親當初前往新港一樣，我當時只會說威爾斯語，崔勒屈是我唯一熟悉的地方，也是我的精神支柱。母親雖然不時會從新港來探望我們，但崔勒屈才是我的家，曼古和達庫是照顧我的親人。我還記得他們兩人都哭了，我自己也哇哇大哭；我也記得自己從車後的窗戶，看著他們悲傷的臉龐愈來愈遠，我們隨後駛離威爾斯，越過邊界，進入了英格蘭。

我們先在斯托克住了一陣子，然後在我大約六歲時，搬到了伍斯特市附近的威丁頓村。新生活跟美麗的崔勒屈有著鮮明的對比，帶給我很大的衝擊。我這輩子首次嘗到孤獨的滋味，身旁沒有兄弟姊妹，也不抱任何期待——當時我壓根沒想到要問父母，是否打算生個弟弟或妹妹，也不記得有過任何討論。一直到很後來，我才從一位親戚那裡得知，其實父母也有點意外會生下我。

以往在崔勒屈總是充滿著溫暖與歡笑，如今大多數時間我都是孤單一人。父親夜以繼日地工作，拚命爭取升遷的機會，我上小學後才較常見到他。我記得自己努力想跟隔壁的男生當朋友，雖然他跟我的年紀相仿，卻似乎興趣缺缺。某天，我決定要主動示好，便帶上所有的玩具來到他家，像獻祭般全都展示在他面前。我父母很快就發現此事，因而訓斥了我一頓，要我把玩具全都拿回家。

由於以前不大有機會見到父親，我們到這時候才漸漸認識彼此。他常常說起過去戰爭的經歷、談著兄弟與爺爺，還有在逃往印度的路途中，自己英勇地從湍急的河水中救起母親，否則她可能就被沖到下游了。我百般著迷於這些遙遠國度的故事，也看得出他很懷念著那段時光，以及留下的朋友。

父親也漸漸培養出我對模型飛機的熱愛，每次回家動輒就帶三、四架Airfix出的模型組，每盒裝滿了細小的塑膠零件、一條膠水和一本組裝說明書。我以前好愛組裝模型飛機，用一罐罐的亨寶壓克力顏料，將每個零件塗上指定的顏色，接著等零件風乾就能加以黏合。我猜想當時自己的雙手已顯靈巧，長大後也受用無窮。這些零件都十分精細，需要過人的耐性與專注力。

這些模型多半是二戰時期的戰機。我在八歲左右，已擁有數百架這類模型飛機，全用棉線從臥室天花板的椽木垂吊而下。只要模型飛機組裝好了，父親就會幫我掛上去。一支支噴火戰機與颶風戰鬥機中隊，準備對一批納粹德國轟炸機發動突擊——我常常假想自己在打一場漫長又複雜的模擬戰，手電筒成了倫敦地面探照燈，來回掃視以辨認敵軍。我還創造了一位最愛的皇家空軍王牌飛行員，把他取名為德克，開著布里斯托英俊戰士重型戰鬥機，包準能擊落德軍的梅塞施密特BF109戰機。

回想起來，這似乎是件滿寂寞的事，甚至有些哀傷。我的童年也許與眾不同，但當時似乎感覺不到，即使孤單也僅是浮光掠影，不大清楚自己具體的感受。這剛好是我會的事罷了——對了，我也會在父母吵架時閃遠一點，他們三天兩頭就起爭執。就算當時的我也曉得，這跟以前住在威爾斯的快樂時光，即使不算截然相反，也是差得遠了。最令我開心的是，我們每年夏天都會回威爾斯度假，其他時間偶爾也會成行，每次都讓人精神為之振奮。

我那時的年紀還太小，無法理解父母不時衝突的根源，但雙方都很有主見，想必也少不了年輕父母會有的各種焦慮。吵架已是司空見慣，偶爾還會碗盤齊飛。而家務事總是錯綜複雜——母親和爺爺兩人很不對盤。另外，戰後英國要經營跨族群婚姻實屬難事，過去社會對族群的態度截然不同，當然現在也不完美就是了。

爺爺曾任印度軍官，對父親非常嚴厲。父親想必遺傳了爺爺講究紀律的性格。每當他下班回家，耳聞任何不聽話的事蹟，就會說：「大衛，快來受罰！」接著把我毒打一頓，他那雙治療傷患的大手成了處罰我的武器。我母親也是牛脾氣。他們雖然深愛著彼此，但似乎花了好長一段時間，才搞清楚要如何跟對方相處。

從飛官到醫學生的夢想轉彎

後來，我們全家從伍斯特搬到離曼徹斯特不遠的羅奇代爾。父親此時已是骨科主治醫師，我們完全躋身中產階級，我也進入了歐德姆重點中學就讀。

我一點都不喜歡學校的生活，既要忍受種族歧視的言論，又得不到老師的關懷。我坐在教室後面倍感煎熬，無法發揮學業上的潛力。我只覺得自己很笨，也沒人肯定我。某次成績單上的評語更是誇張，直接說我未來會一事無成。當時，我覺得沒人真的關心我。但這反而不是件壞事，我一輩子都忘不了那種感覺，它形塑了我日後的性格，可以同理無人聞問、遭到遺棄的心情。

而如同模型飛機一樣，飛行成了我紓解鬱悶的另一個出口。我參加了學校的聯合軍訓部隊，尤其熱衷於空軍，經常不扣襯衫第一個鈕釦，想像自己是戰機飛行員，意氣風發地在校園裡走來走去。

我如願在十六歲成為皇家空軍學員，展開了飛行生涯。當時我在肯特郡西莫林受訓，由優秀的二戰戰機飛行員雷伊・羅伯茲教我駕駛滑翔機。他多次駕駛著萊桑德戰機在夜間英勇出擊，讓英國特勤人員趁著夜色空降法國田野，儼然成為我心目中的英雄。我先後取得私人飛行執照、商用飛行執照，最後還拿到了民航運輸執照。說了你可能不信，但我曾有十年左右的時間，替漢姆林噴射機保養公司工作，經常在盧頓機場駕駛里爾45型噴射機。我至今仍持有單引擎與多引擎飛行認證、飛行儀器操作認證與教練資格認證，以及直升機飛行執照，而且全部都還有效。

年輕時，我熱愛翱翔天際的感覺，甚至想把開飛機當成畢生志業。但父親對我有不同的期待，非要我申請醫學院不可，於是我被迫修習了生物、物理與化學的大學先修課程。他堅持要我當上醫師，有時會趕我上樓寫功課，甚至陪我在房間讀書。有幾次他幫私診病患開刀，我還刷手進手術室幫忙——這在現今當然會嚴格禁止，但我不得不承認自己對這些體驗都興致高昂。父親對我從醫的寄望很深，但我還有一個備案。假如一切行不通，我就要報名皇家海軍直升機駕駛課程。

結果還真的行不通。我的先修科目沒被當掉，但成績實在慘不忍睹，絕對不足以申請醫學院。你可能會以為這根本是潛意識作祟，故意表現失常好去開直升機，但我真的深受打擊。我記得全家三個人（爸媽與我）都邊掉淚邊看著那些成績，思考著可能的後果。我走到外頭的花園，設法釐清這一切。是啊，一路上我本來可以獲得更多協助，但我有沒有讓人覺得自己真的想要當醫師呢？有沒有在老師面前表現過自己在乎，也真的想要成功呢？假如別人以為我只是在混學分，怎麼可能會想拉我一把呢？我好氣自己，來回在花園踱步，決心再也不要被人當成傻蛋了。

等到我回到屋裡，已很清楚要怎麼做了。我立即回到房間，抽出物理先修教科書，心想：「我要自己來。」那時開始，我確實拚了命地認真讀書，但不完全只是靠自己，有位叫艾歷克斯．羅賓森的好老師在課後幫我補習、準備重考。

說也奇怪，這場危機似乎有助緩解父母的關係。他們兩人放下爭端，以我學業為重。等到考試時間來臨，我的心態與之前已判若兩人，也做好了萬全準備。這次我得到不錯的成績，足以申請上聖安德魯斯大學醫學系。

接下來三年的生活十分精采，我在蘇格蘭接受所謂的「臨床前（pre-clinical）」醫學訓練。我在大學的表現真的可圈可點，彷彿年少歲月的磨難與失敗煙消雲散。忽然間我交了好多朋友，包括初嘗戀愛滋味，還有忙碌的社交生活。聖安德魯斯大學校園不大，到哪都很方便，而且似乎全天候都有各種活動。

解剖課的啟發

雖然我當時還沒把外科當成「志業」，卻愈來愈著迷於醫學包山包海的特色。身為醫學系大一生，我們得認識人體，以及其運作、構造與功能（和為何失能）。我內心的理工宅對這類專業細節甚感興趣，而身體確實有點像一台機器：只要保養得宜、給予適當燃料，機器就會運作順暢；不給或給錯燃料、零件年久失修，問題就會浮現。

我們大半時間都花在解剖學的課堂上，藉由解剖一具遺體來認識不同人體部位。回想起來有點奇怪，但我們每具遺體都會使用一整年。第一年，我們先認識頭部與頸部；第二年，我們會換一具遺體解剖軀幹；最後一年，則是另一具遺體的手臂與腿部。我因而對這三具遺體十分熟悉。

當然，起初看到這些遺體令人既震驚又覺得詭異。許多學生都是第一次見到真正的屍體。還記得在第一堂解剖課上，我看到一具遺體的手臂以奇怪的角度懸著，太過緊張不安，居然不自覺地傻笑出聲。當時的心情確實是驚嚇，但我隨後對於自己的反應倍感尷尬。

對於在遺體上動刀一事，學生的適應速度有快有慢。這的確需要一段時間習慣，但也是課程不可或缺的一環。不過，有些學生怎麼都無法習慣，便決定專攻醫學其他領域，或乾脆轉換跑道。

但我絲毫沒打算放棄。我很清楚，運用真正的遺體解剖與學習是莫大的特權。他們生前同意為科學研究捐出遺體，因此我們至少要展現敬意，努力從他們身上學習。現今我們都使用急速冷凍的遺體，即死亡後立即進入冷凍庫，待有教學需要再解凍回溫；但以前遺體都是浸泡於大型福馬林池中。這些經防腐處理的遺體停放在特定房間，但我從來都沒有造訪過，都是由傳送人員在上課前幫我們搬到教室。想必是很陰森的地方。

即使我如今當了近三十五年的外科醫師，每次在劃下第一刀時，仍然多少要仰賴一股決心，畢竟這是具有暴力本質的行為。但以前只要開始解剖，我便感覺眼前的遺體不再是「死人」，而成了任我探索與檢視的機器。我學會所謂的「蛤殼式（clamshell）」切開法，即切入胸廓並加以移開，類似打開車子的引擎蓋，一旦引擎蓋開了，檢查故障之處也就容易許多。後來我還領悟到一件事：替人開刀治療，跟看到傷患遭流彈所傷而開腸破肚，簡直天差地遠。

聖安德魯斯的生活令人大開眼界。這好像活在一種泡泡裡，但我很喜歡那裡的生活，既充實又有挑戰，無論智識或社交圈都有所拓展。一旦嘗過這些新奇事物的滋味，我就不想放手了。然而，我回饋大學的方式卻是差點把校舍燒了。某次，我與死黨兼室友強尼·伍茲找了一群朋友來開派對，結果一組蠟燭點燃了幾面窗簾，火勢迅速蔓延到整個宿舍區。雖然有消防隊前來把火撲滅，但許多建築都已嚴重受損，我自己也被重度燒傷。後來我被施打嗎啡時，聽到隔壁傳出齊柏林飛船的〈天堂之梯〉，腦袋昏昏沉沉之際，還以為自己真的準備上天堂了。

初任臨床醫師

一九七八年，我搬到曼徹斯特，展開接下來三年的臨床訓練。我們不再需要讀解剖學或研究遺體，而是要學習找出問題、如何幫病患看診、評估過去症狀，最後做出診斷。

臨床訓練那三年，我完全樂在其中。我很愛跟病患聊天，好好認識每個人，而不是當成疾患對待。但一開始這並不容易。臨床工作進行數週後，我在初次臨床實習時認識了一位女性患者。她待人非常和善，我每天都期待見到她，也密切關注她的療程。她是肺癌患者，需要接受全肺切除手術。我們漸漸培養出很好的情誼，我甚至詢問主治是否能在她動手術時全程陪伴。

手術當天，我們兩人都興奮不已。若不算以前幫忙父親的經驗，這是我頭一回進入手術室。我站在手術室的角落，看著她接受術前準備、身上鋪好手術單。她側躺在手術台上，我目不轉睛地看著她胸部被劃出一個大切口。三不五時，主治醫師會讓我就近觀察，但做出要我別亂碰的手勢，若礙事就會被要求離場。

手術進行約兩小時後，外科醫師忽然迸出一聲咒罵。我滿臉驚恐，看著血從那位女士的胸腔大量湧出，甚至還流到地板上。手術室的氣氛丕變，瞬間變得冰冷、缺乏人味，眼前場景十分慌亂，每個人好像都在大吼大叫，我隨之被要求離開。手足無措之下，我只好先回家了。

隔天，我得知那位女士死在手術台上。這件事帶給我莫大的衝擊。我至今仍記得她微笑的臉龐。那是我這輩子首次經歷自己認識的人死去。

這次經驗對我臨床生涯第一年有重大影響。失去自己認識的病患所伴隨的情緒波動，我不確定自己能否承受。我開始翹課、不去臨床實習，病理學期末考還不及格。我完全心不在焉。微生物學補考時，我和主考官並沒有討論細菌和病毒，而是聊著我為何淪落到補考的下場。在那二十分鐘內，我把內心所有的焦慮全盤托出。而在回答了一個關於氣性壞疽的簡單問題後，出乎意料的是，主考官居然說我通過了。我永遠都參不透為何他願意對我放水，也許是預見到更好的未來吧。

醫學生之路

臨床訓練第二年過得快樂多了。我們在五個不同的專科分別實習九週，我最喜歡的是待在赫爾皇家醫院產科的那九週。身為醫學系學生，我對有執業資格的醫師向來抱持著敬意，視其為遙不可及又不苟言笑的人物。但在赫爾醫院，我認識了一位很優秀的住院醫師，名叫卡洛琳・布魯姆。她為人風趣、務實又率真，總是逗得病患哈哈大笑，讓我意識到醫師該有的樣子。當醫師不能只是看看病歷、檢查身體，更要把病患當成人相處。她教會我許多行醫的道理，所謂良醫不只需要專業知識，還需要同理心與幽默感。

在產科臨床實習期間，我們還學會了助產之道。我個人就接生了二十七名嬰兒，還進行了數次會陰切開手術——在陰道下方開個小切口，避免分娩造成更嚴重的撕裂傷。我發現無論使用左手或右手，都能順暢地縫合會陰，才驚覺自己是雙撇子，對我的外科醫師生涯大有裨益。

該年年末，我們可以加選一門選修課程，即有機會前往國外修業。我選擇到新加坡、馬來西亞、泰國和緬甸，主要是想參觀新加坡的樟宜監獄，因為二戰期間，我爺爺曾在那裡坐過牢。另外，我也想造訪緬甸的丹彪扎亞軍公墓，把父親交給我的花圈，擺在他哥哥赫伯特的墓前。這趟旅程我的收穫滿滿，而且不僅止於醫學的知識。

臨床訓練最後一年非常辛苦，動不動就得讀書到深夜，還得處理病房內的臨床工作。但一切終究苦盡甘來。畢業時，我在醫學本科與小兒科的期末考都取得優異的成績。因此，我在曼徹斯特臨床實習三年後，終於修業合格，可以稱自己為醫師了。但我想成為什麼樣的醫師呢？

醫師有「內科」與「外科」之分，前者是診斷後開藥，後者是診斷後開刀。我已知道相較於診斷的難題，自己偏好開刀的技術層面，也自認靈巧的雙手遺傳自當過骨科醫師的父親，但依然未能百分百確定志向——假如當時預見自己日後會常常幫人開刀，必定會大吃一驚。

一旦取得醫師資格後，就得開始辛苦往上爬，只為了當上主治醫師——別忘了，每個人在成為主治醫師之前都算「資淺」。這也代表有些經驗豐富的醫師，依然會被貼上「資淺」的標籤。

一般而言，成為主治醫師前有三個階段：先是實習醫師，再當住院醫師，接著才是專科住院醫師。我剛成為住院醫師的年代，是由專科住院醫師帶領緊急手術待命團隊。假如必須請求主治醫師支援，專科住院醫師常會被認為能力不足，而大部分的緊急手術都是由資淺的外科醫師操刀。一九八〇年代，動手術勢必得犧牲睡眠，能撐多久就算多久。大多數時間，我們都累得不成人形，三個晚上就有兩個晚上待命，工作時數高得嚇人。當時沒有歐洲工時指令，我們每週工時平均都超過一百四十個小時，可能整個晚上都在手術室開刀，隔天還要上全天班，這在當時可是常態。另外，外科醫師得通過英國皇家外科學會（Royal College of Surgeons of England）會員資格考，難度大幅超越我考過的任何考試。現今許多一流的外科醫師大都是第二次、第三次或第四次才通過考試，我自己也考了四次才得以通過。然而，真正的目標是獲得下一份工作、繼續學習精進並努力往上爬。

我要當外科醫師！

我本來不確定未來生涯該選擇哪項專科，直到某個待命的晚上才終於有點眉目。當時，我在曼徹斯特皇家醫院擔任神經外科住院醫師，院內沒有資深住院醫師，而專科醫師又全都住在城外約四十公里之外，其中一位叫作彼得·史丹沃斯，他認為理應要善用這個機會，教我們這些後輩一項能爭取時間的手術，不必苦等他從家中開緩慢的老爺車前來。

我在神經外科待數週後，所有住院醫師都學會「鑽孔法（burr hole）」這項技術，幫助腦內出血的患者降低腦壓。頭部外傷的患者有時會出現「硬腦膜外血腫」症狀，硬腦膜即顱骨下方保護腦部的組織。頭骨最薄之處位於耳前顴骨上方，而中腦膜動脈則緊貼其下側。假如此處遭重擊而破裂，該動脈就會出血並形成血塊，進而壓迫硬腦膜與腦部。由於腦部基本上在密閉的顱骨內，因此無處可去的血塊只能移往顱骨唯一的開口，一路順著脊椎進入頸部。而腦部調節呼吸的部分位於此開口，一旦受到擠壓，呼吸就會停止，患者隨之死亡。但若在頭骨鑽孔至硬腦膜，大腦內部的壓力便有了出口，壓迫大腦的血塊也能引流而出。及時執行手術，可望救人一命。

現今，這項手術可以用電鑽進行，但以前（或現在的開發中國家）我們用的是手持哈德森鑽架（Hudson Brace），分成扁平狀鑽頭與螺旋狀鑽頭兩端。使用時得費些勁才能鑽進頭骨，因此必須做好預備動作，一腳向前站穩，擺出推重物的姿勢。患者頭部通常由鉗子固定，或是由同事用雙手扶穩。首先用扁平鑽頭開個V型孔，不時要停下來檢查開孔在顱骨內的深度，畢竟太深會傷及大腦；再用生理食鹽水沖掉切口的血，一旦完成這項步驟，便改用螺旋鑽頭擴大開孔、讓硬腦膜露出。

腦部外傷的出血分成兩類。硬腦膜外血腫只會從硬腦膜外壓迫腦部，只要迅速減壓，患者就會完全康復，因為腦部沒有損傷。硬腦膜下血腫則可能肇因於腦部損傷，整體而言預後較差。

那個晚上，我跟一群同事在住院醫師休息室玩《太空侵略者》，臨時接到維辛頓醫院打來的電話，得知有位跌倒導致頭骨骨折的女士需要轉診。當時她的意識愈來愈模糊，維辛頓又沒有電腦斷層掃描儀，醫師認為要轉送皇家醫院神經外科中心。慎重起見，我打電話給專科醫師彼得，他要我先接收該患者，幫她進行斷層掃描。

當晚九點左右，那位女士到院了，但症狀迅速惡化。她開始出現所謂的「潮氏呼吸（Cheyne-Stoking）」這種異常呼吸模式，即時而呼吸、時而暫停，有時看起來像是完全停止呼吸。這代表中腦受到壓迫，被向下擠至脊椎。待命的麻醉醫師得立即插管幫助她呼吸。

我推著擔架把患者從急診室送往電腦斷層掃描，結果顯示她有巨大的硬腦膜外血腫。通常，血腫都會有特定的形狀，硬腦膜外血腫是凸狀，硬腦膜下血腫則因壓力在硬腦膜下側而呈現凹狀。但該患者的血腫大到難以判斷形狀。我再度打電話給彼得，告知他眼前患者每下愈況。

「這樣啊，」他說：「方法我已經教過你了，就照著做吧。」

我脖子後的寒汗直豎，自己取得醫師資格不過數月，加入外科也僅數週而已。我呼叫待命中的手術室護理師，表示我要使用神經外科手術室，進行緊急顱骨鑽孔手術。她說急診團隊已跟外科教授在樓上，他是特地前來協助腎臟移植手術，我得等等才行。

若再等下去，患者就會死了。因此，我破天荒地決定替患者爭取機會，休想阻止我或仗勢欺人。

「我不管，」我說：「我立刻需要急救團隊到手術室來。」該等的人是外科教授，讓我先完成手術再說。

忽然，電話另一頭傳來蘇格蘭的口音。

「你知道自己在跟誰說話嗎？孩子，」對方表示，「算你運氣好，我還沒開始。我會叫他們下樓，很快就會到了。給你個建議：保持冷靜。」

我簡直不敢相信——身為全醫院菜到不能再菜的外科醫師，居然獲得最資深前輩莫大的鼓勵。我當時還不曉得，這句話的意義日後會有多重大，甚至深深影響我的人生。我依然聽得到這句話在腦中迴盪，尤其是在極度焦慮的時刻：「保持冷靜。」

掛了電話不到二十分鐘，患者就被推進手術室。我們通常會刷洗消毒、戴上口罩、穿上手術袍，但當時時間緊迫，我只匆匆戴上手術用手套。由於神經外科手術鮮少會由如此年輕的醫師操刀，因此我即將開刀的消息很快傳遍醫院上下，同仁紛紛前來手術室觀看。旁觀人數想必有二十位左右，很想了解我進行得如何，而有觀眾在場完全無助我冷靜下來。

我整個人戰戰兢兢、脖子後的寒毛依然豎著，開始握著手術刀，謹慎地切入該女士頭部側邊，接著分開表層皮膚和底下顱骨組織，拿起扁平鑽頭、預備好站姿，然後開始鑽孔，料想已碰到血塊，應該會血流如注。但居然沒有血流出。過了一下，我拿起螺旋鑽頭，繼續把開孔弄大，希望碰到血塊。此時已能看到呈白色的硬腦膜，但那裡沒有血，也沒有硬腦膜外血腫。

我還記得當時心想：「噢，慘了，現在該怎麼辦？」

更糟的是，醫事放射師湊到我身旁低聲說：「大衛，另一邊啦！」

原來，我一開始就鑽錯邊了。

我奮力抵抗大難臨頭的想法，深吸一口氣，迅速到頭部另一側進行相同的手術。

結果，同樣沒有硬腦膜外血腫，但硬腦膜呈大片藍色，代表其實最有可能是硬腦膜下血腫。若頭部受到重創也可能有此症狀，此時便不是肇因於動脈出血，而是腦部與硬腦膜間的靜脈出血。我看到某種藍紅色血塊，意味著這是偏深色的靜脈而非鮮紅色的動脈血。我謹慎地以電燒止血，再開另一個切口，終於噴出我找了半天的血柱，我的褲子與鞋子都沾滿了血。

數秒內，患者的症狀便開始好轉。原本飆高的血壓逐漸下降，呼吸也逐漸恢復正常。我頓時感到興奮不已，再度在後方鑽孔，用食鹽水洗去血塊。這時彼得走進來，隨即加入團隊進行開顱手術，移開了一大塊顱骨，露出腦部並止血。

猶記得手術收尾時，我整個人樂不可支又茅塞頓開。這是我行醫生涯兩大領悟的第一個領悟：從那時開始，我很清楚自己想成為外科醫師。只要動手術就能把患者從鬼門關救回來，實在是太不可思議。

最重要的是，我內心感受到一股力量。首先便是權力的行使，我判斷自己手術較為重大，推翻了外科教授的優先使用權。但相較於手術本身的驚心動魄，那根本是小巫見大巫；若習得必要技能來因應特定身體疾患，手術便能展現救人一命的力量。

我心想：「這才是真正的意義所在，也是我這輩子想做的事啊。」

這也讓我提早體會果決的重要。外科醫師經常要做出明快的決定，有時情況緊急萬分，任何決定都攸關生死。但我如今曉得自己能當機立斷，一切判斷也是有憑有據。這也大幅提升了我的自主能力。

這次經驗後，我沉浸在喜悅之中，直到凌晨一點左右才就寢，內心有著前所未有的感受，可說是種精神上的滿足。

約莫一小時後，我再度接到回院支援的電話，必須重置患者鬆脫的點滴，偉大的神經外科醫師就此重磅回歸。

戰地醫生的覺悟

第二個領悟是在兩年後出現。一聽到我通過最後的資格考，成為皇家外科學會會員，父母便帶我到曼徹斯特吃晚餐慶祝，餐後還看了部電影。當時我已跟爸爸十分親近，他自己其實已看過了，對電影讚譽有加，認為我也不能錯過。而當晚的電影對我產生了深遠的影響。

《殺戮戰場》描述了柬埔寨政府軍與赤柬之間的內戰。柬埔寨記者、口譯員潘迪與美國記者辛尼．尚伯格遭赤柬軍隊逮捕後，潘迪多次幫辛尼逃過鬼門關。後來在金邊法國大使館，所有外國人陸續被緊急撤離，而由於新政府執政「零年」開始種族清洗，柬埔寨知識分子紛紛遭圍捕處決，援救潘迪的任務就此展開。豈料，偽造歐美護照的行動宣告失敗，潘迪被關到集中營，還假裝自己是文盲。他最後逃脫時，親眼見到數千具遭赤柬政權殺害的遺體。

在歷經許多磨難後，潘迪終於逃到柬埔寨與泰國邊界的紅十字會醫院避難，電影最後一幕是潘迪和辛尼重逢，流露的情感格外動人。尚伯格懇求潘迪能原諒他，儘管他其實回到美國後，已窮盡一切手段尋找潘迪，寫了數百封信四處打聽；他還得面對殘酷的現實，不得不承認正因為潘迪身處險境，他先前才能完成採訪工作，達到事業上的成就。潘迪聽了只說：「辛尼，沒什麼好原諒的，別放在心上。」

這部電影深深打動了我，結尾處更是令我激動不已。坐車回家的路上，我依然受到電影的震撼，心情久久未能平復，所以沒說半句話，整個人陷在思緒之中，還引起父親的關切。

隔天，我又去電影院回味一遍。這部電影燃起了我內心的一把火，它生動刻畫了戰爭的可怕。戰爭向來是我關注的主題，無論是愛聽父親的緬甸經歷，或個人的模型飛機收藏，都反映了這點。但除此之外，這部電影更呈現了一件事：人類即使身處艱困逆境中，依然能展現不可思議的大愛與友誼。而這跟我的個人經歷有許多雷同之處。電影有一幕令人印象深刻，潘迪私下向殘暴的赤柬官員大力求情，拜託他們饒過那些來自歐美國家的同事——這正是干預的力量，有助減緩與分散壓力。電影甚至有一幕的場景設在金邊醫院，院內滿是傷患，只見一位外科醫師處理彈片傷的同時，還得煩惱無血可輸的問題。我當時就想當那樣的醫師，立志在嚴峻又高壓的環境中從事人道救援工作，運用專業知識進行干預，有所作為。

這部電影引起我共鳴的另一項理由，在於我可以體會片中無辜民眾遭受霸凌、排擠的感覺。我曾有過類似的經驗，懂得這些事帶來的感受，覺得電影也在講述我的故事。下場淒慘的永遠都是弱者，現代社會更是如此。

我內心升起一股強烈的使命感，以及想在戰區工作的衝動，前往跟片中一樣的醫院，發揮自己的手術專長。這份工作需要什麼條件呢？我需要擁有包山包海的一般外科知識，這點正在逐漸實現當中。我也發覺血管手術的專業知識很有幫助；假如要待在危險的地區，勢必得處理許多子彈或炸彈造成的外傷，懂得如何用鉗子夾住血管會是必備的能力。

然而，我不能逕自拋下一切出走。從一九八五到一九九二年，我朝著外科主治醫師的職位前進。我明白自己要完成這項目標，才能享有自由去追求個人的志業。《殺戮戰場》留下的鮮明記憶與它燃起的火花，依然在心中熊熊燃燒著，但若我拋下當前的工作直接出國，便無法達到所需的專業高度，我也擔心自己再也回不去原來的跑道，畢竟主治醫師的職缺可遇不可求。

必須靜待時機成熟。我先到利物浦接下研究職位，短時間內就完成工作，刷新過去紀錄。後來，我在當地升任資深專科醫師，緊接而來的是密集的外科手術與進修，才有權利巡視病房，了解不同病患與預定的手術，也可以挑有興趣的手術，加到自己的排程裡，藉此累積了大量的經驗，拓展知識領域，替未來工作做好準備。

一九九二年，在取得皇家外科學會會員資格的七年後，我這個滿腔熱血、懷抱理想的年輕外科醫師，成為倫敦查令十字醫院的主治醫師。接著在一九九三年末，我的機會來臨，一切於焉展開。

3

歡迎來到塞拉耶佛

每天晚上，我都焦慮萬分地關注塞拉耶佛的新聞，當地的慘況令我看傻了眼，使我心跳劇烈、呼吸加速，彷彿整個人被吸了進去。說也奇怪，我的身體居然會對遙遠國度出現如此強烈的反應，明明連去都沒去過，但內心的火苗已點燃了。

難以抗拒救援渴望

一九九三年十一月，查令十字醫院幾位同事結束巴爾幹半島志工任務返國，個個帶回豐富的經驗。為了準備海外醫療工作，當時我也在英國紅十字會參與為期兩週的課程，以取得志工資格認證。沒想到當我打給國際紅十字會，他們卻說一趟必須要待六個月，這等於是棄我的病人與同事不顧。外科同事說還有其他方式，像「無國界醫生」就提供短期職缺——有的甚至只要兩到三週。若錄取成為他們的志工，便可以自己決定要待多久。我因此聯絡了「無國界醫生」，然後前往面試。雖然當時我已是主治醫師，離開工作崗位幾週，也可能自毀前程，但想要伸出援手的渴望難以抗拒。

前南斯拉夫內戰當時已延燒兩年。在「終身總統」狄托（Josip Broz Tito）於一九八〇年過世前，南斯拉夫社會主義聯邦共和國（Socialist Federal Republic of Yugoslavia）這個集結不同族群的國家，一直遊走於蘇聯及其衛星國的計畫經濟，以及西方自由主義路線之間。多數時候運作尚稱良好，而塞爾維亞、克羅埃西亞、波士尼亞、斯洛維尼亞、科索沃等聯邦共和國成員，彼此還算相安無事。但在狄托過世一年後，科索沃的阿爾巴尼亞裔要求獨立，與塞爾維亞裔爆發衝突，裂痕開始出現。

幾年前蘇聯瓦解後，這個茶壺風暴達到沸點。分離主義派在多黨制選舉中勝出掌權，前述共和國中有四個宣布獨立，民族主義分子的紛爭演變成全面開戰。先是在斯洛維尼亞與克羅埃西亞爆發，接著往南延燒至波士尼亞與赫塞哥維納。

一九九二年五月後，波士尼亞首都塞拉耶佛遭塞爾維亞軍隊包圍，對外聯絡完全阻斷。塞拉耶佛是放眼國際的大都會，八年前才舉辦過冬季奧運，圍城行動毋寧造成前所未有的重創。而也正是在塞拉耶佛，原本的內戰從暴力衝突演變為人道災難，市內醫療人員短缺，甚至醫院內空無一人，無辜的平民只能哭喊求助。

每天晚上，我都焦慮萬分地關注塞拉耶佛的新聞，當地的慘況令我看傻了眼，使我心跳劇烈、呼吸加速，彷彿整個人被吸了進去。說也奇怪，我的身體居然會對遙遠國度出現如此強烈的反應，明明連去都沒去過，但內心的火苗已點燃了。我想起日本入侵緬甸時，父親與他家人的逃亡與隨之而來的艱辛。我也記得自己看完《殺戮戰場》的反應，以及該片催生的使命感。

也許，此時的塞拉耶佛便值得我投身奉獻吧？

忙亂聖誕節

一九九三年聖誕節前夕，我打包好一些厚衣物、帶上一個睡袋，離開了自己在漢默史密斯的舒適公寓，飛往克羅埃西亞首都札格雷布。克國位於波赫聯邦北方，當時剛獨立不久。我直接來到「無國界醫生」辦公室，在場有英國骨科醫師團隊，還有一位比利時籍的「無國界醫生」員工向我們簡報，說明此趟行程的後勤細節。

我們一邊研究著該區地圖，一邊看該組織的後勤人員畫出塞拉耶佛周圍的戰線。塞拉耶佛位於相當狹窄的山谷中，四周圍繞著一座座山丘。目前塞爾納亞軍隊占據了南邊高地。我們學會使用分配到的對講機，以及正確的無線電通訊用語——幸好我有駕駛飛機的經驗，對於這些用語並不陌生。但許多事物都顯得新鮮又奇特，諸如學習穿戴防彈衣與安全帽的時機與方式，以及關於潛在危險的注意事項：嚴禁單獨行動、轟炸城市的各類砲彈、可能會遇到的各種外傷、緊急撤離程序、揮之不去的狙擊手威脅等等。一切都顯得好不真實，難以相信我隔天就要置身這樣的環境。

另外，還有許多表單待填、免責聲明書待簽。我們也得知，若改變主意，不想手無寸鐵進入世界上數一數二危險的地方，隨時可以中途退出。我確實也有過這樣的念頭，飛往塞拉耶佛前一晚還失眠了，但是因為既焦慮又興奮（還有寒意逼人的天氣，真的冷個半死），而且當時我年輕氣盛，覺得自己福大命大。

我們離開札格雷布前，拿到了大小如信用卡般的通行證，證明我們是在聯合國難民署的資助下工作。在某些方面，這張通行證比我們自己護照更重要。一般民眾要通行證才能進出塞拉耶佛，在黑市轉手的價格更是令人咋舌，因此我們一再被告誡要好好保管。

簡報後是晚餐時間，餐後我們便回到各自的房間，思索著未來的日子。我在床上翻來覆去，緊緊抱著睡袋尋求些許溫暖，想著該如何迎接前方的挑戰。我對於自己身為外科醫師的專業能力深具信心，跟菜鳥時期已不可同日而語，但仍然不時會產生自我懷疑，甚至心生內疚，不曉得自己對患者的處置是否妥當。當時我不明白也無從得知的是，環境會帶給我多大的影響。我知道當地設備必定嚴重不足，現今會把這類工作地點稱作「嚴峻的手術環境」，但當時這個詞根本不具意義，況且相較於能否使用高科技設備，我更擔心炸彈和子彈的威脅。

我腦海浮現的比喻是，自己就像是奉獻給這座山城了——有鑑於塞拉耶佛四周圍繞著白雪皚皚的山丘，這個形容頗為貼切。我就好像一位滑雪高手，站在難度最高的黑色雪道起點，一旦開始向下滑就不能回頭，必須努力閃避危機四伏的冰面，確保自己以及其他同行的人平安抵達山下終點。

隔天早上，我們被載回機場，搭乘俄羅斯伊留申航空公司製造的四引擎客機返回塞拉耶佛。機上還有其他醫師，但多數是來自奈及利亞的聯合國維和部隊成員，個個身穿戰鬥服。我們一進入波士尼亞領空，機艙內的燈光立即由白轉紅，讓原本就已緊張的氣氛更加升溫，在昏暗詭譎的燈光下極度令人不安，尤其是我們得按照指示穿上防彈衣和戴起頭盔。

我們接近塞拉耶佛時，機身驟然下降，近乎向下俯衝。按照規定，這裡的飛機要盡快下降，再以螺旋軌跡繞圈飛行，才不容易被火箭或飛彈擊中。整架飛機因承受巨大壓力而劇烈搖晃，嚇得我以為即將墜機了，直到最後一秒，機鼻才猛然拉起，機輪隨之著陸，降落在伊格曼山下唯一的機場跑道上。

我們還來不及喘口氣，機艙門便倏地打開，隨即聽到有人大喊：「出去！出去！」——飛機不能在跑道上待太久，以防暴露在危險之中，因此我們抓了行李就奮力穿越跑道，往看起來像入境大廳的那一頭狂奔。所謂入境大廳，其實是簡陋的混凝土建築，裡頭滿是全副武裝的士兵，一看見我們進來就衝向剛才的飛機。沒過多久，該架飛機再度起飛，前後在地面停留不到十分鐘。

砲火下的瑞士乳酪

從支離破碎的窗戶、千瘡百孔的航廈、半毀的塔台看來，我們顯然已遠離相對安全的札格雷布。驅車上路後，這個城市的慘狀益發明顯。戰後由混凝土造的成排灰公寓大樓上，砲火痕跡斑斑可見；年久失修的蘇維埃風格市政廳建築缺了一大塊，全城籠罩在潮濕冷冽的霧氣中。

我們首先搭乘防彈型荒原路華前往「無國界醫生」辦公室，它位在城內的科昔夫醫院旁邊。我們在那裡又聽了另一場簡報，但如今搭配著塞拉耶佛的配樂：一連串小型武器的噠噠砲火聲，偶爾傳來大砲的轟然巨響。接待我們的女性氣色極差，看來憔悴、枯槁、面無表情，被壓力搞得疲憊不堪。身為精神科醫師的她，看起來卻是行將就木。她的簡報不假修飾，不斷警告我們當心狙擊手，她有好幾位朋友都已命喪槍下。她看起來內心受創，也可能真的被砲彈嚇壞了。那天簡報之後，我再也沒見過她。

不過我的工作地點不是在這間科席夫醫院，而是在市中心更大間的公立醫院——它有個響叮噹的名號叫「瑞士乳酪」，因為外牆上布滿了彈孔。大部分傷患會首先送到這間國立醫院，科席夫則用來讓已脫離險境的傷患進行後續救治復健。

我初到時映入眼簾的是一群外科醫師、護理師和麻醉師，他們看起來筋疲力竭、萬念俱灰，因為每個小時都有傷患不斷送進來。但不知為何，兩位主要外科醫師似乎不大想讓我救治傷患——我本來摩拳擦掌準備上陣，想成為醫護人員的及時雨，結果卻淪為花瓶助手。我感覺他們是看我年輕所以心生懷疑，他們也不知道我經驗多寡，不確定我是否夠格。老實說，我是真的沒見過傷患每小時源源不絕湧進的情況，而之前雖多次看過鈍器造成的外傷傷口，但此刻是親眼目睹砲彈碎片跟高速子彈造成的慘況。諸如迫擊砲、炸彈和砲彈等現代威力驚人的炸藥，炸藥外殼完全設計成以碎片方式朝各處飛散，這對脆弱的人體會造成莫大傷害。

有些傷勢實在過於怵目驚心，難以在此詳述，但這跟在英國工作時最大的不同，就是許多傷患的肢體殘缺不全。即使是發生重大車禍，也很少見到嚴重截肢的情況，但這邊則是司空見慣。我真的是頭一次碰上傷患無論生死都如此絕望。

這裡遭遇的另一大挑戰，就是很多人被送來時都已明顯死亡，因此場面往往高度緊張且充斥激動情緒。有時親友會陪著進來，苦苦哀求我們全力相救，但我們沒辦法讓人死而復生，只能盡力安撫生者，確保他們摯愛親人的遺體能獲得妥善處置。

頭一天晚上，我再度在睡袋裡直打哆嗦，但這回讓我無法入睡的是四面八方的槍聲，整夜不絕於耳。雖然狙擊手晚上因無法瞄準目標較少出沒，但砲擊仍持續進行，漸漸地我開始學會分辨聲響，知道是塞爾維亞軍朝這邊開火，或這邊向他們回擊飛彈。兩者音調些微不同，所以對那些朝對方發射的火箭砲聲，我們漸漸淡然以對。

是志工，抑或過客？

我前兩天都在打雜。我獲准在旁邊看、幫忙拿拿東西，但兩位外科醫師不准我幫任何人動刀。我開始感到沮喪，無法理解他們的態度，我明明是來幫忙的，不是嗎？等到之後我更了解波士尼亞人，才知道這不是針對我，而是他們對於像我這樣的志工，表面不說，但認定志工隨時可以選擇離開，回到原本溫暖安全的窩，這層認知讓雙方不時產生摩擦。他們對記者和許多短期飄來又飄走的訪客都持同樣看法。事後想想，假如當地有人不把像我這類人視為「觀光客」，才真的奇怪。後來在這趟任務中，我還真的遭到如此指控。

總之到了第三天，其中一位醫師沒有現身，後來再也沒出現過。究竟他是遇害，還是找到辦法逃走？依然是個謎。有傳聞他拿到了聯合國難民署的通行證成功出走。

眼見機不可失，我立刻把空出的手術室占為己用。我現在還清楚記得我的第一位傷患。她是一位看似七十好幾的老婦人，沒了雙腳，一隻剩膝蓋以上，一隻則到膝下，手臂也只剩一隻，全都遭到流彈炸飛。如此嚴重的三處受傷我還是頭一回見到。她的家人陪著進來，大聲哀號，請我們趕緊處理、想想辦法，但我真的不知如何是好。她的意識十分微弱，幾近瀕死狀態，即將失去知覺，等於是死亡的前兆。受傷的立即感受是疼痛，但時間一拉長，或若失血過多，身體會不再感到疼痛並開始停止運作。看起來她已到這個階段，躺在那裡發出微弱的呻吟，用所剩無幾的力氣勉強活著。

我的直覺是趕緊採取行動，一方面讓人看到我有動作了，一方面也因為找點事做往往比毫無作為來得容易。但這樣真的好嗎？她年事已高又受重傷，很可能捱不過漫長的手術或一連串醫療處置。我們能輸給她的血量也有限，應該要輸血嗎？明天會不會有更值得輸血的患者？我又憑什麼決定誰值得輸血？說不定幫她施打點嗎啡，讓她不再疼痛、安詳離開也許比較好？

我最後決定開刀，開始幫她的傷口清創：切除壞死組織、清理碎裂骨頭，設法讓健康組織持續發揮作用。但手術進行約四十五分鐘後，麻醉師拍拍我的肩膀，說了句：「她走了。」

這樣的開始令人難過不已，但大量傷患持續湧進，根本無暇多想。而且其他人很快就發現我確實已經進入狀況，也就放手讓我獨當一面。雖然壓力龐大、物資匱乏又充滿危險，大家仍逐漸形成一支合作無間的團隊。他們多半都會說一點英語，有幾位相當流利，但也偶有令人一頭霧水的時候。我記得當時以為自己漸漸聽懂一些波士尼亞語，然後聽到一位醫師說著一個字，聽起來像是「麥卡多！麥卡多！」（Mackadoe），我原以為他是在手術告一段落後發表看法，或可能是波士尼亞語的髒話，後來才明白他每次喊完「麥卡多！」之後，都會有護理師遞給他麥金杜手術剪，這是以紐西蘭外科醫師先驅阿奇柏德・麥金杜命名的手術剪。

嚴寒、斷電、砲擊

傷患是因為炸彈與子彈被送進我們的診間，但從很多方面來說，我們面臨的最大問題其實是氣溫。那年冬天，塞拉耶佛寒氣逼人，鑽進我的衣服內，還滲透到骨子裡，我們的傷患也深受其害。手術室裡冷個半死，洗手的時候水是冰的，而我的手術袍很快就破爛不堪，醫療口罩也沒了，只好在冷空氣中口吐白煙。

嚴寒只是讓我們很難受，對傷患來說卻是生死攸關。有些人可能還沒因傷而死，就先失溫喪命。手術室內必須保持溫暖，因為打開傷患腹腔時，他們也會快速失溫，而溫度會直接影響手術結果。假使體溫劇降，後果不堪設想。體內酵素停止運作，就無法順利凝血；心臟也不再正常跳動，導致難以充分運用我們賴以為生的氧氣，器官便隨之慢慢衰竭。

多數時候醫院的發電機運作堪稱順暢，從地下室發出的轟隆隆聲音也可清楚聽到，但柴油老是不足導致發電機停擺，因此我們不時會突然陷入一片黑暗，偏偏還常發生在三更半夜。這時會有位大哥推著滿載五、六個汽車電池的手推車來到手術室，立起一盞大燈，再毫無章法地接上電池。在電力重新恢復前，那盞燈暫時充當手術燈，在又霧又冷的房間裡，射出的光線差強人意，但總是聊勝於無。

在我加入此次任務大約兩週後，有天晚上，一名年約十六歲的年輕人被送了進來，腹部插著一塊大型彈片。當時塞拉耶佛遭受坦克砲彈、迫擊砲、火箭砲的密集轟炸。這類投射武器的金屬碎片造成的傷害類似子彈，但傷口往往更大也更具殺傷力。這名年輕人血流如注，血壓極低、脈搏率又高，有可能會發生手術休克。當時在場的四人包括我、麻醉師、刷手護理師和一名助手。當時麻醉師跟我討論著是否開刀，我們面臨的一項抉擇：開刀設法救活他，或不開刀看他死去。當時沒有其他傷患，時間差不多凌晨三點，但我們物資所剩無幾又冷個半死。看了看這名傷患，我們朝彼此點點頭，隨即把他推進手術室，開始採取必要措施止血。我們先施打了麻醉，將僅剩的一品脫血液輸進他體內，然後我打開了他的腹腔。

由外科醫師檢視腹部各部位及骨盆的手術叫作開腹手術，憑藉著雙眼及雙手，你要檢查腹部的所有實質器官，例如脾臟、肝臟、腎臟和胰臟，也要檢查中空器官，例如胃、小腸、大腸，再往下到骨盆。假如是女性，還包括膀胱跟子宮檢查。這個手術也要決定是否翻出大型血管，例如攜帶充氧血離開心臟的大動脈，以及把靜脈血從全身帶回心臟的下腔靜脈。

將腹部清理消毒後，我沿著腹壁切開長長一條線。隨著切口愈來愈長，血也如紅色浪花從傷患腹部飛濺到我手上。在冷冽的手術室裡，我冰冷的手清楚感受到他鮮血的熱度。

彈片刺穿了他的下腔靜脈。這是我頭一回看見主要血管受傷。金屬碎片還卡在裡面，雖然也因此多少能幫忙止血，但除了取出別無他法。一想到移除碎片後不曉得能否控制出血，我的心便跳得劇烈。務必得迅速包紮傷口。但我輕輕移開彈片時，血柱瞬間如從血管破口噴出，我趕緊從護理師托盤抓起一大塊紗布蓋在出血處，然後靜靜等待。

我思考下一步該怎麼辦時，傳來一聲撞擊巨響。醫院遭到攻擊，整棟建築開始搖晃，我感覺雙腳在沾滿鮮血的瓷磚地板上滑了一下，立刻閃過一個念頭：建築可能會倒塌。說時遲那時快，就在撞擊發生的數秒內，一切陷入黑暗。

那不僅是昏暗，而是徹徹底底的烏漆抹黑，沒有一絲光線。手術室位於地下室，有一層層厚重的門與醫院其他地方隔絕開來。我伸手不見五指，看不到病人，也看不到同事。我更驚覺自己甚至聽不到他們的動靜，只剩手術室外的喧囂聲。

我手上的紗布還壓在傷患的下腔靜脈上，靠另一隻手幫忙，摸到旁邊的主動脈。身為一位血管外科醫師，只要觸摸主動脈，就能大概判斷血壓。我知道他的血壓正在下降，所以用手指按壓他的動脈，設法止血，以維持心臟與腦部的血壓。但我可以感覺到他的血不斷從腹部滴到我的大腿上，又順勢往下流到腳踝。

「敷料！敷料！」我大叫著，儘管不抱太大希望，仍期盼在場有人可以幫忙。

過了好幾分鐘，房內瀰漫著詭異的平靜。我等著那位大哥推著手推車跟燈進來，但沒人出現。我左等右等，手指緊捏著那位男孩的下腔靜脈，但他的脈搏愈來愈弱。一片清冷死寂之中，我呼叫著麻醉師，但無人回應，又呼叫護理師、呼叫助手，黑暗中卻只聽到自己的回音。我只感覺得到男孩體內汩汩流出的濕滑血液，我的鞋子浸在裡頭，發出吧唧吧唧的聲響，手則因為緊握而抽筋。他的生命正慢慢流逝。

「哈囉！哈囉！我需要燈光！有人在嗎？」我一叫再叫。一會兒後，我知道男孩死了。

我徬徨失措，不知如何是好，只能等待。在冷凍般的手術室裡，溫暖的血逐漸冷卻。幾分鐘後，電燈開始閃爍，然後重新亮起。雖然剛剛叫喊都無人回應，對於人去樓空，心裡早已有底，但此時我環顧四周，發現只剩我一個人，依然感到萬分錯愕。我的手術團隊老早一哄而散找掩護去了。所有人一聲不吭，也沒跟我說半句話，每個人都當機立斷，醫院一遭攻擊就是逃命的時候。

我往地上一看，宛如置身屠宰場。男孩想必失血三到四公升，大部分都沾在我身上。我踉蹌地跑了出去，脫掉手套跟手術袍，深深感到一股絕望。那名男孩本來可以活下來的。之前那個老婦人也許救不回來，但男孩本來絕對還有希望。假如那個推車大哥有來，假如燈早點亮，假如有人幫忙，我們一定可以救活他啊。

我也倍感失望，居然沒人跟我說：「大衛，我們要走了，一起走吧。」他們就自顧自地跑了，獨留我在手術室。我脫下濕答答的襪子，一臉茫然在走廊上晃，急著想找茶壺燒水，好洗掉身上的血、溫暖麻痺的雙手。

我在走廊盡頭一間用沙包堆擋起來的辦公室裡，找到了我的團隊，麻醉師、護理師跟助手，就連推車大哥也在，他們全都靜靜坐著，不發一語，也沒討論半句。男孩的遺體就這麼被抬走了。

這名男孩的死，加上同事們遇到攻擊的反應，徹底改變了我。以往在國內時，如同許多醫護人員，我對病人一向充滿憐憫與同理心，每當結果不如人意，我都自責不已。但這一次我學到兩件事：第一，我要自立自強；第二，我要好好保重自己，不只因為不會有人照顧我，也因為假使我死了，就再也無法幫助任何人了。

這件事是個啟蒙，讓我首度覺得自己是龐大戰爭機器裡的小齒輪。我的理想主義遭遇挑戰、產生動搖；但我也變得更堅強，更能體會同事長久以來背負的沉重壓力，遠遠超過我過去經歷的煎熬。這名男孩的死，也在我身上留下戰爭的烙印：塞拉耶佛版本的軍事勳章，但並不是會自豪地別在身上的那種。與其說顯現於堅強的外在，不如說打造了堅強的內在，我內心深處、甚或靈魂有塊小小的角落，如拳頭般緊握且冰封。可以說從這次開始，往後一連串經歷都被我貯存起來，原以為已拋諸腦後，直到二十年後一趟敘利亞之行才又浮現。

泥菩薩過江

這趟人生首次海外任務期間，我不止一次深刻體會到自保的重要。某天，我奉派前往約五十公里外的澤尼察，幫一名十二歲男孩動手術。他的脖子被砲彈碎片擊中，一小塊金屬片刺穿頸動脈跟頸靜脈，卡在咽喉中，即聲帶所在之處。結果，血液開始從高壓的頸動脈湧向低壓的頸靜脈，導致心臟負荷過重，出現「高心排出量心臟衰竭」（high-output cardiac failure），簡單說就是有過量的血打進心臟，持續一陣子便會導致衰竭；必須切斷連接兩者的瘻管，分開頸動脈跟頸靜脈再進行修復。我搭上一台聯合國裝甲運輸車，沿著塞爾維亞邊界前往波士尼亞中部的澤尼察。我還記得經過一個檢查哨時，赫見一位非常美麗的塞爾維亞女子，滿臉濃妝、有著完美無瑕的紅指甲，她的肩上竟掛著突擊步槍和子彈帶。

我們抵達時，男孩的狀況很不樂觀。他被送進手術室，我及時開了刀。手術結果令人滿意，還把他卡在咽喉的子彈碎片清理掉。手術把他從鬼門關前拉了回來，他不會有事的。

當晚，我跟同事達科決定到城內走走，找個地方吃飯。我們選的咖啡廳實在有點破爛，一樓只有幾張椅子，沒有桌子，但樓下好像是間像樣的餐廳，我們便順著狹窄階梯下去覓食。樓下大概有七、八張桌子，但全都坐著身穿黑皮衣、面露凶光的男人，怒視著剛走進來的我們。我立刻警覺到他們桌上都擺著武器。

但我們沒夾著尾巴掉頭就走，而是走向兩張空桌，有一張在樓梯旁邊，另一張在最裡面。我挑了比較遠的那一張，但達科機警地把我拉回來，坐到比較靠出口的那張。我們點了啤酒跟一些冷盤。那裡沒賣熱食。現場氣氛很緊繃，那些人個個凶神惡煞，我極度焦慮不安，彷彿整間餐廳都盯著我們看。

我試著跟他們攀談，說我是外科醫師，來這邊是為了到醫院幫一位小孩開刀。其中一位有點喝醉的壯漢站了起來，氣憤地說我們是觀光客，只想來看熱鬧，語畢便朝我們走來，要求看我的聯合國難民署通行證。達科向我使了個眼神警告，所以我努力佯裝鎮定，立即開口說：「我不確定有沒有帶在身上。」一面緊張地在口袋摸著那張通行證。

這名大塊頭突然激動起來，提高了音量。

「你懂個屁！」他大叫道：「你根本不懂戰區的生活！我示範給你看！」

接著他一把關掉餐廳的電燈，抓起他的椅子往地上猛砸，同時掄著拳頭搥打四面牆壁。

「就像這樣！」他咆哮著，椅子在地上發出砰砰砰的聲音。

此時我跟達科早就嚇壞了，深信隨時都會遭殃，若連通行證都不保我就完蛋了，因為沒有那張證就回不去塞拉耶佛。我們只能仰賴門縫透過來的光看見樓梯，然後我把桌子猛然推開，兩人向出口狂奔。我們衝到街上，聽到背後傳來打架的聲音，桌椅翻倒的撞擊聲，接著傳出槍聲。我不確定他們是否朝我們開槍，也無暇一探究竟。我們徒步跨過附近一個結冰的足球場回到旅館。後來我才得知，當晚那間餐廳確實發生槍戰，幾位混黑市的遭到殺害。

那晚我們很幸運。再回到塞拉耶佛，我們一再被告誡不能離開公立醫院，而且出入一定要搭防彈車。但我極其愚蠢，有天還是違反了規定，結果就差點丟掉一條小命。

我熱衷於那邊的工作，因為覺得自己在做善事，也不否認由於腎上腺素作祟，愈危險我便愈亢奮，覺得自己誰都不怕、萬夫莫敵。

正因如此，有次一名需要整形重建手術的傷患，得搭救護車從國立醫院轉送科席夫醫院，我詢問救護車駕駛是否可以載我一程，好讓我有機會從不同視野看看市區。司機是一位波士尼亞人，經常走同一條路載送傷患。他當下就拒絕我，這也沒錯，因為既不合乎規定又充滿危險。但我好說歹說，終究說服他讓我跟車。我陪傷患坐在後面，他的腿部受傷但意識清楚。另有一名醫院傳送人員跟駕駛坐前面。我連防彈衣都沒穿。

科席夫醫院位於山丘上，俯瞰著全市，但離塞拉耶佛四周群山很遠。由於救護車前後都有大大的紅十字記號，所以不會成為交戰派系的攻擊目標，更何況日內瓦公約也賦予戰區醫療人員權利，理應受各方保護。

行駛的道路十分寬敞，除了得偶爾繞開零星碎石及遭炸毀的地方，大致順暢。因為這名傷患的傷口與骨折嚴重，加上當日天寒地凍，我們決定慢慢開。沿著平坦馬路往山上開去，通常車程只需要八分鐘，但必須穿過幾個檢查哨，還要頂著沿路的大風。

駛離國立醫院後，我們行經市中心，這裡最常被狙擊手鎖定。結果前進不到五百碼，我們的救護車就遭到攻擊。

我首先聽到擋風玻璃裂開的聲音，緊接著就聽到子彈射進某人身體的沉悶砰砰聲。速度飛快，四枚子彈一發接一發，感覺卻像是慢動作。我頓時滿口鮮血，不只感覺得到，也嘗到味道，雙眼也進血，因而猜想自己應該被擊中了。但還來不及確認，左肩中彈的救護車駕駛已馬上打檔倒車，全速向後衝回醫院的安全區域。

車子一安全進到院區便猛然急剎，我馬上衝出救護車，繞到另一邊把同樣中彈的傳送人員拖出來。我連忙實施心肺復甦術，但他顯然已氣絕身亡，胸部、頸部跟臉上都被射中。救護車內濺滿鮮血，我想起要確認自己是否受傷，結果雖然滿身是血，卻都不是我的。我鬆了一口氣，便上前照顧救護車駕駛。在喝了杯熱甜茶後，我開始幫他動手術，這時距離他中彈還不到一小時。

這場意外實在太恐怖，要過一陣子才能搞清楚發生什麼事。我的心情五味雜陳，剛開始覺得無比罪惡，因為不遵守規定離開醫院，愚蠢地讓自己置身險境。我也對自己魯莽舉動招致的後果有些不安，更對那名傳送人員的死感到歉疚。雖然事後冷靜想想，他本來就會搭車走這一趟，多了我這名乘客也改變不了他的命運。

我鬆了一口氣，慶幸自己活下來了。這是我人生頭一次遭人開槍，幸運沒中彈；我也慶幸狙擊手擊斃的是傳送人員而不是駕駛，我們才能死離逃生。同時我相當憤怒，因為我們搭乘標示明顯的救護車，從國立醫院出發執行醫療工作，把這輛車當作攻擊目標實在天理難容。我感到義憤填膺，那天起矢志要確保戰區醫療人員不受侵犯與自由通行的權利，這不單單是為了自保而已。

不過隨著事發當時的震撼消退，我開始出現另一種更加莫名的感受，甚至令我有點不堪其擾。我陷入亢奮、狂喜且陶醉的情緒，感受到前所未有的活力，彷彿浴火重生。我在鬼門關前走了一遭，但這只讓整個經歷變得異常刺激，我心想：假如連這關都過得去，沒有任何事難得倒我。

戰地與日常生活的距離

我在塞拉耶佛初嘗此種感受後，便欲罷不能。那是一種揉合想要助人的利他主義及純然自私的複雜情緒——既追求投身救人的滿足感，也享受置身險境的刺激感。我在英國時是獨居，交往過幾個女友，但都只是玩玩，過著有點清貧樂道的生活，物欲不高。但去了塞拉耶佛，我發現這才是我人生所需。那裡有另一個世界，既可讓我展現妙手回春的能力，也可讓我體驗大部分人難以想像的純粹刺激感。槍林彈雨的聲響從耳邊呼嘯而過，促使腦內啡大爆發的快感，是我前所未有的感受。相較之下，平凡的日常生活顯得索然無味。

同一時期頻繁進出塞拉耶佛的英國國家廣播公司記者傑瑞米・鮑溫，在他的回憶錄《戰爭故事》（*War Stories*）中，傳神描繪了這種感覺：

> 戰爭會讓另一個選項——所謂「正常」的生活——顯得索然乏味。我壓根不想在倫敦安逸度日、每天通勤上班，然後老早知道自己幾個月後的行程。在塞拉耶佛，我覺得自由自在……那種出生入死的感覺樂趣無窮。唯一麻煩的就是一犯錯就可能受傷或沒命。但這種乾脆的生活方式，其實也滿不錯的。

有人告訴我許多戰地記者也都有類似的感覺，例如另一位報導過多場戰爭的資深記者安東尼・洛伊就把回憶錄取名為《想念我那遠去的戰爭》（*My War Gone By, I Miss It So*）。我覺得我們角色頗為相似，都是非戰鬥人員，都以中立身分前赴困苦之地做善事，可能是拯救性命，或向世界揭露暴行。

而且正如同記者，我們偶爾得面對當地民眾家破人亡的真實遭遇，很難置身事外。我對他們的處境完全感同身受，這些塞拉耶佛居民待人親切，沒傷害任何人卻深受戰爭之苦。我不認識他們，也不了解他們的過去，但他們在砲火下不堪一擊。而歸根究柢，人命的脆弱正是我們所有人共有的本質。

我在塞拉耶佛碰到的平民大都熱情慷慨。病況好轉時，他們會特地為我做菜，送我大大小小的禮物。我束手無策時，也能獲得他們諒解。他們也讓我深深想念威爾斯的家人。他們的家園如此綠意盎然，卻遭迫擊砲、曳光彈和炸彈包圍。雖然語言不通，但我覺得自己能完全理解他們、心靈相通，好像又回到家的感覺。

回到倫敦，我變了個人。我知道自己真的能夠改變那些身處絕境民眾的生命，但另一方面也非常憤怒，質疑怎麼有人能對他人如此殘暴。我開始覺得那些為大局著想、懂得運籌帷幄的掌權者，和只想摧毀所有競爭者的人，其實不過一線之隔。

但能獲得上天賦予的才能，去幫助那些需要的人，是我這輩子夢寐以求的大禮。我知道，從此這將成為我生命的一部分。

4

損傷控制

長期以來，戰爭都被認為是促成科技進步的原動力，因為交戰的各國政府都會投入眾多資源和專業知識，設法在跟敵人對抗時取得優勢。但也有其他更為良性的副作用，其中有重大影響的便是在伊拉克和阿富汗戰爭期間，研發了日後稱作「損傷控制」的手術。

阿富汗聖戰中的產房

我在塞拉耶佛學習甚多，主要是知道自己還有太多得學。回到英國後，我更加虛心也幹勁十足，立志要在下次前往任何地方前，好好充實自己的手術能力。一九九四年末開始，我在英國三家健保醫院任職迄今，包括聖瑪莉、皇家馬斯登與雀兒喜暨西敏醫院。在我自己想要加強的許多科別中，婦產科是其中一項，包括懷孕、生產，以及母親與嬰兒的產後護理。打從學生時代，我就對婦產科有興趣，一度曾考慮要專攻婦產科，最後才決定選擇一般外科。在塞拉耶佛那段日子，我才稍稍體會身處戰區的準媽媽所承受的龐大壓力。她們原本就對於生產非常焦慮，也許是生第一胎，加上孩子即將來到的世界充滿著危險與不安。多年下來，我發現能夠執行安全的緊急剖腹產手術或處理產後出血，堪稱是人道救援醫師最為實用、甚至不可或缺的能力。

不過我並非在倫敦教學醫院的安全環境中學會剖腹產，而是在阿富汗的首都喀布爾。那是一九九六年，我替國際紅十字會工作，距離波士尼亞之旅已過了兩年。我在逐漸適應新工作之餘，也利用空檔想磨練專業能力，滿心期待下一次的海外任務。一九九〇年代，冷戰結束、「反恐戰爭」尚未展開，全世界看起來相對和平，不過若干區域衝突仍在上演，例如阿富汗境內衝突就方興未艾。

我前往阿富汗時，正逢該國歷史上的特殊時間點。一九九二年，蘇聯力挺的共產黨領袖穆罕默德・納吉布拉（Mohammad Najibullah）垮台之後，阿富汗首都喀布爾就由不同交戰派系各據一方。聖戰士彼此劍拔弩張，造成許多死傷，讓我們忙得不可開交。但爭奪喀布爾掌控權的最嚴重衝突，發生在一九九六年九月。那時候經過一番砲彈齊發的駁火巷戰後，塔利班長驅直入，控制了整座城市。當時我是國際紅十字會野戰醫院的值班外科醫師，大家都憂心情勢隨時會失控，因為塔利班的殘暴早已臭名遠播。雖然他們抵達時，許多人在街上唱歌歡迎，但我們都深怕被視為異教徒而遭到殺害。納吉布拉當時仍在喀布爾，躲在聯合國館區內，結果塔利班闖入該區將他逮捕，立即處以極刑，把他吊死在市中心路燈燈柱上。

我到達當地前，上了不少國際紅十字會的課程，包括在日內瓦的勤前預備課程、戰地手術課程，還在英國吉爾福德附近參加紅十字會為期一週的住宿課程。紅十字會的成立宗旨——人道、公正、中立、獨立、志願服務、統一及普遍——不斷灌輸到我的腦海。坐在安靜的教室裡時，很容易忽略這些價值真正的意義，不過到了現場，這些可是必要的圭臬，得以讓國際紅十字會在世界各地展開工作。

那天我在醫院，聽到塔利班步步進逼，大難臨頭的不祥預感浮上心頭，但專案經理的冷靜讓我放心不少，他一直盡力確保我們與醫院的安全。我們除了救治戰爭傷患外，也進行世界各地地區綜合醫院都得執行的手術：疝氣阻塞、穿孔性胃潰瘍、腸道及泌尿問題。我們也照顧孕婦及胎兒的健康，以及處理所有與生產相關的醫療服務。我心目中自然界最偉大的奇蹟，莫過於生小孩了。

在嚴峻的環境中，分娩困難的孕婦常常需要剖腹產。我之前從沒學過剖腹手術，但這也是我心心念念想學的「夢幻手術」。大多數紅十字會醫院都由兩位外科醫師輪值，一位通常是全職資深外科醫師，另一位則多是在本國醫院休年假的旅外醫師。在喀布爾的資深外科醫師尤卡已在國際紅十字會任職數年，是我景仰有加的榜樣。什麼工作都難不倒他。在我到醫院的第二天，他問我會不會做剖腹手術，我當然只能推辭，結果他白眼翻到後腦勺，那一幕我永遠難忘。

「你要搞清楚，我很注重睡眠，」他說：「通常助產師會在清晨四點要求剖腹產。」但不出數小時，我的機會就上門了。一名二十歲出頭的女子難產，她進到手術室，立刻接受了半身麻醉。

剖腹產有兩種打開腹腔的方式，腹中線切口，或是從下腹橫切的橫向切口（Pfannenstiel incision）。橫向切口比較理想，因為傷口遠比中線切口容易癒合。

「給你開刀。」尤卡說道。他根本連雙手都沒刷洗，就站在我背後下指導棋。「真該死！」我邊從恥骨上方切開傷口，一邊在心中咒罵。

「拉開腹直肌，用力，用力！你們英國人就是有氣無力。」

我從醫學院畢業後就沒見過剖腹手術了，對我來說是新手震撼教育。

「把這裡的腹膜切開，」他邊說邊抓起一把長鑷子指著那個地方，「把膀胱下壓，然後拿著手術刀，切開子宮。」

子宮下方是由緊繃的子宮肌肉和子宮頸上部所組成，肌肉比較不發達，所以從這裡切開時，流血情況不會像肌肉很發達的子宮那樣嚴重。以一個裝有足月嬰兒的子宮來說，每分鐘有六百毫升的血液注入。

「切！切！繼續切！」

我切開子宮時，大量血液跟羊水湧出，我心臟簡直快跳出來。刷手護理師移走撐開器，我伸進右手想找寶寶的頭。

「彎一下！彎一下！」尤卡大喊。「什麼意思啊？」我納悶著，但現在不是發問的時候。突然間，頭冒出來了，肩膀也隨之出現。我把手指放在嬰兒腋下，助手幫忙一推，嬰兒就出來了。實在太神奇了，我看得入神，興奮又驚奇到心跳劇烈，完全忘記夾臍帶，只顧著想把嬰兒抱給媽媽看。結果刷手護理師幫我夾剪了臍帶，我們等著子宮收縮以排出胎盤。

「很好，現在縫起來。」我聽到正轉身離開的尤卡大喊道：「你現在不用再打給我了！」

那場手術很美妙，我協助了一個生命的誕生，也拯救了另一個生命。要是在倫敦，我絕對沒有機會接觸到這件事，在喀布爾，這卻是我的職責所在。那趟任務接下來的幾週，剖腹手術都由我操刀。

飛車請命開刀

塔利班掌權之後，他們將國家重新命名為「阿富汗伊斯蘭酋長國」，實施嚴格的伊斯蘭律法。二〇〇一年我重回舊地，這次在塔利班精神發源地坎達哈工作，也見證了塔利班對該國及其人民帶來的影響。

那裡彷彿回到中世紀。女性只能待在家中，小孩也不能外出，還被禁止玩玩具，尤其是西方的玩具。除了研讀《古蘭經》，其他教育一律不准，就連放風箏或播音樂等無傷大雅的休閒活動也遭禁，因為這會導致小孩不認真吸收伊斯蘭的教導。女性必須穿天藍色蒙面罩袍（burka），從頭到腳都得遮住，甚至用面紗蓋住雙眼，男性則不准剃鬍子。

我服務的米爾瓦斯醫院共有五間病房，三間男性專用，兩間女性專用。男性不得探望妻子，小孩不准探望母親，病得再嚴重也不行。就算性命垂危，也只能孤獨死去。唯一獲准入內的男性是外科醫師，包括阿富汗醫師和國際紅十字會外籍醫師共七人。有一次在巡房時，我在一位外籍護理師陪同下去看一位病人，幾位當地護理師跟在後面，全身緊緊包著罩袍。我們站在病床邊時，其中一位護理師碰了我一下，我朝下方一看，她把罩袍邊往上拉，展示她的腳踝，一閃即逝。她腳上穿著網襪，說不定是絲襪。我不覺得此一舉動代表她喜歡我，而是對塔利班高壓統治的反抗。

從我任務團睡的大樓二樓臥室裡，可以看到米爾瓦斯醫院。舉目所見還有一棟顯眼的建築，就在不到兩公里之外，是一棟偌大的宅邸，圍著沙包堆成的高牆，門禁森嚴，引人注目。我一直很好奇它的用途為何。有天晚上，我們全被附近巨大爆炸聲嚇醒。我從床上跳到地板上找掩護。有位保全衝上來看我是否平安，但看來只是單一事件，後續沒有爆炸再發生。隔天早上，我才曉得爆炸聲來自一枚巡弋飛彈，目標是要摧毀那棟我一直在觀察的宅邸。但房子還在，飛彈失準了。醫院有人告訴我，那棟是蓋達領袖賓拉登的宅邸，當時他居住在坎達哈。我治療過他妻子的肌瘤，而在我之前的國際紅十字會醫師則治療過賓拉登的腎結石。他理應要回診，但預約了我的門診卻從未現身。回想起來，自己差點跟這位男人擦身而過，感覺很詭異。不出幾個月，他主導了一場恐怖攻擊，混亂與衝突隨之而來。我常會開玩笑說：「要是早知道就好了！」——但我當然毫不知情，就算知道也什麼都做不了。

雖然我們在醫院工作，但一切都受塔利班嚴密控制。每天都有位戴黑色大頭巾的塔利班警察守在手術室入口，負責核准我們能否為患者動手術，確保我們沒有違反政府頒布的各項嚴格宗教規定。我們得徵求他的同意才能幫病人開刀，即使他沒有半點醫學知識，甚至可能連讀寫都一竅不通。但他簡單地手一揮，就能決定患者是接受手術挽回一命或被判死刑。

我們都同時使用四個手術台，而每每讓我驚嘆的是，來此的阿富汗小孩都展現高度的忍耐力。假如他們做的是常規手術，通常會牽著爸爸的手走進來，經常得目睹其他進行中的手術，有時還會看到患者臟器或身體部位放在桶子裡的駭人景象。但他們僅僅從容淡定地經過，不吵不鬧地坐上手術台，等待自己的手術開始。

婦產科病房在樓下，由一名外籍助產師帶領幾名當地護理師負責管理。這幾位護理師在助產師的訓練下，都能處理一般的分娩工作。有天，我在開刀時，助產師跑來跟我說，他們成功接生了一名男嬰，但是孩子的母親流血如注，他們怎麼也無法止住。就在他們準備取出已損壞的胎盤時，患者急性休克，需要立即救治。

在口譯員協助下，我問塔利班的警察是否可馬上讓她進手術室。本以為這只是例行公事，但令人詫異的是，警察竟搖了搖頭。我不敢相信他就此否決了這名母親存活的機會，也會讓小男孩從此失去母親。我們開始懇求他，但再怎麼哀求，口譯員還是告訴我們，警察的心意已決，因為在他看來，這位母親是死得其所。那位外籍助產師隨即跑去找護理長，她是位令人敬重的女性，名叫英格麗。由於傷患失血過多，我們必須迅速採取行動。德國籍麻醉師馬丁從產房衝上樓，說若我們不馬上開刀，產婦必死無疑。

我和英格麗無視那名塔利班警察，衝出醫院、跳進一輛汽車，請駕駛帶我們去見塔利班領導人穆拉・奧馬（Mullah Omar）。車子駛往市中心附近一座非常美麗的清真寺，上頭覆蓋著藍色馬賽克磚。出人意表的是，教長同意接見我們，英格麗擺出強硬姿態，表示不達目的絕不罷休。我站在她旁邊，聽著她向這位世界上數一數二可怕的人大聲咆哮。但教長舉止沉穩，儼然像政治家，他斜眼盯著我時，神情也毫無惡意。不過，我猜他純粹想打發我們，才同意我們開刀的要求。我們當下迅速趕回醫院。

究竟消息如何傳到醫院的塔利班警察那裡？實在不得而知。但他簡單點了點頭表示同意後，我們就趕緊把患者送進手術室。這時她已臉色蒼白、血壓極低、脈搏加快，而且全身發冷冒汗。可以預見不久之後，她將會因為低血壓造成肝腎衰竭，這意味著即使我們成功完成救命手術，她也會慢慢死去。

我看著她，思考該怎麼辦。面對這種情況，外科醫師有不少技術可使用，例如用棉花填塞子宮，按壓子宮試圖加以壓縮，或插入醫用汽球再加以充氣，以阻止子宮內部出血。但她剛剛生下第六胎，又處於極度休克狀態，我不確定這些方法是否管用，因此仍決定開刀。

馬丁很快就讓她入睡，開始將我們僅剩的一袋血輸給她。我還不大確定究竟要怎麼處理，所以先劃下中線切口打開她的腹部。我還聽說過另一項作法，即把縫線放入子宮來壓縮；我進入她的腹部後，本來在考慮這項作法，但發現她的子宮又大又緊繃，子宮壁也很厚。即使她已服用了收縮子宮的藥物，仍不見效果。助產師提醒我胎盤已破裂，無法取出。我恍然大悟，她當下的狀況稱作沾黏性胎盤，即胎盤侵蝕子宮。我得當機立斷，她需要把子宮切除。我以前從未動過這項手術，但因曾接受過大腸直腸外科的訓練，我自認對骨盆非常熟悉。

我小心翼翼地將鉗子放在子宮一側，分開韌帶和輸卵管，再慢慢往下探，把連到子宮的各條血管夾起，直到觸碰子宮頸為止。子宮周圍的血管巨大，跟我手指一般粗，假使戳破任何一條，出血將一發不可收拾，加上我們僅剩少量血液，一旦真的發生肯定致命。在塔利班警察的監視下，我百般謹慎又如臨大敵地移除位於子宮頸正上方的子宮，裡頭少說有三公升的血。結果，病人奇蹟般地活了下來，只是過了幾天才脫離險境。直到今天，我仍不解那位塔利班警察存何居心。手術之後，我對他的一丁點尊重蕩然無存。《古蘭經》裡哪一條說你可以扮演神？

不過我還是得提防他，畢竟此人非常危險，報復起來也絕不手軟。我先前在手術室認識了一位男護理師穆罕默德，他是非常稱職的刷手護理師。某天，穆罕默德沒來上班，我問起他的下落，其他護理師和醫師卻默不作聲，只是偷偷地瞥了那名警察一眼。後來我才得知，穆罕默德為了降低感染風險，把鬍子剪到剛好塞得進口罩裡。但警察認為這違反了伊斯蘭教義，下令把他鎖進街道中央的貨櫃長達二十四小時。

這種懲罰可謂惡名昭彰，專門處置違反伊斯蘭律法的人。穆罕默德獲釋後告訴我，裡頭至少有五十人和他同處一室，沒得吃也沒得喝，更沒有廁所可上，地板上全是糞便與尿液。貨櫃內一片漆黑，偶爾開門讓人進出時才會透進光亮，裡頭溫度大概攝氏五十度，慘無人道。

由於我們在援助機構工作，因此獲准前往該市足球場見證塔利班式伊斯蘭律法的執行。有天我就傻傻地去了，結果看到了泯滅人性、畢生難忘的暴行：女人被埋在沙堆裡，只露出頸部以上，然後活生生被石頭砸死；還有女人被架在自己徒手砌出的牆邊，遭卡車高速衝撞死亡。也有報復性的殺戮，例如受害家屬得以開槍射死嫌犯。我彷彿是古羅馬時代的觀眾，觀賞著某種野蠻的娛樂節目，讓我想起過去在普羅旺斯看的鬥牛賽，驚駭地目睹美麗的牛隻遭到殺害。但此刻更是殘忍得無以復加。

多年過去了，那些景象仍不時在我腦中閃現，歷歷在目，揮之不去。而今我常常回想：自己當初為何會去？我想，那是因為我壓根不相信別人口中的慘劇。我也無法置信，赤裸裸的謀殺和酷刑居然合乎伊斯蘭教法。一個人竟能如此殘酷地對待另一個人，實在令我反胃、深惡痛絕。足球場內，滿場觀眾就這麼看著，我實在好奇他們作何感想。難道早已司空見慣了？還是只是好奇心作祟？

我也好奇那些被法院處以極刑的人，會是什麼下場。因為光是偷一條麵包這種輕罪，就會面臨嚴厲懲罰。我從遠處，可以看見一群人排著隊，然後大刀一砍，手或腳就落地了。許多斷手斷腳的可憐人，把斷肢裝在塑膠袋裡，來到醫院門診，懇求我幫他們縫回去。現今，只要是各種顯微儀器齊全的專門診間，確實可能進行這類手術。但這在當時的坎達哈，根本是天方夜譚。我當時唯一能做的事，只有努力把前臂或小腿殘肢修補得好看些。至少，根據伊斯蘭律法的規定，他們可以把斷肢拿回去埋。

伊拉克險象環生

六個月後，二〇〇一年九月十一日，紐約和五角大廈遭受攻擊，全世界邁入了新紀元。我跟所有人一樣，對這些恐攻感到既震驚又恐懼，而想到僅數月前與我共事的夥伴，竟跟這些恐怖分子擁有相同的意識形態，就覺得十分詭異。

幾乎在同一時間，阿富汗陷入進一步衝突，因為小布希和布萊爾政府組成盟軍要緝拿恐攻首腦賓拉登。小布希向喀布爾的塔利班政府發出最後通牒，要求他們交出賓拉登，但塔利班不願照辦。小布希旋即偕英國等盟國，展開「不朽自由作戰（Operation Enduring Freedom）」，要驅逐塔利班。喀布爾在十一月中旬遭攻陷，但這位蓋達組織首領逃過追捕，據信已跨過邊境進入巴基斯坦。

同一時間，現有紀錄清楚顯示，小布希政府裡那些舉足輕重的新保守主義者，正醉心於九一一帶來的契機，盼藉此拉垮美國的長期宿敵——伊拉克獨裁者海珊。儘管沒有證據顯示伊拉克涉入九一一事件，而且海珊對蓋達組織的批評也眾所皆知，但反恐戰爭也讓他在劫難逃。二〇〇三年三月，空襲展開。一個月後，巴格達就被攻陷。海珊政權垮台，但布希五月在「林肯號」航空母艦甲板上演說時，背後懸掛的那個「任務成功」布條，卻過於大言不慚，因為這個國家早已陷入嚴重又殘暴的內亂。在取得推翻海珊這項所謂的勝利後，軍民的死傷人數遠遠超過入侵伊拉克的期間。

入侵伊拉克初期，英軍是占領南部大城巴斯拉的主力。此地居民約一百萬，在政權垮台後，仍由英國控制，並預計駐留四年。這段期間，我定期擔任「無國界醫生」及國際紅十字會的志工，多次前往不同的非洲國家，期間當然也密切關注中東的事態發展，並於二〇〇六年決定加入「皇家輔助空軍」（Royal Auxiliary Air Force），成為志願後備軍人。一方面，我想一圓童年成為飛行員夢想，但另一方面也是被我的同事兼好友彼得．馬修一席話啟發。當時已在盧赫斯空軍基地（RAF Leuchars）的輔助空軍六一二中隊的他，建議我看看軍隊的運作，不僅是學習新技術的良好機會，也可增加我對外傷處理的經驗。

雖然兒時的我喜愛製作模型、熱愛飛行，也著迷於戰爭故事，但我其實對於要投身軍旅的想法有點不大自在，因為這似乎與我的人道主義工作背道而馳。不過我知道，唯有加入才能參與各項課程與會議，否則終將不得其門而入。我的主要動機就是為了學習，除了可運用所學，還可與其他相同領域的同事交流分享。所以我就報名了，然後被授以中隊長軍銜（合格外科醫生的最低軍階）。二〇〇七年我接獲通知，有機會前往巴斯拉工作。

我本來就預料在伊拉克會面臨巨大危險，事實上也的確讓我的腿上留下一個嚴重傷口。當時我從裝甲型荒原路華的軍車摔下來，腿部插進一塊已被炸到扭曲變形的金屬擋泥板，留下這個傷口。但跟我指導的其中一位資淺醫師比起來，我的情況根本小巫見大巫。他當時被迎面而來的火箭砲波及，臉上全是彈片傷，後來還被取了個「胡椒博士」的綽號——好個軍醫的黑色幽默。

然而，我沒預料到的是，在我離開的前一週，竟會在祥和平靜的雀兒喜跟死亡擦肩而過。我工作的那家醫院有一個旋轉門，由一個感應器控制，門的一半向外旋轉，另一半向內旋轉。有一天，大約有二十人被關在半扇門裡，原來另一邊的感應器底下站著一個年約十二歲的男孩，正跟幾個同伴嬉鬧。我發現之後，把那個男孩拉開，讓大家得以進來。結果那個男孩跌坐在地，我還來不及反應，他已拿出一把美工刀，在眾目睽睽之下刺進我的脖子。有名女子尖叫起來，我一動也不動地站在原地，等待痛苦降臨，結果一點感覺也沒有——好險刀片退進刀身裡。若刀片固定不動，就會直接穿過我的頸部動靜脈，必死無疑。那群孩子一哄而散，警方獲報趕到現場，四處找尋那個男孩的下落，但他已逃之夭夭。

我抵達巴斯拉時，英國正逐步撤離該城，但並非意味著天下太平。英軍撤回巴斯拉機場的緊急軍事基地，我們的野戰醫院則是基地中一個用帳篷搭建的設施。軍隊仍運用裝甲車向巴斯拉發動突襲，而路邊炸彈造成的傷亡愈來愈讓人不忍。除了馬路上簡易爆炸裝置造成的危險外，每天還有飛彈與迫擊砲如雨點般落在軍事基地。那年夏天，六星期內，光在該基地就有十四人死亡，至少六十人受傷。警報一旦響起，代表攻擊即將發生，基地人員會迅速戴上頭盔和防彈衣並撲倒在地，躲在任何能抵擋炸彈四散碎片的物體下方或後面。

這個姿勢實在奇怪，活像胎兒般把雙手放在身體下面，頭埋在鋼盔裡，腿和腳緊緊收在一起。只要警報響起，一股奇怪的感覺便湧上心頭。每個人都聽到迫擊砲落地的聲音，有時甚至非常接近，但我總覺得不會落在身旁，也不會對我造成任何傷害，內心想著：「基地正在被轟炸，但我不會有事。」保護我們的是一種名叫「方陣（phalanx）」的反導彈系統，由海軍設計，裝載自動感應的快砲陣列，能攔截進犯的砲火，包括鎖定任何朝空軍基地發射過來的飛彈或迫擊砲，這種武器的聲音聽起來很像鞭炮，但持續得更久，據稱能摧毀近四分之三的飛彈。

在手術室裡，當飛彈如雨滴般灑落，我們常常就這麼趴在地板上，而傷患則仍躺在手術台上。我們能活下來都是僥倖。外科手術團隊跟其他人沒兩樣，都暴露在這類攻擊之中，不過可堪告慰的是，這反而拉近了彼此的感情。真要說起來，這趟任務令人難忘之處，就是感受到身為軍事醫療小組一員的那種患難情誼。在過去許多援助機構的海外任務中，無論身處何方，我經常是唯一的外科醫師，有時甚至是唯一的英國人，不免會感到孤單，有時還會造成關係緊張。

但這裡沒有這樣的文化差異。我真正欣賞的是，在這個軍事環境中，每個人都有相同的訓練水準。我們都接受過派駐前的訓練，包括如何使用武器和應付埋伏。我們也理解在遭受攻擊時，上頭命令就是絕對權威。戰地醫學的訓練包括進階外傷救命術，以及在交火中因應傷亡方式。後來，國防醫療處設立了軍事行動外科訓練課程，所有外科醫師和手術室人員派至阿富汗前都會參加。但在二〇〇七年，我前往伊拉克前並無相關訓練。巴斯拉空軍基地的外科成員共有一位一般外科醫師、一位骨科醫師、數位麻醉師、刷手護理師團隊和病房護理師團隊。我們還有部分住院醫生、放射師和物理治療師。

傷患手術後帕運會奪牌

我們都忙得不可開交，野戰醫院手術室有時看起來就像肉鋪後方的空間。很多時候，我們戴著頭盔、身穿防彈衣，在火箭砲轟炸基地時開刀。

有天格外恐怖，具體而微反映了這次任務的困難。當時我房間的空調故障，所以換了房間，緊鄰名叫「特倫查德線」的住宿區，許多英國皇家空軍地勤人員都住在那裡。二〇〇七年七月十九日，我正在房內玩著相機，忽然警鈴大作。至今，我依然清晰記得迫擊砲彈落在住宿區的那一刻。那天已發生至少六起間接砲火襲擊，所幸無人受傷，故醫院當時相當安靜。但迫擊砲一落地，我就知道恐怕傷亡慘重。資深飛行員馬修．考威爾、彼得．麥克法蘭和克里斯托福．鄧斯莫爾都當場死亡，另有許多人受傷。此時呼叫器響起，我匆匆趕到急診室。

沒多久，傷患開始湧了進來。一名男子左臂重創，手肘周圍的骨頭皆已損毀，肌肉、神經和動脈等軟組織也無一倖免。經過心肺復甦術急救，他活了下來，我與團隊中的骨科醫師共同處理他的傷勢。在戰爭中，骨科醫師負責骨骼，一般外科醫生則負責軟組織。我確信自己能修復血管。眼前男子是名飛行員，手臂失去大部分肌肉，但可以肯定的是，我能藉由動脈繞道手術將含氧血注入他的手臂。

他的主要問題是神經嚴重受損，骨頭也沒了大半。我想搶救那隻手臂，但骨科醫師想截肢。這兩種選擇都利弊參半。然而，外科醫師為了傷患總是想盡力而為，因此有時觀點會與同事截然不同。我們僵持不下，氣氛迅速變得火藥味濃厚。我們站在手術台旁，針對如何處理傷勢才算妥當，發生了激烈的爭執，而且持續了很長一段時間。旁邊的麻醉師愈發焦慮，因為眼前的傷患已大量失血。

最終，骨科醫師吵贏了，我們選擇了截肢。終究，這可能才是最佳方案，畢竟所有神經都已斷裂，若按照我預想的方法，便需要進行神經移植，成功機率微乎其微，他可能得長期忍受疼痛，前臂和手也喪失功能。沒想到，資深飛行員喬恩—艾倫．巴特沃斯在二〇一二年倫敦帕運會的自行車比賽中，贏得三枚銀牌，更於二〇一六年里約熱內盧帕運會上榮獲一枚金牌，還已籌得了數千英鎊的善款。

戰爭的「良性副作用」

儘管偶爾存在意見分歧，但在戰地從事急診醫學深具意義。長期以來，戰爭都被認為是促成科技進步的原動力，因為交戰的各國政府都會投入眾多資源和專業知識，設法在跟敵人對抗時取得優勢。但也有其他更為良性的副作用，其中有重大影響的便是在伊拉克和阿富汗戰爭期間，研發了日後稱作「損傷控制」的手術。

我對人體了解得愈多，對其運作原理就愈感到驚奇。由於血液目的是將氧氣輸送到重要器官，所以大量失血便代表失去將充足氧氣輸送到這些器官的能力，導致器官開始停止運作。我們體內所有細胞都需要氧氣來產生熱能，這稱作有氧呼吸。缺氧意味著細胞無法產生能量，造成體溫從而下降；另一項副作用是乳酸的產生，而乳酸又會增加血液的酸度。我們體內所有化學反應都需要正常溫度和中性酸度。因此，大量失血的後果就是體溫驟降、流更多血，因為凝血酶無法發揮作用。高酸度的低溫循環也會導致心臟開始衰竭，泵血不足，輸送給器官的氧氣也就更少。

我們現在知道，傷患身負槍傷或碎裂傷來到醫院時，首要之務是設法逆轉組織缺氧的影響。體溫過低、凝血異常與酸血症結合起來，便是所謂的「外傷致命三元凶」。若不盡快改善這些狀況，病情就會惡化到無以復加，患者幾乎肯定會死亡。

研究顯示，野戰醫院裡，大量失血的傷患中，約有三成會出現體溫過低和凝血異常的情況。因此，務必要了解，這些傷患已有外傷致死的因子。所謂「損傷控制」手術，實際上是一種暫時的措施，以逆轉體溫過低、凝血異常和酸血症的影響。首先要發現出血源頭並迅速止血，所謂的塑膠分流管則在動脈受損時，恢復流向手臂和腿部的血液。患者在手術台上的時間可以大幅縮短，以便送往加護病房讓體溫上升。等傷勢穩定後，患者再被帶回手術室接受必要的手術，譬如用靜脈移植恢復血流或進行腸道重建，這一切都需要時間。

在伊拉克和阿富汗戰爭期間，損傷控制手術的原則提升到更高的水準，大量的實務經驗促進不斷的細修和改善。重大進步之一，便是損傷控制復甦術的出現，即用預熱的血取代流失的血，從而把低溫和凝血異常的影響降到最低。現在，已開發國家的各大外傷中心都採用了這些技術。

二〇一〇年夏天，我到阿富汗堡壘營參加赫里克行動（Operation Herrick）時，我們在八週內就接了一千起嚴重外傷病例。但因為每個人合作無間，確切知道自己職責所在，包括損傷控制手術、損傷控制復甦術，最後的成果教人嘖嘖稱奇：所有中彈或因簡易爆炸裝置受重傷的患者中，共有百分之九十八活了下來。這是一項了不起的成就，因為有些患者傷勢嚴重，雙腿得完全截肢、只救得回一隻手臂，即所謂的三重截肢。

我這趟行程處理的一個病例，足以反映堡壘營一流的護理工作。在戰爭期間，有許多由約聘工人組成的民間團隊，他們受雇的公司專為軍方提供精密電力設備。其中一名約聘工人在拉什卡爾加附近中槍，腹部遭射傷，該地距離堡壘營大約四十五公里。醫療緊急應變團隊接到求救電話，派出了一架契努克直升機，機組成員包括前座兩名飛行員，後座一位麻醉科主治醫師、一位急診主治醫師和幾位護理師，以及提供武力支援的英國皇家空軍團砲手。

這名工人被塔利班狙擊手的子彈擊中，機組人員趕到他身旁時，狀況極為糟糕。在返回堡壘營途中，他的心跳停止，需要大量血液。我們接到「op vampire」的指示，意思是前往醫院途中提供復甦所需的血液。這項代號通常代表患者抵達醫院後會直接右轉進入手術室，不必接受電腦斷層掃描。我已準備完畢，正跟手術團隊等候著，其中有麻醉師、助手與許多後援，全都可以隨時投入手術。手術室的門猛然打開，工人被抬了進來，他仍在接受體外心臟按摩與快速輸血。我們已備妥大量血品，一切都已就緒，唯盼盡量保住他的性命。

中彈位置在肚臍上方。先前在直升機上時，進行二度檢查的急診醫師對我喊道，傷患脊椎右側還有子彈穿出傷。這完全是屬於高速高能造成的槍傷。沒有時間再聽下去了，他得立即接受手術。我劃下一條長長的剖腹切口，一路從胸骨延伸到恥骨，數公升的血馬上從腹部噴湧而出，濺得我全身，流到地上。他手臂與脖子都插了大型套管接受輸血。通常在此情況下，正確的程序是快速包紮腹部止血，但我當下沒有這個時間，必須在最短時間內把血止住。當時有兩種方法：打開胸腔、用鉗子夾住遠端胸主動脈，或迅速用手指向下探，觸摸橫隔膜下方的主動脈，像捏水管頭那樣把主動脈壓著下胸椎。雙手一進入患者腹部，我選擇了第二項方法。我叫來助手，即中隊長大衛・奧萊利，在我擠壓主動脈的時候，幫我將敷料填進腹部。他盡力地包紮傷口，但我們也注意到，原本應是肝臟的位置已血肉模糊，完全被子彈給打爛了。

高速高能槍傷的影響眾所周知。彈道學是一門龐雜的學科，催生許多機構研究彈道的影響。低能量的九毫米手槍子彈擊中目標時，會迅速釋放能量，若擊中肌肉，就會割傷和撕裂部分組織。但半自動步槍射出的高速高能子彈更會造成巨大的傷害。愛因斯坦的相對論可以應用於各項事物，包括動能從子彈轉移到人的身體。愛因斯坦的觀點是，動能等於質量的一半乘以速度的平方，簡言之，子彈本身越重，就有愈多能量轉移到被擊中的器官。若子彈速度加倍，釋放的能量就是原來的四倍。

假設狙擊手射出的高能子彈擊中目標，因為重心遠遠落在擊中點的後面，子彈就會在目標體內翻轉，而一旦減速就變得不穩定了。這種翻轉效應會消耗大量的能量，所以若子彈擊中高阻力的器官，例如外頭有層包覆的肝臟，就會把肝臟整個炸裂，這正是我們患者所受的傷害。

我能感受到手指下的主動脈開始跳動，男子的血壓正在好轉。我已擠壓他的主動脈長達約四十五分鐘，當麻醉師說血壓和心跳都已恢復，我才鬆了一口氣，也心懷感激。我右手拇指和食指已壓麻了，如今痛得要命。我讓大衛幫我按住主動脈，方便我用鉗子完全把它夾開。此時，我們才終於看到損傷的範圍。我們用鉗子夾好垂在下腔靜脈上的剩餘肝臟，然後迅速地縫合所有開口。

大約四小時後，這名患者依然活著。他的心跳正常，肺臟也能給身體提供氧氣，但他沒了肝臟，腎臟也停止作用。他被送進了加護病房，團隊最後決定嘗試血液透析，我猜這大概是軍醫史上頭一遭。當時，透析機在櫃子裡積灰塵，工程師們不得不通宵修理，才能讓機器運轉起來。一旦機器恢復正常運作，便能幫傷患排掉平時交由肝和腎處理的毒素。

隔天早上，我到了加護病房探視患者，訝異地發現他恢復狀況十分良好，雖然需要藥物來刺激心臟收縮，但他的血壓正常，而且不再流血了。從中槍的那一刻起，這名患者的存活機會就非常渺茫。多虧有一流的團隊合作、設備與專業知識，他從意外中倖存下來，否則死亡率通常接近百分之百。一旦他恢復良好，便會被轉送到英國，等待肝臟移植。

當時堡壘營的外傷部門是公認世界上最好的外傷中心，在我看來此言不假。我以曾身為其中一員為榮，也很高興這些技術現在已廣泛應用於民間，幫助那些被困在戰火中的可憐平民。

5 非洲天空之下

他的槍口正對著我們。我拚命想把窗戶捲起，但為時已晚。他操著一口我聽不懂的語言，開始對我大吼大叫，車上唯有我不是非洲人。聞得到他濃烈的酒氣，也感覺臉上沾有他的唾沫。他滔滔不絕地咆哮，完全失去理智。槍管從開著的窗戶伸入，壓在我的脖子上。

非洲大陸的哀愁

我首次造訪阿富汗的兩年後，又跟「無國界醫生」前往獅子山共和國擔任志工。位於非洲西岸的獅子山共和國是英國前殖民地，人口大約六百萬，自從一九六一年獨立以來，便發生一連串血腥政變與反政變，局勢動盪不安。一九九一年以來，獅子山共和國內戰不斷，主要因素是各方都想控制國內龐大的鑽石礦藏。我在一九九八年初抵達該國飽受戰亂的首都自由城，隨即前往康諾特醫院工作。正如一九九六年的喀布爾，不同的武裝派系交戰，平民深陷水深火熱之中。

當地政府數次企圖重建權力，但援軍總是被民兵擊潰，其中最知名的當屬革命聯合陣線（Revolutionary United Front, RUF）。起初，革命聯合陣線受到獅子山共和國民眾的歡迎，因為他們痛恨自由城貪腐的菁英，也深信革命聯合陣線所做承諾，包括提供免費教育和醫療、公平分配鑽石收益。然而，槍管賦予的權力很快讓他們從揚善的一方，墮落成作惡的力量。我原以為塔利班夠壞了，但在獅子山共和國，見到人類毫無人性地對待彼此，更是怵目驚心。革命聯合陣線開始攻擊手無寸鐵的平民，動輒將人斷手斷腳，遂行其恐怖統治的手段。為何他們可以如此對待自己的同胞？想必部分是因為無節制地運用權力或害怕遭到報復。一旦民眾開始盲目服膺不合理的權威，內在和外在也都展現順從，就更容易不把自己的敵手當人看。

手持開山刀的民兵團大搖大擺走在街上，見到支持政府的群眾就砍人雙手。我接連數星期都在幫老弱婦孺的雙臂殘肢塑形，傷患甚至包括年僅三歲的幼兒。看到這類肆無忌憚的暴力事件一再發生，令人倍感絕望，而乏味的手術則令人心煩。這些為所欲為的民兵團由小孩與年輕人所組成，在一心要復仇的領袖蠱惑下拿起刀械，造成數以百計的平民重殘。

我把相機拿給一名當地員工，請他找一天到醫院外頭，用鏡頭記錄街頭的景象。他拍回來的影片至今依然讓我不寒而慄。有名反抗軍成員像動物般被綁在車子引擎蓋上，正要帶去向革命聯合陣線的將軍邀功。車子駕駛是名男孩，脖子上戴著一條項鍊，上頭垂著一根斷指，宛如是他的護身符。就在醫院外頭，可以看到一名拿著開山刀的男子走來走去，手中的刀子舉得老高，頗有威嚇作用。他看起來嗑藥嗑茫了，對政府當局無所畏懼，說穿了是天不怕地不怕。我鮮少見到如此無法無天的地方。

在自由城服務一年後，我自願到南方鄰國賴比瑞亞的首都蒙羅維亞工作。蒙羅維亞是賴比瑞亞南部的鄰國。獅子山共和國的叛軍早已越過邊境，跟政府軍發生激烈交火。在這場衝突中，大多數叛軍常常嗑藥到很嗨，經常光著身子在四周蹦蹦跳跳，展現自己的「男子氣概」。來到醫院的受傷叛軍與士兵眾多，但很容易分辨，他們若不是赤身裸體，就是穿著破爛軍裝。雙方彷彿都有瘋狂的嗜血欲，許多人脖子上還戴著小飾物和戰利品，深信這樣可以擋掉敵人的子彈。

我們的醫院通常在戰爭前線，幾乎每天都有子彈射進窗戶、擊中周圍牆壁。但不可思議的是，我在蒙羅維亞的那段時間，沒有任何醫院工作人員因此受傷。

在歐美國家，我們通常把非洲視為單一整體來討論，容易忽略非洲其實是廣闊的大陸，住著形形色色的迥異民族，分布在多樣的地形之中，包括乾燥無比的沙漠和雨林，以及介於兩者之間的地帶。一般認為，非洲五十多個國家有零星的進步和繁榮，但多數非洲人尚未享受到後殖民時代自由的成果，也未善用其龐大的人力和自然資源。許多國家都被內戰搞得四分五裂，因為當初殖民國家劃分邊界時，根本不大考慮當地族群或部落歷史，非洲「強人」素來以貪婪與腐敗臭名在外，其來有自。

歐美國家三不五時會關注起非洲的問題。最著名的大概是一九八四年衣索比亞大饑荒的報導促成了「援非樂團（Band Aid）」、「援救生命（Live Aid）」與「美國援非（USA for Africa）」等慈善演唱會，共募得數百萬英鎊的善款。大約二十年後，歐美國家的良知再度被喚醒，這次是蘇丹西部達佛地區日益嚴重的人道災難。

蘇丹幅員遼闊，占地一百萬平方英里，從東部紅海海岸線，延伸到北部和西部廣闊的撒哈拉沙漠荒原。達佛地區本身與查德、利比亞和中非共和國接壤，面積相當於西班牙。蘇丹北部以首都喀土穆為中心、信奉伊斯蘭教，南部則是基督教為主。到了二〇〇四年底，蘇丹才漸漸從長達二十年的南北內戰走出來。達佛地區被夾在兩者之間，卻未被真正納入南北談判之中。談判到最後，新國家南蘇丹於二〇一一年於焉誕生。

達佛地區覬覦南蘇丹談來的經濟利益，想要分一杯羹，卻被喀土穆政府拒絕了。達佛地區數個原住民族群遂組成「蘇丹解放運動」（後稱蘇丹解放軍），開始攻擊北部一些駐軍，聲稱喀土穆政府壓迫該國非阿拉伯裔人民。喀土穆政府展開報復，派軍至達佛血腥鎮壓，隨後被控施行種族滅絕。喀土穆政府還開始訓練阿拉伯民兵組織，稱作「詹賈威（Janjaweed）」，意為「馬背上的惡魔」，他們是騎馬的武裝突擊兵，專門襲擊和摧毀涉嫌窩藏反政府叛亂分子的村莊。他們可以隨心所欲地搶劫、殺戮和強姦。蘇丹軍隊派出武裝直升機大肆破壞，詹賈威民兵則騎著馬和駱駝衝進混亂之中，處決所有生還者。

一如所料，無辜遭捲入這場屠殺的民眾開始收拾可帶走的家當，舉家遷往更安全的地方。達佛地區西緣的查德與蘇丹邊界吸引了大批難民。二〇〇五年我隨「無國界醫生」前往當地從事人道醫療時，大約有兩百萬人沿著查德邊境移動，另外至少還有一百萬人已越境進入查德東部。

蒙受苦難的少女

我們在蘇丹邊境阿德雷的小醫院，每天從早到晚都耐著酷熱，照護成千上萬的患者。外科團隊成員包括一位外科醫師、一位護理師、一位麻醉師和部分當地員工，還有一位當地醫師負責診治難民營內所有疾病，包括重度營養不良。我們的小屋兼做手術室和恢復室，隔壁就是產科病房，四名助產師沒日沒夜地工作。大部分的外科工作都以產科為主，這再度提醒了我，必須於此關鍵醫學領域習得足夠的專業知識深度與廣度。為了能安全地進行剖腹手術、因應產後出血等後續問題，我不得不日夜待命。但這裡真的很慘，遠比阿富汗的情況更糟。我們每天得進行四到五次剖腹產，死亡率大約為百分之二十五，其中主要死因多為瘧疾伴隨的營養不良與難產併發的敗血症。

我們看到年僅九歲的女孩被蘇丹士兵或詹賈威分子強姦。有些女孩因此懷孕，但骨盆尚未發育到能足月自然產，因為胎兒的頭比骨盆大太多了，在分娩第一個階段就會卡住。這些懷孕的女孩陣痛都長達好幾個小時，想生卻生不出來。這樣的狀態通常會持續好幾天，最後才被送上馬車，離開營地，送到我們的小醫院。

有時患者的敗血症狀太嚴重，來不及到醫院就胎死腹中。此時便得進行死胎清除手術，我原以為這項手術早已走入歷史了。這項手術首先要檢查陰道，此時看到的不是即將展開人生的健康胎兒，而是一團發臭的肉塊卡在子宮頸，未出世的胎兒已死亡，上頭正慢慢長出壞疽。我得用一把大剪刀在兒顱骨囟門剪出一個洞，好讓腦部減壓，方便擠出體內，接著再用鉗子夾住頭蓋骨，把胎兒拉出。這對任何母親都是極度恐怖的經歷，幾乎不可能既冷靜又清楚地描述，對外科醫師也會造成很深的心理創傷，手術景象宛如煉獄，即使當時待了八個星期，我依然無法適應。

除了上述的情感折磨，當地氣候也帶來了嚴酷考驗。我們醫療團總部當初興建時，並未考慮最後可能住進來的人。我的臥室在一棟紅磚樓內，有著閃閃發亮的波狀鋁皮屋頂。屋頂本應要反射陽光，卻把整棟建築變成一座烤箱，無論晝夜，平均氣溫都大約攝氏四十五度。我們習慣在正中午到下午三點間暫停手術，因為這段時間氣溫會飆到五十五度左右。

我通常簡單吃點東西後回到家，脫光衣服，坐在有洞的塑膠椅上，好讓身上的汗水滴到地板上。這時連一點風都沒有，我周圍擺滿了瓶裝水，這樣我一邊坐在椅子排出數公升汗水，一邊也能方便補充水分。夜晚更糟糕，因為蚊帳並不散熱，我每天晚上都躺在橡膠墊上，在一灘汗水中翻來覆去。

某天從大清早就不得閒，足足操勞一整天後，我感到頭痛欲裂，嚴重到無法繼續工作。我把狀況告訴麻醉師，我倆決定當晚不排手術。我本來打算躺下，但隨後開始吐個不停，手臂和腿部肌肉劇烈抽筋。我稍微喝點東西就會立刻吐出來。本來已夠不舒服了，但想到那些少女和女孩已經走投無路，內心便升起一股憤怒與焦躁，更加重了身體的不適。我們莫不竭盡所能地給予治療，避免她們承擔性暴力的恐怖後果。

到了凌晨三點，我已逐漸產生幻覺，看到拖著巨大輪子的牽引機在我房間的泥濘裡犁地，不斷地犁啊犁啊……隨著太陽在四點升起，驢子開始鳴叫，我在房間看到大象。我錯過八點的早餐時，任務團團長前來關切，發現我幾近陷入昏迷。我當時體溫過高又脫水，若未立即接受治療，就會重度中暑，最後因無法挽救而死亡。麻醉師立刻控制住病況，讓我住進個人病房，然後插入導管、吊上點滴，注入數公升生理食鹽水救了我一命。

我康復後不久，被找去檢查一名十三歲左右的女孩，她已陣痛快三天了，因此需要剖腹產。儘管子宮頸已完全擴張，助產師仍然只碰得到胎兒頭部，他認為嬰兒還活著。我靠近這名漂亮的少女，作勢要握手向她打招呼，但她猛然躲開，不等我說明來意就朝我臉上吐了口水。

我大吃一驚，隨即往後一縮，立刻離開帳篷，好幾分鐘才回過神來。我記得後來去找麻醉師，他是法國里昂人，語氣極度溫和地告訴我情況，說她勢必被強暴了，可能痛恨所有男人，而家人幾乎可以肯定都死光了。

我的心情還未平復，得休息一下才能回帳篷看她。所以，我們回到幾百公尺外的總部，花了約半小時聊著周遭發生的悲劇。我請麻醉師同事陪我回去，因為少女需要做半身麻醉才能開刀。但我們一走進帳篷，便看到一張床單蓋住她全身。我拉下床單，震驚地發現她剛斷氣不久。我兩腿發軟，癱倒在地，抓著她推車的輪子不斷啜泣。

我出海外醫療任務時很少掉淚，但在查德的工作愈來愈難以承受。在經歷數週的情緒煎熬和壓力後，眼淚其實是種宣洩，這是每個人的必經之路。這個悲劇發生前一週，一名婦女才在剖腹產後死在手術台上。她身患瘧疾又貧血，我想這是她第六或第七胎了，也是第三次剖腹產。我是被助產師逼著替她剖腹。我們沒有超音波掃描機，一切都是透過理學檢查完成。她有四名孩子在手術室外面等候。我們只有一單位的血品可用，血庫中已無庫存。

她的恥骨頂部已有兩個橫向切口，所以我決定做腹中線切口，心想這是最安全的選擇。手術在半身麻醉下完成，過程中病人保持清醒。一切似乎進行得很順利，但切進子宮下段就遇到了問題。前文提過，此處通常肌肉較少、出血也較少。然而，我這回得穿過很多疤痕組織，而膀胱就擋在前方，所以我先小心地把它移到旁邊。但我一進入子宮，便遇到大量出血。胎兒通常在切口下方，只要用手指輕輕撐開，很容易就能從子宮摸到胎兒頭部來接生。但這一次鮮血卻不斷湧出。由於人員不足，手術室裡當時只有我和麻醉師，以及一張擺滿工具的桌子。

我用一大塊敷料按壓出血的子宮，告訴麻醉師，我眼下亟需協助。我們大聲呼救，但足足十分鐘沒有任何人出現。我們唯一找到的是一名清潔工男孩。他從未進過手術室幫忙。麻醉師盯著他洗淨雙手、幫他戴上無菌醫療手套、穿上手術袍。我跟他說，我會把他的雙手放在特定位置，他務必不能移動。我甚至沒有好用的吸盤幫忙把血吸走，只有一個腳動裝置，得快速加壓才能多少吸點血。

我無法理解她為何大量出血，後來才恍然大悟。我剛才經過胎盤時，胎盤必定黏在她先前剖腹所留的疤上。我好氣自己的疏忽，早該想到才對。

新助手的手壓在切口上試圖止血，血液此時正汩汩湧出。我在她的子宮頂部又切了一個開口，設法往下切開肌肉以找到胎兒。但當前情況已失控。足月子宮的供血量正常是每分鐘約六百毫升。這名患者此時可能已失血超過兩公升。一陣恐慌感襲來，我有不祥的預感，這名可憐婦人即將死在我面前了。麻醉師迅速讓她入睡，他沒有人工呼吸器，不得不徒手供氧，手術室也缺乏適當的監測設備。

最後我找到了嬰兒，把他從汩汩血流中拉出來。我著急地用平針縫合子宮企圖止血，一度還以為自己快要成功了。麻醉師施打了一般的子宮收縮藥物，但子宮依然十分鬆弛，下段仍明顯出血。不出數分鐘，他看著我搖了搖頭，母子雙雙死亡。

剩下的手術在一片沉默中收尾，情況慘然。我把她的肚子縫了起來，盡量至少讓外表看起來正常。我要怎麼告知她那些仍在外頭等候的孩子們呢？我從頭到腳都沾滿了血，所以很快換上乾淨的衣服，離開手術室去說明剛才發生的事。最大的孩子不過十歲，我問他父親在哪裡，他說被詹賈威民兵殺害了。

在那星期，我很努力地打聽那位婦人孩子們的遭遇。我覺得自己難辭其咎，想透過管理難民營的聯合國難民署提供資助。我把身上約三百英鎊的現金全部給了一位官員，並表示我回國後要開一張匯票，好幫助他們。然而，在我真的回國後，儘管花了大量時間設法找那些孩子，但他們已掉入了難民營的無底洞，就此消失不見了。

多年後，每當我回想到這件事，內心依然升起一股絕望。受此影響的不僅止於我。手術失敗後，我和麻醉師因為剛才的衝擊一語不發，默默走回任務總部。我們走近幾位坐在桌旁抽菸喝酒的外國志工時，我感覺得到他身上傳來的躁動。我們走到他們跟前時，他完全失去了理智，掀翻了桌子，把煙灰缸和啤酒拋向空中，大吼大叫，亂砸露台上的椅子和所有碰得到的東西。我完全了解他的感受。

當兒童手持AK-47步槍

這次格外困難的任務終於結束後，我回到倫敦，前往「無國界醫生」總部進行任務簡報。這是每次外派回來必要的例行公事，通常持續約四十五分鐘。我之前有門診要看，所以抵達他們辦公室時，一身俐落的西裝領帶。

大約六小時後，我離開了任務簡報室，整個人狼狽不堪。我克制不了自己的情緒，在裡頭痛哭了大約四小時，實在難為了那兩位「無國界醫生」的女性員工，不得不聽我把壓力、恐懼和內疚一股腦兒傾倒而出。

對於阿德雷的那段日子，我實在感到萬分難過，儘管可能有違常理，但這反而讓我決定隔年再訪達佛地區。我至今仍不曉得這是為了贖罪，還是為了去除心魔。也許兩者都有吧。我來到一座叫薩林傑（Zalinge）的小鎮工作，那裡已成為許多遭毀村莊的避難地點。此時，蘇丹解放軍已在馬拉山脈建立據點，並從山中藏身處對蘇丹軍隊和詹賈威民兵發動多次攻擊，屢屢取得戰功，但自己也承受大量傷亡，因而向「無國界醫生」組織求援。我們只得動身去找他們，因為若他們曝露地點，就會遭逮遇害。

這趟路途充斥著危險，我們不得不搭直升機去薩林傑，從空中便明顯看到好多座村莊都被燒毀，反映了焦土策略。我敢肯定，這是阿拉伯人對達佛地區非洲黑人展開種族屠殺。對此，蘇丹政府和詹賈威民兵得負完全責任。

薩林傑是一個大約有兩萬人的小鎮，因此稍稍安全一些，一千人以下的村莊往往容易被夷為平地。後來，我造訪問一座類似規模的小村莊時，剛好遇上詹賈威民兵騎馬抵達。至少有三十人像騎兵一樣，鳴槍衝了進來。村民拔腿逃命，我們決定不跟民兵正面衝突，而是躲在自己的車輛後方。在過了彷彿數小時那麼久後（但實際上頂多二十分鐘），地上躺了大約三十五名村民屍體，另外有六十人左右受傷。

詹賈威民兵的隊長走到蜷縮在車後的我們面前，厲聲質問起我們四人的身分。其中一名護理師開始哭得不能自已，我內心浮現一種不祥的預感，以前有過多次經驗，以後也想必還會出現。

我的雙腿發軟，隨即開始顫抖。在攝氏四十多度的高溫下，我們身旁圍著目露凶光、全副武裝的一群男子，他們才剛殺害了數十人，這次的經歷實在太可怕了。在說明我們是人道主義者後，他們才放行。我們匆忙離開時，我回頭一看，發現詹賈威民兵正跪在沙地上祈禱，無疑是讚頌著榮耀勝利。

除了在薩林傑盡力提供醫療服務，我們也被許可在蘇丹解放軍活動地區成立機動手術團隊。專案經理問我是否有意願，因為要是我無此意，我們就不會成行了。他無法保證我們的安全，但蘇丹解放軍承諾，我們一到山區就會受到保護。那陣子政府軍不斷轟炸該地區，這當然難以遏止。專案經理說他也聯絡了蘇丹政府軍，得到的答覆是，他們不會把我們當目標，但若砲擊開始時我們剛好在附近，也無法保證我們的安全。蘇丹方面已知道我們出發的日期，如此而已。這趟旅程勢必會格外險惡。

我回到任務總部宛如地窖的小房間思考此事。我該怎麼辦？總部地點算是安全，有許多工作得忙，也做得有聲有色。這跟到外頭幫助叛軍則是兩碼子事，也許是貿然承擔風險。但我內心感到興奮，彷彿小小壓力鍋沸騰，因而明白自己的決定了。每當我嗅到使命感，就會難以抵抗。

我們隔天都在整理需要帶的設備，尤其是藥物，包括K他命和安定，以及大量局部麻醉劑。俗稱「馬鎮靜劑」的K他命在醫療麻醉扮演重要的角色，按照不同體重調整劑量，讓病人鎮靜入睡到足以動大手術的程度，也可以依手術時間長短適時增加劑量。只要使用得當，K他命是非常安全的藥物。安定又稱凡林（Valium），則是短效鎮靜劑，觸發鎮靜作用，再由K他命代勞。我打包了所有可能派得上用場的手術器械和縫合工具，以及一些無菌鋪單和手術袍。我們順道接了一名同意當麻醉師的外國護理師。就這樣，我與兩名護理師搭著一輛滿載手術設備的車，動身前往山區。

這趟路程很長，我們沿著一條紅土飛揚的筆直道路開了兩小時。到達蘇丹解放軍所在鄉間之前，我們經過許多燒得只剩廢墟的村莊，然後爬上一條通往叛軍控制地區的山路，盡頭有個檢查哨，但我們看不見守衛。我們接近時，四名孩子從旁邊的水溝跳出來，手裡拿著ＡＫ－47步槍，但似乎不像我在賴比瑞亞看到的部分孩子那樣冷酷——他們簡直是喪心病狂。這些男孩看起來十歲左右，顯然不曉得我們要來。隨著我們開車慢慢接近，他們朝我們舉起了武器。

「現在到底該怎麼辦啦？」我心想。像我們在塞拉耶佛那樣停下來大倒車嗎？或者理所當然地繼續往前開？抑或踩下油門狂飆過去？

駕駛會說流利的阿拉伯語，他變得非常緊張。還沒到檢查哨，他就把車停了下來。我們叫他繼續往前開，他卻定住了。也許那些孩子已聽說我們要來，又也許沒有聽說。持有武器的小孩顯然最危險，因為他們不見得能理解對錯，往往極端盲目地服從命令。

當下情況一觸即發，我們都不知道該怎麼辦，只好慢慢向前移動，到檢查哨才停下來。駕駛和其中一名男孩對話，男孩看起來一頭霧水。馬路對面有棵樹擋住去路，但有個小開口剛好能讓我們的車通過。我們緩緩向那裡移動，一過了開口，我們大聲要駕駛馬上踩油門，隨即在塵土飛揚中呼嘯駛離。我不知道那群男孩是否被惹毛了，但我們不久就轉了個彎，平安過關。

我們繼續往前開，抵達另一個檢查哨，但這次守衛人員知道我們的身分，正在等著我們。他們帶我們到山中一個小村落。這是我首次感受到舒服的氣溫，頗像英國家鄉的宜人夏日。

我們著手開始工作。一名全副武裝的蘇丹解放軍士兵當我的隨扈，帶我去村裡一間間小屋，裡頭有許多男子負傷苦撐，主要都是槍傷，其中有些已待了好幾天。據我統計，大約有二十名傷患需要手術，得找地方幫他們開刀。我看到唯一可能充當手術台的東西，是個跟餐桌差不多大小的混凝土塊，相當厚實穩固，足以讓傷患躺在上面接受手術，高度也適中。問題是它擺在外面，村裡任何人都看得到。

接下來六小時左右，我動了許多手術。有些傷患開始長壞疽，需要截肢，這是唯一避免感染的辦法。傷患都非常配合，明白這大概是獲得妥善醫療照顧的唯一機會。我們的志願護理師兼麻醉師從沒幫人麻醉過，但一切按照嚴格的規定，她也表現得可圈可點。

不久，這個混凝土手術台成為吸睛焦點。起初大概只有幾個人站在附近的小丘上觀看，但數小時後，觀眾增加到數百人。我得刻意忽略旁人的圍觀，專注幫傷患動刀。我們請幾名村民負責揮走蒼蠅，過了一陣子，自願服務的人大幅增加。那天結束時，沒有任何人死亡，所有患者的傷口也都妥善包紮、清理乾淨了。

幾天後，我們又回來了，傷者乖乖地排隊等換藥。他們帶來了食物、咖啡甚至禮物來表達感激之情。這是我第一次、也是最後一次進行戶外手術，可謂我行醫生涯中的奇特體驗。不但在公開場合開刀，身旁還站著全副武裝的蘇丹解放軍士兵，他們腰上掛著沉重的機關槍，舉著一大塊防水帆布，方便我在陰涼中工作。如此場景超乎現實，但怪的是我十分怡然自得，心想：「這就是人道工作的意義。」對無助的人伸出援手，承擔伴隨的風險。

隨著任務接近尾聲，我對自己在達佛這段日子終於感到較為滿意，意義遠遠超過前一年在邊境另一頭的查德。儘管如此，我還是準備回家了。離開喀土穆之前，我得按照援助機構的安排休養幾天，這在所難免。我被帶到蘇丹尼亞拉鎮上的一棟安全屋，外觀像破舊的殖民時期別墅，裡頭有許多房間。接下來三天內，我是唯一的房客。我感到筋疲力盡，前二十四個小時都躺在床上，天花板有個大吊扇嗡嗡作響，另外有些食物留給我，此外別無其他。書架上盡是被日曬褪色又充滿摺角的平裝書，我發現了一本卡繆的《異鄉人》，實在讓我欲罷不能，捧著書本坐著讀，好幾個小時就這麼消失了。

我那陣子鬧了好幾次肚子，不少時間都是在廁所讀這本書。簡陋的廁所位於屋外一個混凝土蓋成的棚子，有扇木門吱吱作響。跟許多沒有自來水的地方一樣，基本上都是蹲式馬桶，年久失修的茅坑，有片老舊的挖洞木座，擱在一些磚瓦上頭。廁所內一片漆黑，只有幾縷光線透過木門縫隙照進來，供人閱讀。

有一次我在裡面時，有種極似威靈頓長筒靴踩在泥巴中的吧唧聲，從我屁股下方的黑暗之中傳來。我沒想太多，不大願意揣測坑裡會有什麼。

下一次上廁所時，下方的聲音更大了。我走回屋裡，到廚房拿了盒火柴，又回到廁所，讓木門保持敞開，隨即點了根火柴想一探究竟。

茅坑表面比我想的還要高得多也近得多。我好像看到有東西蠕動，便再點了根火柴，一面屏住呼吸以抵擋惡臭，一面向裡面張望。我一搞清楚自己眼前的東西，立即出現「戰逃反應」，拔腿就跑，因為離坑口大約三十公分的地方，有條我畢生見過最巨大的蟒蛇，正在坑裡的屎尿中扭動，身體至少二十公分粗，頭靠近木板開口，要是我繼續上廁所，後果不堪設想，這種死法未免太慘了！

剛果民主共和國的醫療燈塔

二〇〇八年，我又回到了非洲，這次在與盧安達接壤的剛果民主共和國北基伍省魯丘魯鎮工作。十四年前，胡圖族人對圖西族人展開種族屠殺，將近百萬人在一百天內的流血衝突中喪生。當時局勢仍然非常緊張，洛朗・恩孔達（Laurent Nkunda）率領叛軍接連發動攻擊。洛朗・恩孔達是圖西族叛軍首領，喜歡別人叫他「主席」。恩孔達控訴剛果政府未能保護圖西族人民免受胡圖族民兵的傷害；胡圖族部分民兵在參與種族屠殺後，竄逃至剛果民主共和國。他的組織訓練紮實、裝備精良，政府軍則是一群烏合之眾，都是先前一連串戰爭後敗陣的士兵、叛軍和民兵，因此雜亂無章、毫無紀律、士氣低落，且薪水微薄。相較之下，一般認為，背負無數戰爭罪行的恩孔達，麾下戰士訓練有素又紀律嚴明，並且由盧安達政府供應武器。當時的剛果政府軍和控制北基伍省大部分地區的胡圖族叛軍，似乎屬於同一群人。

整個北基伍省都發生了激烈的戰鬥，可想而知，這導致剛果東部大批平民離鄉出走。我們從戈馬（Goma）沿著兩側長滿茂密灌木叢的泥巴路前進時，約每隔一百公尺就會看到穿著迷彩服、戴著綠鋼盔的剛果軍。檢查哨更是不計其數，我們的駕駛在當地顯然人脈很廣，往魯丘魯的路上光靠他揮揮手，我們便通過一個個檢查哨。

路途中，偶爾會看到一群人把所有貨物推上搖搖晃晃的木製自行車，叫作「丘庫都（chukudus）」，車架是從尤加利樹砍下來，車輪則是用當地人稱作曼巴（mamba）的硬木雕刻而成，外頭包覆著舊輪胎割下的花紋。這種自行車負重可達八百公斤，是剛果民主共和國東部重要的交通方式。二〇〇九年，該國總統約瑟夫．卡比拉（Joseph Kabila）在戈馬市中心立起一座紀念碑，象徵辛勤工作的人民。然而，如今它們不再用來運送木炭、香蕉等商品，而是老百姓堆著大包小包家當的逃生工具。他們臉上的表情說明了一切，充滿了恐懼，不僅因為戰爭持續不斷，也因為認為交戰雙方都無法保護他們，畢竟雙方殺害、強姦和掠奪人民財物的消息皆時有所聞。

雖然空氣中瀰漫著緊張的氣氛，但魯丘魯的醫院卻是寧靜祥和，座落在叢林一塊美麗的林地中，有條黃土路通往大門，大門四周是高築的磚牆。聽取簡報時，有人說我會很享受這項任務，因為有著源源不絕的傷患。一名剛果外科醫師早已在那裡服務，極為優秀且技術精湛。某天傍晚，他說自己已在當地住六個月了，非常想回剛果西部探望家人。我立刻說，他理應好好休息一陣子。那裡還有一位資歷較淺的外籍外科醫師，我相信我們會相處得很愉快。

這支外科團隊還包括兩名護理師和一名物理治療師，都住在道路另一頭，環境同樣恬靜閒適。我自己的小屋被棕櫚樹和壯觀的灌木叢環繞，愈來愈喜歡走上一百公尺左右的路到淋浴間，裡頭只有一個冷水龍頭和一個水桶。但反正我們身處熱帶。說來刺激，我每每把水桶裝滿後，都要等一會兒，才鼓足勇氣把整桶冷水潑個全身。

在那名當地外科醫師回去探望家人前，我有幾次跟他一起巡房，好讓他把傷患交接給我。他非常憂心其中一名年輕人的病情。這名年輕人的手臂幾週前被河馬咬掉了，如今躺在病床上，由母親餵他吃「富富（fufu）」，即煮熟的樹薯和麵團，這也是我們未來幾週的主食。他母親告訴我們，兒子一整天都不吃東西，深怕他會餓著了。

在我仔細檢查後，心想這對母子恐怕都不曉得當前情況的嚴重性。這名十六歲左右的年輕人開過幾次刀，每次都多切除了小部分左臂。我要護理師脫下包紮敷料後，撲鼻而來的是長疽導致的噁心膩味，害我不得不往後退了幾步。

他的左臂還剩下大約十公分，但比正常膚色暗了許多，表面有些水泡。肌肉也呈黑色，這是壞死的徵兆。我沒看到他的肱骨，顯然被以前的外科醫師切掉了。

我看了看那名當地外科醫師，開口說：「我很肯定他長了氣疽，他撐不了多久了。」

「是啊，」他回答道，「但我們也無能為力了。」

我們繼續巡房，看看同事開過刀的傷患，以及先前志願醫師的病人，他們多半是股骨或大腿骨骨折的骨科傷患，主要接受牽引治療。一個病房就有多達四十名傷患做牽引治療，真是不大尋常。英國醫院不可能會出現這樣的狀況，一般骨折都會用金屬棒固定在體內，大概兩天內就可以出院。但這些傷患卻得待上兩、三個月才回得了家。

我們接著在醫院的產科部門走了一圈，助產師帶我們看接下來三名孕婦，身體都出了些狀況。產程圖是助產師用來評估規律陣痛的圖表，顯示了哪些孕婦有所進展。其中兩名孕婦需要立即接受剖腹手術。

這項任務顯然不能交給新手。此地社區鄰里關係融洽，假如外科醫師出了問題或開刀有困難，消息很快就會傳開，因此沒有犯錯的餘地。當地外科醫師說他會負責其中一人的剖腹產，因為他認識該名孕婦，而我可以負責另一名孕婦。我問是否需要幫忙，但他說自己能搞定，建議我在那名孕婦準備手術時繼續巡視病房。

我巡視了加護病房，跟我在英國見過的截然不同。只有一名護理師，得負責二十張病床。沒有人工呼吸器，也沒有微量注射器，更沒有一對一護理。不過，那名護理師畫了一張張很漂亮的圖表，準確測量了所有患者的生理數值，包括脈搏、血壓、體溫和尿量，以及所有從引流管和鼻胃管流出的液體。她戴著草帽、穿著白袍，顯然經驗豐富。她還會判斷病人是否生病，我逐漸理解她何以應付如此龐大的工作量。

大約半小時後，我得知該名孕婦已準備接受剖腹，她正在手術台上做半身脊椎麻醉。那名當地外科醫師在一旁看著我動刀，我停頓了一下，設法集中精神。這大概是我兩年來第一次進行剖腹產——嚴格說起來，自從上次從非洲回來後，就再也沒做剖腹手術了。

我對該次手術的記憶猶新，因為難度很高。胎兒頭部牢牢卡在骨盆內；助產師告訴我，這名母親在幾小時前，子宮頸口就已全開，但她只碰得到胎兒的頭皮，頭部整個卡住了。我開了個橫向切口，先找到子宮下段，再往裡頭切。我把左手伸進子宮，試著觸摸胎頭，真的完全卡死，無法移動分毫。

我的腦海閃現三年前在達佛那可怕的一天，當時我負責的婦人產後出血過多，最後不幸身亡。我意識到自己正在跟時間賽跑，心跳愈發劇烈。我得把孩子救出來。我環顧四周，但那位當地外科醫師已離開了，所以我又花了約一分鐘拚了命地想移動胎頭。

後來，旁邊的護理師也把手伸進子宮，沒想到，胎頭就這麼自由了。戴著口罩的護理師笑著對我說：「Vide!」法文中「真空」的意思。他巧妙地把手指塞到胎頭後方，空氣得以進入頭部和骨盆間，打破僵局。這項技巧我畢生難忘。

我跟那位當地外科醫師見了面，略微不好意思地提起護理師運用真空的妙招。他似乎並不驚訝，還說若到了緊要關頭，我可以放心請護理師動刀。語畢，他說自己要動身探望家人了，我便祝他一路順風。

那天我又做了幾個手術才回到小屋。但我無法停止思考那名年輕人和他的殘臂。我知道他只剩幾天可活了。壞疽會導致敗血症，進而造成腎衰竭與死亡，而且過程很可能緩慢又痛苦。他迫切需要的是切除整個上臂與肩膀，即「去肩胛骨截肢」手術。儘管我受過所有科班訓練，卻漏掉了這項手術，也沒學過去骨盆截肢手術，即切掉髖部和腿部。更糟的是，我還忘了帶參考書來，不像平常把檔案放在隨身碟裡攜帶。那名男孩只要沒接受手術，勢必難逃一死，我卻無計可施。

此時我靈光一閃，想到自己有位朋友可以請教。我的同事梅瑞安．湯瑪斯是倫敦皇家馬斯登醫院的外科教授，世界上可能沒有別人比他更熟悉這項手術了。我和梅瑞安共事過很長一段時間，非常了解彼此，也多次共同幫患者開刀──只是碰巧沒有去肩胛骨截肢手術。

我打了數通電話給他，但每次都聽到有人用法語說「無法接通」。對我來說，這只是時間一點一滴過去，但對那名男孩來說，是生命即將走到盡頭。此時我絕望不已，決定試著用我的諾基亞手機發條簡訊。外面下著傾盆大雨，屋頂上的雨聲震耳欲聾，我打著：「你可以用簡訊講解去肩胛骨截肢手術嗎？」約在晚上六點傳送了訊息，後來又做了一次剖腹產手術，十一點左右就上床睡覺了。午夜時分，連續幾天無聲無息的手機突然響起。不可思議的是，居然是梅瑞安傳來的簡訊。上面寫著：

從鎖骨開始，切除中間三分之一；控制力道，分開肩胛下動脈和靜脈；近端分開周圍大神經幹；再到胸壁前，分開胸大肌起點與剩餘鎖骨。分開胸小肌止點和（務必）分開起點，深入到前鋸肌。手移到肩胛骨後，分開所有肩胛骨上肌肉。用連續縫合止血。簡單吧！祝順利。

梅瑞安

就這樣，去肩胛骨截肢手術的說明到手，只是我不大明白切口的確切位置。我興奮地跳下床，打開燈，抓起我從英國帶來的一份報紙鋪在地板上，試圖重現那名年輕患者與其殘臂的樣貌。現在我知道方法了，只需要決定如何縫合傷口。我在一張張紙上來回移動，直到弄清楚切口與皮瓣的位置，這樣我把肩膀和肩胛骨切除後，就可以立即縫合傷口。

我情緒亢奮地上床睡覺，隔天早上醒來時卻非常焦慮。可以動手術固然很好，但很多病人術後需要密切監測和支持，還可能會失血過多，需要大量輸血。他撐得過去嗎？我們的血庫夠嗎？

我像往常一樣沖個冷水澡提神，等車載我們到醫院。我首先去探視那名年輕傷患，他的病況比前一天更加嚴重，再不開刀就來不及了。我前往手術室，找到跟我們共事的那兩位麻醉護理師。他們很有經驗，我向他們說明自己要進行的手術。

我得到的回答是：「我們從來沒動過這麼大的手術，而且血液庫存也不多了。」我思考了一下。這真的很兩難：假如我不動手術，這名大男孩肯定會死；另一方面，假如我動了手術，男孩因此死亡，醫院以往沒動過這類手術的消息傳出去，恐怕會改變我和醫院以及當地社區彼此的關係。從很多方面來說，直接讓他等死簡單多了。但我知道自己做不到，我必須給他活下去的機會。

我向他的母親說明來意，以及手術伴隨的風險和兩難。然後麻醉師過來告訴我，我們只剩一品脫的血液符合這名男孩的血型，目前沒有更多庫存。他還說，雖然他願意留下來幫忙，但因為妻子身體不好，他需要回家一趟，我們得在一小時左右完成手術。

「但手術至少需要三到四個小時耶。」我語帶哀怨。

「好啦，」他說：「那我們明天一早再動刀吧。」

當晚，我睡不著覺，納悶自己的決定是否正確。隔天來到病房，我向那名男孩打招呼，他此時敗血症狀已非常嚴重。我很擔心錯過了進行醫療干預的時機，應該開刀嗎？抑或不應該開刀呢？

我走出病房整理思緒，但再走回來時，男孩已接受了全身麻醉，已有人替我做了決定。手術室裡沒有標準的固定帶，我們不得不用床單把病人固定，讓他向右側躺。我檢查了所有儀器，護理師也來幫忙，如今我對他信心十足。我把梅瑞安的簡訊抄在紙上，貼在手術室牆上，方便我自己閱讀。

我先在鎖骨上方開了切口，順著在腋下橫向切開，再轉到肩胛骨上方。我用吉格利線鋸把鎖骨分開；吉格利線鋸是連著兩端把手的利狀金屬絲，你得快速地前後移動把手，才可以把骨頭切開。我非常仔細地分開了鎖骨下動脈和鎖骨下靜脈，確保沒有讓原來的縫線脫落，否則會導致大量出血。再來，我把從脖子到手臂的所有神經幹分開。我小心翼翼地按照梅瑞安的指示，分開所有必要的肌肉以便切除肩胛骨和鎖骨，同時也切除了當時已完全感染的手臂和肩膀。

這部分的手術大約花了九十分鐘。最後，我拿起切下的骨頭與感染組織的結塊，放入傷患旁邊的桶子裡。此時，護理師同事正在對所有的出血點加壓。我按照梅瑞安所說，用連續縫合止住了剩餘肌肉所有出血。地板上也血紅一片，麻醉師認為是時候用僅剩的那袋血了。

我開始倍感振奮，因為我發覺自己切出的皮瓣其實很大，縫合傷口並不困難；只要切除一些皮膚，就能完美縫合傷口。兩支引流管就位後，我們慢慢地喚醒病人，讓他在手術室隔壁的恢復室裡待了數小時。他完全清醒時，我才去告訴他母親手術一切順利。由於他只有十六歲，因此沒有任何嚴重併發症，譬如常伴隨嚴重敗血症的心臟瓣膜問題。他有機會完全康復。確實如此，數星期後我離開當地時，他已能四處走動，看起來非常健康自在。

然而，接下來幾天內，魯丘魯這間小醫院從平靜的療傷之地，變成了擠滿傷患的場所。那兩派好戰分子之間的戰鬥急轉直下。恩孔達的組織對剛果軍隊和胡圖民兵發動大型攻擊，沒多久我們就聽到槍聲不絕於耳。醫院大門飛速打開，各式各樣的傷患湧入，有的自己步行，有的被汽車或卡車載來，很快就超過醫院的負荷。不久後，就可看到兩、三人共用一張病床，更多人躺在地板上。當時戰鬥依然未歇，我們不僅在治療傷患，還在醫院藏了數百名平民。他們來此都是為了逃離戰火，把醫院當作避難所。數百個家庭在醫院周圍擺出煮飯鍋子、搭起防水帳篷。

某天，我們共處理了七十一件槍傷，都是兩個派系交火所造成。平民一如既往地被夾在中間。我們沒有地方安置所有人，也無法把不同陣營的士兵分到不同病房。那些因牽引治療而動彈不得的傷患得共住一間病房，身旁可能是數小時前他們開槍射擊的敵軍，或中間無辜遭波及的平民。

剛果軍隊戴著頭盔，但沒有穿其他防彈衣，簡直是隨便任人打，手臂、雙腿、頭部、胸部和腹部都有槍傷，而且明顯是AK－47的子彈造成。若子彈未穿過主要血管或心臟，只要傷患抵達我們這裡，就有很高的存活率。但我們實在分身乏術，那位資淺的外籍外科醫師，正常情況下是不准獨自開刀的，但如今她得在手術室獨當一面。外傷手術沒日沒夜地進行著，別忘了還有老是排在凌晨四點左右的剖腹手術。

母親病危之際

這一切已夠令人手忙腳亂了，沒想到我在開刀時，任務團團長輕拍我的肩膀，說我母親病得很重。我離開手術室，撥了通衛星電話給住在卡馬森的阿姨，才得知我媽在家跌了一跤，摔斷了髖骨，還罹患嚴重的泌尿毛病。

我母親身體欠佳已有六、七個月了。我在倫敦給她買了戶公寓，因為父親四年前去世後，她覺得住在卡馬森非常孤單。她變得更加依賴我。我們每天至少說三次話，我們認為住在我附近對她也好。但公寓俯瞰倫敦直升機停機坪，對她來說實在太嘈雜了，導致她白天不願多出去，因為環境既陌生又擁擠，害她變得非常緊張。她想念鄉村空氣的味道，也渴望見到自己的姊妹。所以，她就回到卡馬森了。

她得知自己的泌尿道發炎，經常去看家庭醫生，固定服用抗生素。我建議她看卡馬森的泌尿專科醫師，但不知為何，她一直沒按預約就診。她還患有嚴重的骨質疏鬆症，多年來也服用類固醇治療類風濕關節炎，導致手部畸形。她還年輕時，我和父親會在廚房餐桌上幫她開刀，以局部麻醉方式切除她的類風濕結節。她在三十多歲時，就把兩個髖關節都換了。而由於長期吸菸，她還患有動脈疾病。

阿姨告訴我，媽媽已住進卡馬森的格蘭威利醫院，病情極度不樂觀，我應該回家一趟。雖然我疲倦不堪，仍立即致電巴黎的「無國界醫生」，問他們是否能安排我馬上離開，卻得知接替我的醫師得一星期才能到達。我打給阿姨，她說母親活不過一星期了。我該怎麼辦呢？別無選擇了，眼下我一定得走。

在我預定離開的那天，醫院辦公室裡的爭論不斷：其一是離開醫院的這條路是否太危險，其二是在醫院人手短缺時離開是否合適。我努力控制自己的情緒，心想無論如何我都要走，就算要走回家也在所不惜。我可能說得有點激動，但最終他們讓了步，安排了一台豐田汽車載我沿著充滿危險的道路從魯丘魯前往戈馬，隔天再從那裡搭機返國。我的接班人抵達前，則交由那位年輕的外籍醫師負責。

車子駛近時，我注意到司機害怕的表情。車子後方還載了要去戈馬的傷患，其中一人是腿部中彈的剛果上校。我縫合了他的動脈，但他的腿也骨折了，所以得用熟石膏固定患肢以便轉診；另一名女子臉部受槍傷，需要進行顏面重建手術；還有一名小孩則是嚴重燒傷，需要仔細護理。

我們一行五人出發了。這段七十公里的路程本應花三小時左右，但三小時內我們只前進了約十五公里，路上擠滿了試圖逃離戰火的平民。我們改走泥土路時，汽車在人群中慢慢移動，既要小心別擦撞到小孩，又要避開水坑和印著車輪痕的泥巴，否則一旦陷入泥巴中，這趟旅程恐怕會提早結束。我愈來愈疲累，儘管一路顛簸個沒完，彷彿這條鮮紅的泥巴路沒有盡頭，我還是睡著了。

不久，我發覺車速快許多了。我睜開眼，眼前是一條暢通的道路，再度驚嘆於該國的美。瑰麗的山丘上，滿是茂密的林葉。奇怪的是，如今一路上出奇安靜，沒有任何人和車輛。我正準備問駕駛大家都跑去哪了，車子就拐了個彎，看到一條巨鏈橫亙在路上。

援助人員對於路障早就司空見慣，而路障也通常不會造成重大問題，是戰區中往返甲乙兩地的必經關卡。然而，我們慢慢接近時，發覺這並非普通的路障。忽然間，就在那棵被鏈子纏繞著的樹木附近，一名男子從路邊跳了出來，看起來瘋瘋癲癲的，瞪大雙眼，拎著一把AK－47步槍，肩上和腰間掛著一堆彈帶。當地人都會對我耳提面命，切勿直視任何威脅自己的人，絕對不要有眼神接觸，否則吃不完兜著走。

我不確定是偶然或潛意識作祟，但男子向我們走來時，我無法不跟他四目交接。我的目光先往下飄、隨即向上移，再度被他走近時的眼神嚇呆，他的槍口正對著我們。我拚命想把窗戶捲起，但為時已晚。他操著一口我聽不懂的語言，開始對我大吼大叫，車上唯有我不是非洲人。聞得到他濃烈的酒氣，也感覺臉上沾有他的唾沫。他滔滔不絕地咆哮，完全失去理智。槍管從開著的窗戶伸入，壓在我的脖子上。

換作是好萊塢電影的場景，我就會耍出帥氣的妙招，抓住槍管，跳出車外，打趴這傢伙。但我明白自己束手無策。他拿著武器，手指扣著扳機，一秒內就能要我的命。眼下槍口壓著我的脖子，我感覺得到心跳加速，頸動脈也劇烈跳動，頭部忍不住開始晃動。我很肯定自己隨時可能送命，完全處於僵硬狀態，動彈不得。

車子後座那位受傷的上校開始對男子狂吼，原來對方似乎也是剛果軍人。他立刻把槍從我脖子上移開，在車內揮舞。這時，駕駛猛然打開車門，拔腿就往前方的路狂奔。上校不停地咆哮，兩人你來我往地互罵，男子繞著車子兜圈，手中仍揮舞著步槍。他檢查了車內，但沒打開任何袋子。他瞧了瞧那名重度燒傷且滿臉驚恐的孩子，又看了看那名臉上纏著繃帶的女子。慢慢地，一切好像平靜了下來。

上校叫我去開車，我便一屁股坐到駕駛座，但壓力大到身體抖個不停，根本無法發動引擎。我變得又聾又啞，完全無法聽從後座傳來的任何基本指令。最後我看到一個啟動鈕，立即按了下去，引擎轟轟地發動。我打入一檔，拿槍男子讓鏈子落地。我十分緩慢地開車，從鏈子上壓過去，再繼續往前開，心想隨時會聽到一連串的槍砲聲。我在下一個轉彎處看到駕駛，他從矮樹叢中探出頭來。當時真想直接揚長而去。

剩下的旅途平安無事。毫無疑問，那位上校救了我一命，他大概是想報答我救了他的命吧。

我終於回到了威爾斯，對於能見到母親最後一面，真的心懷感激。母親在我回家兩天後，即二〇〇八年十月十七日過世。但我內心的罪惡感揮之不去。我忙著安排剛果之旅時，她一再提到自己尿道感染、尿液中有「東西」。但我接到電話得知她住院時才恍然大悟，研判她必定是膀胱和結腸間出現通道，即所謂的大腸膀胱瘻管，通常是因為大腸憩室症所引發，最終可能造成膀胱穿孔。回想起來，我居然會漏掉如此明顯又容易的診斷，對於自己的疏忽，恐怕永遠難以釋懷。

6

飛往彼端

母親去世時，我五十二歲，沒有另一半，公寓只是用來睡覺的地方，而不是真正的家，我對人生感到漂泊。父母的去世難免會讓人思考當下的所作所為、未來的方向、一切目的為何。我知道自己在幫助國內外的人，這份工作非常有價值。然而，我如今擁有豐富的知識與經驗，但一次也只能出現在一個地方。我這條命還能再冒幾次險？

一波未平一波又起

行醫生涯至今，我不曉得救回多少條人命。經常有人問這個問題，但我都不大知道如何回答。有些醫療過程非常難忘，宛如戲劇，本書已描述了其中一些經驗。可以肯定的是，若我當初沒有介入，患者就會死亡。但這是否意味著若我不在場，其他人就不會介入呢？況且，我在戰區工作時，常常無法得知患者長期的康復狀況。假使缺乏妥善的術後照護，或患者幾天後因某種感染而死亡，這樣也算救人一命嗎？

這類問題也許最好留給哲學家回答。對於外科醫師來說，面對需要幫助的人，就會出現想救人的本能反應。當然，若面對的是自己的摯愛，這種本能會更加強烈。我沒能救我母親的命，所以忍不住會一直想，當初若早點發現問題，結局是否會有所不同。我也阻止不了父親病情的惡化，儘管我們盡了很大的努力。

二〇〇三年底，他前一年首次診斷出的大腸癌復發。當時父母跟我同住，母親時常回卡馬森休養，留我獨自在家照顧父親，同時我又得到醫院工作，蠟燭兩頭燒。我努力打理好一切，確保他身體舒適、水分充足。早上，為了緩解他腸阻塞的毛病，我都會幫他插入一根鼻胃管，抽取一公升胃液。午餐時分，則回家幫他打點滴，補充體內水分。

他說不願離開我和母親，想盡可能活得久一點。我在雀兒喜暨西敏醫院的同事們都很體諒，竭盡全力幫我渡過難關。尼爾．索尼醫師是加護病房的麻醉師，協助在我父親頸部置放一條中央靜脈導管，方便他不進食也能補充營養。醫院的營養部門也十分貼心，每兩天就會給我滿滿三公升的營養素。我甚至經常幫父親驗血，時不時就在家進行輸血。

但他顯然不久於人世了，這在當時是雪上加霜，因為我被某患者的家人控告醫療疏失，案子已呈報醫學總會，這宛如懸頂之劍，隨時可能落下來。這起醫療疏失案格外令人沮喪，因為那名患者生前跟我感情很好。我相信她的死跟我的處置無關，無法理解為何所有人似乎都針對我。我變得萬念俱灰，也認真考慮要完全放棄外科。

腎上腺素飆升的飛行夢

飛行向來是我的一大愛好，小時候就著迷於Airfix模型飛機，求學時還加入英國皇家空軍當學員。由於受到雷伊・羅伯茲的啟發，我十六歲時便取得滑翔機飛行執照，十七歲時取得私人飛行執照。飛行是我人生中重要的一環。我升任主治醫師後，決定要取得個人的商用飛行執照。我買了架小型塞斯納飛機，盡可能利用空閒時間累積飛行時數。最後，我還取得飛行教練資格、航空運輸飛行執照和直升機執照。

十多歲時，我依照父親的期待，沒加入皇家海軍或開直升機，而是成為醫師。說來有點諷刺，在父親生命的盡頭，我卻考慮放棄外科醫師一職，展開全新的飛行生涯。

我應徵了阿斯特拉斯航空公司的一份工作，不但前往面試，也接受了飛行術科考試。考試是在蓋威克機場的模擬器內進行，駕駛波音737從甲航點飛到乙航點，並且自行降落著陸。考試當天，我花了整個上午聽取簡報，內容包括737各項系統、儀器以及標準操作程序。午餐過後，我才參加考試。由於我持有商用執照和儀器操作認證，因此對於操作儀器的這項任務相當有信心。事後看來，這就算稱不上傲慢，也實在過於天真，我事前應該做更多的功課，例如用自家電腦在模擬器上練習。但日常生活忙碌不已，時光飛逝，我壓根沒有想到此事。

我坐在七三七模擬器的駕駛艙內，驚恐發覺自己戴的眼鏡根本看不清儀錶盤板。我總是戴著厚厚的眼鏡進行細部手術。隨著年紀愈來愈大，我們都會罹患老花眼或遠視，但由於我從父親那遺傳了特定的基因，意味著我們父子倆的眼睛比一般人更早有此問題。我戴著那副眼鏡，可以透過駕駛艙窗戶望向跑道，但看向那些儀器則是一團模糊。此外，模擬器燈光都被調暗，進一步降低了我的視力。

模擬器後方坐著兩名考官，手上都準備了紙筆。我問能不能去拿袋子裡的另一副眼鏡。就這樣，我戴著兩副眼鏡參加這項至關重要的考試，一副眼鏡用來看駕駛艙窗外，另一副用來判讀儀器。但即使這樣也不大有用——只有我探過身子、靠近儀錶板時，老花鏡才會發揮作用。考試共半小時，我坐在駕駛座上前後晃動，設法在六百公尺高空控制飛機，同時得從甲航點飛到乙航點，最後降落在蓋威克機場。結束後，考官雙雙沉默，只說從未見過鼻子上掛著兩副眼鏡的飛行員。我確定自己表現得一塌糊塗，開車回家的路上倍感失望。

但不可思議的是，三週後我收到航空公司一封信，說我通過了考試，他們要提供副機師的面試機會。我有機會成為一名全職民航飛行員，展開全新的人生，但我慌了手腳。在面試前，我和他們通了幾次電話，想弄清楚是否有可能兼顧外科和飛行。這份工作是輪班制，值兩週休兩週，似乎可行。

問題是，我會因此離開一個月去學開波音七三七。但我不能離開父親，甚至說不準何時能接受這份工作，因為不知道父親還會活多久。我不得不予以婉拒。

大約於此同時，控告我醫療疏失的案子被撤銷了，讓我放下心中一顆大石頭。我知道自己沒有做錯事，但遭人指控後不得不等待法律程序跑完，仍然教人萬分煎熬。我想，父親努力跟病魔奮戰，是為了陪我等到真相水落石出。這成為他撐下去的唯一理由。案件才撤銷不到三天，他就過世了。

他的死來得突然，那是二〇〇四年春天某個週末。父親去世後，母親陪我住了一個月，我才開車送她回威爾斯，並跟她同住了一段時間，但後來我接到另一項任務，這次是隨「無國界醫生」前往象牙海岸。多虧這趟非洲之旅，我有更多時間思考後半輩子的規畫。醫學總會的決定讓我如釋重負，而由於跟飛行的工作擦身而過，使我意識到自己不可能完全放棄外科。英國健保局的工作提供了穩定的收入，我才能繼續從事人道醫療。

然而，飛行夢離結束尚早。後來我真的找到一份工作，讓我得以盡情享受定期開飛機的樂趣。我在漢姆林噴射機保養公司兼職，固定從盧頓機場出發。我在亞歷桑那州圖森（Tucson）參加為期三週的里爾45型噴射機駕駛課程；返家後，我的英美飛行執照上便多了里爾噴射機認證。

凡是無須待命的週末，我就會脫下手術袍，穿上條紋圖案的飛行制服，搖身變成里爾噴射機的副機師。我替漢姆林大約工作了十年，那是一段非常美好的時光。這對於立志成為飛行員的少年，可說是夢想成真了。

里爾45型噴射機宛如一台非常複雜的電腦，有好多排按鈕，有時很容易忘記該按哪個。身為一名飛行員，需要不斷地練習才能保持最佳狀態，還要享受當下，避免過度緊張，否則就會犯錯。倒楣的是，連續數月執行人道醫療任務下來，有時我會變成駕駛艙裡的累贅。某次，我的狀況格外糟糕。那時我才從阿富汗完成一項艱鉅的任務回來不久，營運經理打電話給漢姆林，問我是否能擔任某航班的副機師，從希斯洛機場飛到日內瓦。里爾噴射機的基地在盧頓，所以在週五的深夜，我剛剛從堡壘營（Camp Bastion）回來，一結束忙碌的門診，就連忙開上M1高速公路。當天交通路況奇差無比，我趕到時又累又煩，而正機師氣得跳腳，畢竟計畫航線、檢查燃料等等都是由我負責，但因為我遲到太久，他不得不一切都自己來。我抵達時，飛機再不到十分鐘就要從盧頓起飛到希斯洛機場了。

在民航客機上，雖然由正機師扛下最終責任，但實際上是機師和副機師兩人分工，有「主飛（pilot flying）」和「非主飛（pilot non-flying）」的角色。主飛機師負責起飛和降落，並監控所有飛行儀器和自動駕駛儀，以應對任何緊急情況。非主飛機師執行所有其他任務，譬如跟航管人員進行無線電通訊，把相關資訊告知主飛機師，並於飛行期間提供一切支援。我們說好從盧頓到希斯洛由我主飛，從希斯洛到日內瓦則由他主飛。駕駛里爾噴射機從盧頓到希斯洛，航程僅僅不到十分鐘，但空中交通繁忙，有很多事情得處理，伴隨著龐大的壓力。

我們從盧頓起飛，一切都很順利，直到離希斯洛機場二十七號左跑道約六十公尺的高度。現代噴射機的降落，完完全全依數字行事，而機師最重要的任務，就是用駕駛艙內的儀器來保持滑行坡度，維持正確速度，直到在跑道上著陸為止。任何偏差都會危及著陸。

我關掉自動駕駛儀，左手放在油門上，右手放在控制捍上，盡力維持這兩項參數。由於有段時間沒飛了，又承受著龐大壓力，導致我判斷失誤，讓飛機低於滑行坡度，而飛行速度理應在一百二十七節上下，卻增加到一百三十二節左右。我抬升機鼻，但速度並未下降，因此收回油門減速，最終反而低於最佳速度。

這時，正機長在我耳邊大喊：「速度！速度！」我的心跳劇烈，知道下場會很慘。我們越過跑道頭時太快了，直到過了跑道的一半才著陸。我從耳機聽到澳航一架空中巴士A340對航管說，他看得到前方跑道上有架里爾噴射機，但沒有足夠時間降落在飛機後面，所以可能得繞一圈。我終於著陸時，隨即錯過了轉彎燈，正機師臉色瞬間鐵青。他一把抓住控制桿，帶飛機離開跑道，那架空中巴士在我們後方降落，僅隔著一小段距離。

最後接近機位時，駕駛艙內氣氛僵到極點。機師只說他要去接乘客，丟給我去日內瓦的飛行計畫，氣沖沖地走了。我大約有三十分鐘打理好下一趟航程。這次身為非主飛機師，我得把飛行計畫輸入飛航管理電腦，跟希斯洛機場引導員和地面航管談妥，並發動好一個引擎準備滑行。我把飛行計畫輸入電腦，又向引導員取得我們的離場資料，才看見正機師帶著我們的乘客回來。我一收到離場訊息，便開始輸入機師座位間的飛航管理電腦。但每次我把飛行計畫輸入電腦時，電腦和主導航儀的螢幕都沒有畫面。

隨著正機師慢慢走近，我的壓力也愈來愈大，心想自己得先做些什麼，便發動一個引擎準備滑行。這理應是件很簡單的事，按下一個按鈕即可。但不曉得怎麼回事，此時我所有文件竟全都掉到腳間。正機師進入駕駛艙時，電腦裡什麼都沒有，導航螢幕也空空如也，我們的起飛資料則散落一地。

正機師看著我，搖了搖頭。我知道他怒火中燒，但顯然看在乘客的份上，努力保持冷靜。我只想下機回家。由於有電子飛行顯示器，飛行員可以切換面前任何螢幕。但我慌張到把空白的導航螢幕隱藏起來了，這樣我們面前就只有單一螢幕是主飛行顯示，其他螢幕則是引擎儀錶。我心想，趁他朝跑道滑行時，我還有時間把資訊輸入我的飛航管理電腦。然而，我被當場抓包，這下他火氣更大了，惡狠狠地咒罵了一句，便迅速輸入飛行計畫，按了幾個按鈕，我們繼續向二十七號右跑道滑行。我在無線電通訊上也派不上用場，儼然是語無倫次的神經病。飛往日內瓦的航程中，我倆沉默不語，抵達日內瓦後，搭計程車前往飯店的路上依然毫無交談。我向職業飛行生涯告別的時刻到了。

儘管如此，我至今仍繼續飛行。我結交了許多好朋友，每次離開瀰漫緊張情緒的手術室，飛行都是很棒的紓壓方式。飄浮在雲朵之上，再俯衝而下自由穿梭，英國鄉村的壯麗簡直令人眼花繚亂。我在心目中一流飛行員彼得．戈溫的指導下，取得飛行教練認證，後來也教過許多同事，有些人是我手把手指導，例如陪著他們首次駕駛飛機、送他們獨自飛上天空，還有他們通過私人飛行執照考試時握手祝賀。

二〇〇七年，一群英國醫師計畫攀登艾佛勒斯峰。他們在蘇格蘭和挪威接受登山訓練時，正是由我載著四處飛行。他們攻頂前一年，我也跟著去加拿大參加一個攀冰課程。我只是飛機駕駛，但他們仍教我使用繩索和裝備攀岩，以及如何使用冰爪和冰斧攀冰。就在他們出發前，兩名醫師想在湖區多做點攀爬練習。我的麻醉師好朋友馬克．考克斯在做手術時跟我討論了這件事，我立即表示自己很樂意用直升機載他到阿爾斯沃特，他打算下榻位於湖邊的利明別墅旅館。透過網路搜尋，我們發現直升機可以直接降落在旅館前面。一切豈不完美？

我租了一架直升機，馬克和他的朋友羅傑帶著笨重的登山裝備到達了德納姆機場。當天風和日麗，氣象預報都是晴空萬里。下午四點才起飛，我們有充裕的時間，抵達後能悠閒吃頓飯。我快速計算了一下，發現目前已非常接近最大起飛重量，畢竟載了所有裝備，油箱也裝滿燃料。

我們裝好行囊後，我發動了直升機，送出起飛訊號。我拉了拉總距操縱桿來增加旋翼葉片的升力，結果居然升力不足。最後我們運用最大起飛功率，終於飛上天空。這趟旅程美不勝收——飛越湖區的丘陵和山脈，欣賞不可思議的奇觀。接近阿爾斯沃特時，我還看得到遠處的旅館。

直升機開始下降時，我們大約在九百公尺的高空。通常在直升機上，最好是多往旋翼葉片注入空氣，這樣就能像鳥兒一樣，用翅膀當作剎車降落。我放慢飛行馬力，讓直升機以六十節的速度下降，直接瞄準田野。然而，距離目的地大約三百公尺時，我注意到下方田野有很多綿羊——

有條飛行規則是，降落地點必須距離任何動物或人至少一百五十公尺。所以我選擇了另一片田野，實際上離酒店也更近，但基於飛行路線的考量，我不得不繞道而行，從另一頭進場。我先讓直升機傾斜，隨即飛越湖面，以便第二次進場時，能有足夠高度。

結果這比第一次更棘手——還有一個問題，我沒有逆風飛行，反而有一點順風。目前直升機也太高了，我只好加大進場角度。我也開得有點快，便放慢速度。我當時全神貫注於那塊田野，察覺自己靠近得太快時，卻來不及了。我拉起操縱桿想獲得更多升力，此舉卻適得其反。我們的下降速度更快。現在真的麻煩大了。「噢，媽的！」我脫口而出。

我只剩大約三十公尺可以想辦法，其中十公尺是旅館腹地，而旅館在我面前顯得愈來愈大。直升機開始劇烈搖晃，我們好像快撞上旅館屋頂了。旅館後面有座陡峭的小丘。低旋翼的警示器開始鳴叫，代表我們即將失速，但高亢的蜂鳴聲無濟於事。我看了看當時的速度，大約二十節左右，眼前這個情況叫作「渦環」，即直升機猛然下降時失去所有升力。此時，旋翼葉片尖端產生下沉氣流，迫使直升機衝向地面，而不是增加升力。只有不到一秒的反應時間。我得增加旋翼轉速，否則葉片會失速，導致立即墜毀。我必須加大馬力——但這得把操縱桿往下壓，直升機只會繼續下降。我也不得不提升速度。我們不可能左轉，因為有棵樹擋住去路，右轉可能撞到帶旅館屋頂，但別無選擇了。我還剩大約六公尺可以補救——我們彷彿要墜機了，但我把直升機向右傾斜，差一點就要撞到屋頂。我們從旅館一側向下飛往停車場。這個舉措讓飛速大約增加到五十節，低旋翼警示器還在響著，幸好現在至少產生了一點點升力。我們一寸寸往上爬。我只能朝旅館後面的山丘飛去，不知道我們是有足夠馬力飛越，或者撞到山邊。我束手無策，不想去碰控制儀錶板，因為直升機還在爬升，深怕任何動作都會造成妨礙，但我們有足夠的升力越過山丘嗎？

愈來愈接近山丘，下方羊群朝四面八方奔逃。我注意到一根橫亙山丘的電纜。通常在訓練時，教練會教你越過電線桿頂端，確保不會碰到電纜。但我沒有足夠的升力或馬力，只得瞄準兩根柱子之間的電纜中段，即離地面最近的電纜。直升機起落架就在機身下方。飛近電纜時，我不確定自己是否留有足夠空隙。我腦海浮現的畫面是起落架鈎到電線，導致直升機整個翻覆。但也只能繼續前進。靠近電纜時，我瞬間閉上眼睛。最後究竟如何飛越電纜的，我永遠都不會曉得了，想必僅有幾公分之差。

我放棄在旅館前方降落的打算，飛往卡萊爾機場，這才意識到自己僥倖脫險。我和馬克與羅傑共乘一輛計程車前往旅館，路上我打電話給教練大衛．尼曼懺悔，也被他狠狠罵了一頓，只好把電話壓在耳朵上，以免馬克聽見。

警車接送前往手術台

由此可見，最好不要將飛行和外科兩相結合，但有時因緣際會下，兩者難免重疊。十月下旬某個下午，我正在倫敦南部的比金山機場練飛。我開著那架單引擎塞斯納小飛機，正在跑道上滑行時，雀兒喜暨西敏醫院的同事打電話來說，有名年輕女子因肝臟嚴重受損被送來急診。她原本坐在機車後座，卻在巴特西大橋上發生車禍，人正躺在手術台上大量出血，生命垂危。同事問我能否前去幫忙。

從比金山開車到倫敦市中心通常要大約兩小時。我說自己正在開飛機，必須先把飛機停好，而且至少要一個半小時才到得了。但那位主治醫師等不了那麼久，「大衛，她頂多再撐半小時，我控制不了出血。」

我緩緩滑向停機坪時，一邊耳朵戴著耳機聽著航管指示，另一邊則貼著手機，撥打999求救電話。撥通後，接線生問我有何緊急事件。

「我是雀兒喜暨西敏醫院的外科醫師，人在肯特郡的比金山機場，但得在半小時內趕到醫院，否則會來不及救一名少女的命。」

她把我轉接給比金山的警察局，警察要我在機場門外等著，五分鐘內就會有輛警車抵達。果不其然，警車出現了。我坐上後座，駕駛叫我坐在中間，抓住車頂垂下的兩條帶子。這絕對是我經歷過最刺激的十四分鐘車程——警車藍燈閃爍，我們穿越每一個紅燈，在車流中逆向而行，乘客座位上的警察拿著地圖向駕駛吼著行駛路線。這太不可思議了。從我在塞斯納飛機上接到電話，前後不過二十五分鐘，我們就趕到醫院。我猛然衝出警車時，後方警察大聲要我事後打電話，告知他們手術結果。

我很快換上手術袍。走進手術室時，裡面至少有二十人，包括三位麻醉師、三位外科醫師和兩位刷手護理師。許多儀器都已啟動，地上血跡斑斑，空氣中瀰漫著緊張的氣氛。我走向其中一位外科醫師提姆．艾倫－莫許。「大衛，」他說：「謝天謝地你終於來了，她快不行了。」我迅速瞄了監測器一眼，少女的收縮壓僅四十，正常應該是一百二十上下。看得到她的肝臟右葉已破碎，橫膈膜有個巨大裂口，一條肝靜脈正大量出血，只是這條靜脈很難觸及。

一般在處理出血的肝臟時，要透過直接加壓與壓迫來止血，以期恢復其原有結構。然而，在這個病例中，雖然左葉完好無損，但已沒有肝臟可以壓迫。我試著包紮受損肝葉的上端，但血已開始滲出。兩位麻醉師正用手輸血，旁邊還有四、五個單位的血品。唯一的辦法是中止通往肝臟的血流，並夾緊下腔靜脈，將血液輸送到心臟的主要血管。我把手指放在門靜脈和肝動脈後方的胃繫膜孔，即肝動脈的血流入口，再用動脈鉗夾住血管。接著，我迅速剖開下腔靜脈，也用鉗子夾住。在這之前，我朝麻醉師大喊，要他們盡可能多多輸血。輸血管已插入鎖骨下靜脈，會從頭部、頸部和上肢抽取血液；我要截斷來自腹部和下肢的靜脈血流，同時向護理師要來3-0丙烯縫線和手術氈，可用來固定縫線。

我只有一次機會成功完成手術。若不成功，已出血的肝靜脈破裂會變得更大，她就會失血過多而死。當時幸好我身邊有很多助手，得以指示每個人把手擺在我要的位置。這種情況下的手術多半都得一次到位。持針鉗的長度必須剛好，尖端得穩穩地夾住針，而且開始縫合前，針也必須準確擺在鉗口。情況危急時，即使你心裡可能因焦慮而抖個不停，也千萬得保持冷靜。我見過外科醫師抖到無法進行縫合。為了發揮團隊合作的效果，得率先沉穩自持。整個團隊都聽從主刀外科醫師的指揮，咄咄逼人於事無補。你是團隊的一分子，大家都在為相同的目標努力。拿針縫合的人只是其中一個小螺絲。

有時，其他傷口甚至幫得上忙。少女橫膈膜的裂傷太大，導致心臟外的下腔靜脈暴露出來。一名助手可以用手指加以按壓，這樣既可以讓我看到那個洞口，同時也避免太多血流失。我也很幸運，這名傷患還很年輕，我把縫線穿進去時，組織有足夠的彈性不致撕裂，僅憑一條縫線就止住了血。我不敢相信自己運氣這麼好。我慢慢地把鉗子從下腔靜脈、門靜脈和肝動脈取下，開始用含氧血液重新灌注肝臟。還有很多出血待我處理。此時她已大量失血，身體開始發冷，血液無法正常凝固，我得盡快讓她離開手術台，才能在加護病房幫她恢復體溫。

我確定其他器官都有血液灌注後，便小心翼翼地包紮起腹部傷口。橫膈膜已嚴重受損，但根據損傷控制原則，我決定改天再處理橫膈膜。敷料塞進她的胸膛，我能做的都做了。數小時後，她已恢復到可被送往加護病房。我在晚上十一點左右離開醫院，搭乘計程車回比金山，路上順便致電倫敦警察局表示感謝，因為那名少女被救了回來，至少目前已脫離險境。我在凌晨兩點左右回到公寓，手機沒有任何未接來電，這向來是好兆頭。

隔天，我得知團隊整晚都在幫她跟死神搏鬥，但整體來說，她的狀況算穩定，排尿也正常，通常代表血液循環良好，因此血壓夠高，足以讓腎臟發揮正常功能。我讓她在加護病房待滿四十八小時後，才又把她送回手術室。由於我總是忙東忙西，好像一直沒遇到她的家屬。取出傷口敷料時，看得出加護病房醫師把她照護得很好，她的凝血功能和體溫雙雙恢復正常，血氧濃度也高。我取出了所有敷料，再用特殊網片縫合橫膈膜。她一定會痊癒的。

我在隔天回到加護病房，終於見到了少女的父母。他們看起來餘悸猶存，因為當時載著少女的男友不幸身亡。我輕聲對他們說，女兒不會有事的。那位母親表示，他們真的非常幸運才能遇到提姆．艾倫—莫許如此了不起的醫生。我露出微笑，附和兩句便離開了。

我經常在接到電話後，前去支援遇到困難的同事。我甚至幫自行車取了「雷鳥」這個綽號，因為總是靠它前往國際救援任務現場。我很慶幸自己行醫生涯中，可以如此機動地參與手術，在危急時刻幫助其他外科醫師。這有點像人道主義工作，患者不知道我是誰——我只是來匆匆去匆匆，希望藉此改善患者狀況。

搭著警車奔馳於倫敦南部街頭的經歷既瘋狂又難忘，至今尚未發生第二次。但數年後在葉門有了類似的體驗，同樣讓我腎上腺素飆升。

在葉門與子彈擦身而過

我在葉門北部薩達省一座名叫拉澤的小鎮醫院工作。葉門二〇〇四年爆發內戰，當時什葉派異議教長胡賽因．巴德丁．胡提發動反葉門政府的起義。大多數衝突發生在薩達省。我們每天都聽得到戰機在空中呼嘯而過，從位於首都沙那的基地飛往南部進行轟炸。

葉門的計程車司機都很瘋癲。只有一大早搭計程車才真的安全，因為上午過了一半，他們全都會嚼卡特草（khat）嚼嗨了。卡特草是種植物，咀嚼後會釋放出類似安非他命的化學物質。他們會把一團卡特草塞進嘴巴，一連嚼上幾個小時。到了午餐時間，他們開起車來會忽左忽右，車速也會是原來的兩倍。

葉門相當可怕，有著貨真價實的武器文化，以及高度沙文主義的社會。當地人幾乎都會佩槍，而且通常毫不遮掩，包括每天早上跟我們一起上班的護理師。在葉門，武器不僅僅是自衛、狩獵或發動戰爭的工具，更是身分的象徵，以及社會地位、男子氣概和財富的外在證明。他們衣服前繫著的彎刀「加比亞」（jambiya）也是如此——刀身愈精緻，聲望就愈大。

但有時他們佩戴的武器不僅是為了好看而已。我聽過一名父親的故事。他住院的女兒出現嚴重肌肉痙攣與面部扭曲，稱作低血鈣痙攣。但不幸的是，父親判斷她是被魔鬼附身，主治醫師顯然難辭其咎，便拿了一把.50口徑的武器在醫院掃射，眼前所見都成了目標。那位醫師只好從二樓窗戶跳下逃脫，但過程中也摔斷了雙腿。

在驅車前往位處高山地帶的拉澤之前，我們都得填寫「生存證明」表格，再寄回日內瓦的國際紅十字會總部。這些表格上都是非常詳細的私人問題，只有填表人自己知道答案。所以假如我們不幸被綁架，而總部接到綁架者的訊息，只要一個問題就能確認我們的身分，以及是否還活著。

北葉之旅花了大約十小時，我們經過不少絕美的鄉間景色與建築，諸如氣勢非凡的泥磚建築，上面蝕刻著白色花絲，屋頂是彩繪玻璃窗或半透明的雪花石膏窗，稱作「嘉瑪麗雅」，部分甚至高達五十層樓。葉門有幸擁有這些瑰麗建築的原因之一，在於其曾被排外的伊瑪目統治，鎖國長達數十年之久。沙那古城之美已獲得聯合國教科文組織認可，列為世界文化遺產。

拉澤也是美麗的地方，但整趟旅程滿布危險。一路上，我都緊緊抓著安全帶，跟我當時坐在警車後座一樣。四周槍聲不絕於耳，傷患來到我們的小醫院，不是被滲透至鄉間的南方軍隊開槍打中，就是被當地人的流彈給打中，畢竟他們都瞄不準目標。

我在拉澤時，沒有人拿.50口徑的槍掃射，但不代表那裡就很安全。某天，我和可靠的護理師尤瑟夫一同動手術，正忙著處理患者的股靜脈時，窗戶忽然出現了一條裂縫，宛如一隻鳥迎面撞上。我立刻向右邊望去，玻璃上似乎有個彈孔。尤瑟夫看了我一眼，隨即癱倒在地上。一顆子彈射中了他的腹部，再僅僅約十五公分就換我中彈。

尤瑟夫躺在手術台下，痛苦地呻吟著。所有人都彎身尋找掩護，把患者留在手術台上。我們連滾帶爬移動到尤瑟夫身旁，迅速幫他脫下衣服，發現他胸口正下方有一處槍傷。現在該怎麼辦？我們遭到攻擊了嗎？

我在想是否可能在地板上幫他開刀。手術室只有一間，我又戴著頭燈，所以其實不需要大型手術燈。尤瑟夫逐漸進入休克狀態，臉色蒼白，若不盡快手術必死無疑。我明白自己得先把他抬上手術台。此時兩人進手術室，合力把仍插著氣管的患者搬下手術台，匆匆抬到外面的走廊上。

我們迅速把手術台推到房間一側，由於被牆擋住，似乎相對安全，不會被飛進窗戶的子彈擊中。然而，若這是對醫院的全面攻擊，再進行兩個多小時的手術會讓所有人置身險境。也許立即撤離，尋找掩護才是正確的抉擇？但大家一致認為，無論發生什麼事，我們都必須拯救尤瑟夫。

麻醉師幫他抽了點血，很快便確定了他的血型。我們沒有剛好符合他血型的血可用，但前一天剛好有場捐血活動，許多民眾前來捐血換錢。我們得到許多RH陰性O型血，屬於萬用血型。麻醉師先迅速讓尤瑟夫入睡，我拿出了十大包會用到的棉塊。劃下第一個切口時，大約有一公升的血流出。子彈射穿了肝右葉，出口位於胸腔正下方。但尤瑟夫運氣很好，主要血管都未受傷。

這次，我可以把肝葉壓在一起，試圖堵住出血的洞口。要幫肝臟止血還有另一項方法，只是我以前從未試過。我沿著子彈軌跡插入尿道導管，切掉外科手套的中指部分，再把手套綁在導管上，屆時水從導管流下，就會像氣球般充滿手套，對出血血管施加壓力。這招十分管用，我將部分敷料填入肝臟周圍，然後把導管固定。四十八小時後，尤瑟夫被帶回手術室，以完成剩下的手術。我叫他至少好好休息一個月，但十天後他又站在我旁邊幫忙。

這次又是千鈞一髮，我也撿回一條命。為何我老是把自己置於險境呢？只要跟真正的危險擦肩而過，有些人大概會渾身顫抖地想「下不為例」，但有些人則會在內心大喊：「哇噻！」我發現自己絕對屬於後者。不可否認的是，無論是駕駛飛機或直升機，或在戰區進行手術，我都能從中獲得興奮感。風險正是箇中滋味的一環，不得不說會讓人上癮。這既是一種生理反應，也是一種情感反應，訣竅在於拿捏其中分寸，有過毒癮的人也會這麼說。

我還能再冒幾次險？

母親去世時，我五十二歲，沒有另一半，公寓只是用來睡覺的地方，而不是真正的家，我對人生感到漂泊。父母的去世難免會讓人思考當下的所作所為、未來的方向、一切目的為何。我知道自己在幫助國內外的人，這份工作非常有價值。然而，我如今擁有豐富的知識與經驗，但一次也只能出現在一個地方。

我這條命還能再冒幾次險？我不可能永遠躲過死神的召喚。

我一直回想起剛果那位護理師真空接生的妙招，還有梅瑞安·湯馬斯的簡訊。僅僅到某個地方支援數週或數月遠遠不夠，唯有跟我共事的當地醫師學到我身上的知識和專業，以及其他醫療志工的知識和專業，才能深化醫療援助的意義。

早在二〇〇二年，我就與紅十字會合作開設了一門課程，培訓在開發中國家和衝突地區提供志願服務的英國外科醫師。我如今體認到，指導那些總是在前線的志工更有價值。

7

外傷學校

坦克砲彈一顆接著一顆從屋頂飛過，有些飛得很高，但有些離屋頂近到令人害怕。連續砲擊持續了大約三十分鐘，比中規中矩的簡報更有說服力。最後，穆罕默德終於有空檔說明，原來我們那天進港實屬幸運，因為先前港口才遭到猛烈砲擊——不過在兩天前，就有大約二十人在等船來載他們到安全地點時被活活炸死，傷者更是超越這個數字。

航向埋雷的米蘇拉塔海港

一如往常，一切始於一通電話。我當時坐在家中，觀看二〇一一年阿拉伯之春餘波的最新發展。抗議浪潮最早是從突尼西亞蔓延開來，再向東擴散至利比亞。一九六九年以來，利比亞都是由穆阿邁爾．格達費獨攬大權。如同突尼西尼和埃及的情況，利比亞社會的呼聲愈發高漲——「人民希望政府倒台！」他們爭取的是言論自由，以及民選國家領袖的權利。二月以來，位於地中海岸的班加西抗議示威不斷升溫。到了四月，利比亞陷入全面內戰。

跟往常不同的是，這通電話直接來自巴黎的「無國界醫生」總部，而不是其倫敦辦公室。聯絡窗口問我，是否有空前往米蘇拉塔？米蘇拉塔是一座港口城市，位於班加西與的黎波里之間，人口約八十萬。我會跟一支經驗豐富的外科團隊同行，前後大概一個月，而且四十八小時內就要出發。

我得知要跟團隊在馬爾他首都瓦萊塔會合，再一起乘船前往米蘇拉塔。聽到英國麻醉師瑞秋．克雷文也會來，我非常開心。這些年來，我和瑞秋共事過幾次，很清楚她的知識、能力、常識與冷靜會是未來日子裡的定心丸。

希斯洛機場擠滿了觀光客和度假人士，令我感到格格不入，因為我們一行人不是要出國享受日光浴和調酒，而是要前往戰區。瑞秋和我沒有坐在彼此旁邊，但我們看到兩名乘客發生口角時，正好四目交接，露出心照不宣的眼神。前面的乘客把椅背向後壓，導致後面的乘客無法拉下小桌好好吃東西，便開始瘋狂地把前面的椅背推前拉後，直到空服員出面才平息局面。一般來說，多半是戰區醫療任務結束後，你才會訝異於生活的平庸，以及這類瑣碎又無意義的爭論多麼可笑。

我們一抵達瓦萊塔，就被介紹給其他團員認識，其中包括一位美國外科醫師夫婦、一位退休的華盛頓麻醉學教授、一位急診醫師、數位護理師，和一位後勤人員。隔天上午，我們聽取了米蘇拉塔實地情況的簡報，局勢每分每秒都在變化。街頭的交戰激烈，傷亡無數，主要都是格達費政府軍步步進逼的坦克所造成。他們還包圍了整座城市，朝民宅和其他建築發射大砲。叛軍用裝滿沙子的卡車封鎖通往自身據點的道路，設法阻止坦克前進，叛軍和政府軍之間頻繁交火。

簡報人員說，我們會在夜幕掩護下從瓦萊塔前往米蘇拉塔，旅程大約需要二十小時，而且坐船可能會十分顛簸，所以我們得有暈船的心理準備。一到目的地，就會有一位軍官帶我們到一棟安全屋。

那天稍晚，我們被帶到碼頭，乘坐「無國界醫生」租下的一艘漁船展開旅程。船上旗幟表明這艘船正在進行人道工作。船長所在的船橋前後兩側，印有「無國界醫生」的標誌。船長同意以三十萬歐元現金的酬勞載我們一程。

我們等著黃昏到來，看著碼頭邊的繩子從繫纜處卸下。我們十分興奮，但也提高警覺——我們將進入一條少數能進出利比亞的航線，前往戰區，而且絕對會受到格達費軍隊的監視。在漁船出發前，我們都被問到是否臨時想退出，因為出航後就沒回頭路了。儘管內心忐忑不安，沒有人表示反悔。漁船慢慢駛出港口，進入波浪起伏的外海。

船長和大副幾乎馬上就端上晚餐，我們圍坐在桌旁，大口地吃著飯和雞肉，喝著柳橙汽水。但約一小時後，海浪的起伏劇烈許多，我們開始乘著約四十五度的大浪前進，船身不斷前後晃動。海浪愈來愈高，所有人同時開始暈船，拚命往船邊衝。我問船長還要再幾小時才會到，他笑著說：「再十六個小時！」

破曉時分，我大膽來到甲板上，驚訝地發現小漁船一邊有艘皇家海軍護衛艦，另一邊有艘法國戰艦護送著我們。不過，船長告訴我，他們很快就會離開了，因為我們距離米蘇拉塔港大約五十海里，那裡禁止北約組織船隻進入。果不其然，兩艘軍艦不久便雙雙轉向，這下我們得靠自己了。

我們向陸地航行時，天空一片湛藍，大海深邃黑暗。船長和大副用雙筒望遠鏡仔細觀察著地平線，隨後卻竊竊私語了起來。他們遞給我那副望遠鏡，讓我可自己看看。漸漸地，城市的輪廓映入眼簾，市內和港口周圍有濃煙裊裊升空，那裡有座煉油廠遭砲火擊中，我們抵達後仍持續燃燒了好幾天。

我們愈接近陸地，船長和大副就愈緊張。船速從十五節左右放慢到五節，接近港口時，又降到兩節。我和瑞秋站在船長旁邊，皺眉看向彼此，她突然問道：「你會不會覺得我們這次太冒險了點？」我想說些什麼緩和氣氛，但發覺自己語塞，心臟都快跳出來了。

（那趟海外任務結束很久後，瑞秋有天打電話到我家說：「你知道米蘇拉塔港口埋了雷嗎？」原來在我們離開兩週後，北約就前去掃雷了。我們的小船究竟是如何安全通過，則永遠不得而知。）

我們接近長方形港灣一側的停泊點時，一切顯得異常安靜。後來，我看到一輛卡車在對面的道路上行駛，後頭載有一把.50口徑機關槍，跟我們駛進碼頭的速度相同。卡車車身塗滿了泥巴，用來偽裝並隱藏標記。漁船靠岸時，卡車也抵達碼頭。忽然間，碼頭上出現了整個車隊和一輛貨車。沒有人曉得接下來該怎麼辦，我們全都屏息以待。接著，一名身穿「無國界醫生」外套的男子從其中一輛車中走了出來。

「哈囉！」他大喊道：「我是穆罕默德，現場協調員。歡迎來到米蘇拉塔！」

我們鬆了口氣，讓穆罕默德的人替卡車裝貨，然後坐上其他汽車，飛快駛往位於該市住宅區的「無國界醫生」安全屋。這棟安全屋其實是棟相當大的建築，由於有鄰近房屋的阻擋，免於受砲火波及。屋內有間廚房、一間客廳和幾間充作臥室的其他房間。大部分男性團員睡在某個房間的床墊上，共用一間狹小的浴室。我後來注意到，女性團員所待的房間設施要好上許多。

砲火中的簡報

安頓好以後，我們紛紛下樓到客廳聽取簡報。穆罕默德說，我們是第一支進入米蘇拉塔的「無國界醫生」團隊，也是戰爭發生以來率先進入利比亞的海外援助組織。然而，我們的職責略微不明確。該市有兩家仍在運作的醫院，分別叫希克邁和阿巴德，距離前線僅數公里之遙。希克邁是一間私人醫院，已由叛軍接管，改為專治外傷的醫療單位，而阿巴德原本是間癌症醫院，後來也改作其他用途。我們得決定外科團隊在哪裡最能發揮效用。

穆罕默德也努力向我們報告最新安全情勢，但沒過多久，我們就全都蹲在地板上，因為坦克砲彈一顆接著一顆從屋頂飛過，有些飛得很高，也有些離屋頂近到令人害怕。連續砲擊持續了大約三十分鐘，比中規中矩的簡報更有說服力。最後，穆罕默德終於有空檔說明，原來我們那天進港實屬幸運，因為先前港口才遭到猛烈砲擊——不過在兩天前，就有大約二十人在等船來載他們到安全地點時被活活炸死，傷者更是超越這個數字。

穆罕默德說，叛軍其實不算是真正的士兵，其中鮮少有人受過軍事訓練，也幾乎沒有像樣的武器。他們都是勤奮工作的一般人——包括木匠、商家、技師和服務生，他們以前根本從未拿過槍，手上的武器多半取自死亡的親政府軍。他們對局勢缺乏戰略理解，因此蒙受許多傷亡，正因如此才需要我們。

然而，儘管叛軍缺乏經驗，穆罕默德也指出，這場衝突並非如部分人認為的一面倒。叛軍固然缺乏裝備和軍事知識，但想推翻格達費的執念足以彌補，而且他們都願意戰死沙場。

米蘇拉塔發生的戰鬥都是近距離，可說是逐家逐戶的巷弄戰，而由於該市被完全包圍，因此叛軍根本無處可逃。除了大海之外，沒有其他地方可去，當然也無法像二戰聯軍成功撤離敦克爾克。格達費的部隊決心消滅叛軍，並把所有努力過正常生活、採取中立立場的民眾，一律視為反政府人士，跟恐怖分子畫上等號。

我們吃了有點克難的餐點，僅有豆子、餅乾和黑咖啡，便回到了自己的房間。在戰區頭一晚總是令我既焦慮又興奮。我再清楚不過，自己不僅身處異鄉，還目睹著締造歷史的時刻，因此人身安危實屬次要。

第二天，我們便前往希克邁醫院。穆罕默德帶我去見醫院院長，討論如何充分運用這支醫療團隊。這場會議並不輕鬆，一開始就衝擊到我。院長看著我問：「英語？英語？」我點點頭，他示意我跟他走。我們來到了醫院的太平間，就在一間會議室旁邊。他打開門時，眼前景象非常嚇人。裡面堆滿了一具具交疊的遺體。我從沒見過如此恐怖的場景，不確定他是想嚇嚇我，還是要表達這裡有多危險。

戰地手術的本質

我們後來被帶著參觀醫院各處。我發現，那裡已有另外兩支海外機構的團隊，不曉得屆時彼此能否順利合作。有時，其他外科團隊已有了既定的想法和實務，合作會變得非常困難。希克邁就像其他戰區一樣，許多當地資深外科醫師因為擔心自己家人安危，加上有足夠的資源，早已離開醫院。我在敘利亞再度發現，留在醫院的往往是資淺醫療人員，缺乏外傷手術的經驗。戰爭爆發前，利比亞相對和平，他們主要因應處理車禍之類事故造成的鈍傷，跟我們現在要處理的外傷截然不同。

病房已擠滿了傷患。我們來到加護病房，其中有位醫師一得知我的專業是血管外科，便問我對於左膝中彈的男子如何處置的建議。該患者已開過刀，膝上到膝下裝了外固定器。這位外科醫師做了血管移植手術，以繞過受損的動脈和靜脈。患者左腳和另一條腿相比，顯得蒼白冷冰，小腿極度腫大，他也疼痛難耐。意外發生在前一天，他已在手術室裡待了整整八小時。

每當我前往戰區，都會隨身攜帶自己的特定用品，包括手術袍、防毒面具，還會帶上手術放大鏡，即能放大四倍的鏡片，有助針對微小血管和皮瓣進行精密整型手術。我還會攜帶頭燈當作光源，這樣即使發電機壞了或燈熄了仍可以繼續開刀，同時方便看到傷口縫隙深處。我也會帶著杜卜勒儀，當動脈沒有足夠壓力產生脈搏，可以用儀器聽到遠端小血管內的血流。我把它們全都裝在破舊的灰色大行李箱裡。

如今，我拿出杜卜勒儀監聽該名患者遠端血管的狀況，卻完全測不到流入左腳的血液。我也發現，患者尚未接受筋膜切開術（fasciotomy）。血管損傷時，筋膜切開術實屬關鍵。腿部肌肉由一層緊密收縮的覆蓋物包住，稱作筋膜。筋膜有點像硬塑膠布。若手臂、腿部或任何組織的血液供應被長時間切斷，細胞和肌肉就會停止正常運作，開始腫脹。而治療方法正是筋膜切開術，即切開腿部肌肉周圍的強韌組織。這是相對簡單的手術，但需要妥善進行。若沒有這項手術，凡是像那名男子一樣膝蓋中槍，腿部勢必只能截肢。

檢查完該名患者後，我建議加護病房的醫師，儘管可能為時已晚，但若仍抱持一絲不截肢的希望，就勢必要進行筋膜切開術。我也問起先前是哪位外科醫師負責治療這名患者。他只聳聳肩，回答說：「現在在打仗耶。之前的醫生是誰或在哪裡並不重要，最重要的是治好病人。」他說的當然沒錯，但無論在國內或戰地，我都遇過很沙文的外科醫師，才覺得自己應該事先問清楚。

幾分鐘後，病人被推到手術室，我則去找美國外科醫師麥克，說明我打算動手術。他也認為我們應該進行手術，表示願意從旁協助。我們正在術前刷手時，突然聽到有名男子用阿拉伯語大吼大叫。邁克繼續刷手，但我停了下來，轉身面對那名男子。原來，怒氣沖沖的人是最初負責該名傷患的外科醫師。他是三十多歲的埃及人，當下質問起我的身分。我回答說，自己是替「無國界醫生」工作的英國血管外科主治醫師，當天才跟團隊一起抵達醫院。他堅持我無權幫他的患者開刀，叫我離開手術室，氣氛極度緊繃。

這種情況需要高明的外交手腕。同事明顯處置不當，但無論你感到多麼震驚，都必須保持冷靜和禮貌。我曉得患者的性命危在旦夕，內心既憤怒又擔憂，心跳因而更加劇烈，還感受到手臂汗毛直豎。但我也是過來人，因此明白最好的辦法就是微笑帶過。

「在我離開您的手術室前，」我說：「能否麻煩您示範如何治療病人發白的那隻腳，因為我非常想見識一下您的技術。」

他看了看那隻腳，無法否認血液循環出了問題，便朝護理師大喊，叫他把紗布取下來。他打算露出患部血管，向我們證明他的靜脈移植手術有用，接著他得意地轉頭看我，要我自己去瞧一瞧。膝蓋周圍血管確實運作良好，但他讓動脈暴露在外，最後勢必會被感染，動脈和移植靜脈間的連結便會隨之中斷，患者最後很可能會因繼發出血而死。

「那為什麼腳還是白的呢？」我問。

「之後會變好啦。」他想不到更好的答案。

然後我提出了筋膜切開術的想法，因為腿實在太腫了。我永遠都不會忘記他的反應——他臉色臉青，咆哮地說：「我沒做過筋膜切開術啊！」

我很想回答：「喔，但你現在就要囉。」語畢再賞他一拳，但患者的利益優先。我努力讓自己只對他怒目而視，同時想著語氣該逼得多緊。我挺起胸膛，平靜地說：「真的很不好意思，我是外科主治醫師，實務經驗比你多了很多年。在我看來一定得做筋膜切開術，而且我現在就要開刀。」

然後我要了手術刀，在腿部兩側各開了兩條長長的切口，切穿皮下組織直到碰到筋膜，便開始進行筋膜切開術。遺憾的是，部分肌肉已壞死了，我讓那位火爆的同事看看，並建議他們現在應該考慮於患者醒來後，問他是否願接受膝上截肢。我們不發一語地完成手術，我一包紮好傷口，那位外科醫師就走了出去，我從此再也沒有見過他。

這次筋膜切開術的失敗，是「無國界醫生」團隊在艾克邁醫院日後經歷的預兆。當天後來，我在醫院四處走動，看了各間手術室，以及醫院前面搭起的檢傷分類帳篷內的情況。帳篷裡塞滿了設備，包括超音波機和攜帶式X光機。另外有許多推床可用來運送傷患。整體看起來專業十足，可以隨時提供支援，而沒過多久，傷患就出現了。

我們聽到救護車接近的聲音，遠處傳來陣陣鳴笛。不一會兒，帳篷內就忙了起來，因為預料即將有大量傷病患事故，一下出現幾十人。有些戴著國際醫療隊（International Medical Corps）標誌的醫師聚集在入口，有些人身穿義大利非政府組織「緊急救援（EMERGENCY）」的紅襯衫，還有許多利比亞醫學院學生在推床旁待命。

救護車衝進醫院時，我和麥克站在擁擠的人群中，有些救護車的擋風玻璃滿是裂痕，有些的車況看起來更糟，車前板金已被砲火炸飛，整個散熱器暴露在外頭。這裡很快陷入一片混亂，超過二百人聚集在帳篷前。有些人攜帶AK-47等突擊步槍，還有更多救護車在人群中穿梭，導致眾人四散躲避。現場的嘈雜聲震天價響，咆哮、尖叫和警笛聲不絕於耳。我抓著麥克的胳膊，建議先觀察他們的因應措施，畢竟我們還人生地不熟。

大多數的傷亡者明顯身負槍傷。我看到一名腹部中槍的男子，剛到時似乎神志清醒，但一下就被許多人圍住，看不清楚發生什麼事。另一名男子則是坐在輪椅上被推進來，胸部有一處槍傷，昏迷不醒且臉色蒼白。我想他可能已死了，但他同樣一下就被人群包圍，實在難以判斷。

檢傷分類帳篷內開始塞滿其他傷患。我擠進去了解他們如何處理腹部傷口，正好看到兩位外科醫師在肚臍上方劃下極小的切口，血液從腹部湧出，他們便注入看似生理食鹽水的液體灌洗。另外有根管子連在完全沒作用的抽吸機上。我眼睜睜看著那名傷患在推床上斷氣，但因為前面站了好幾排人，我完全無法靠近。兩位外科醫師轉向胸部中槍的男子，設法進行開胸手術。依我判斷他應該死了，而其中一名外科醫師——我不確定他是當地的外科醫師還是非政府組織的員工——切開了男子的胸部，切口位置太低，在體外心臟按摩時，大腸和胃部雙雙自傷口脫出，但心臟幾分鐘前就停止跳動，因此沒有出血。

另一名男子胸部也有槍傷。他仍在流血、驚魂未定，但意識清楚且還能說話。心肺復甦的要點之一是，若病人神志清醒又能說話，就有足夠的動脈壓供予大腦，只是血壓可能因出血而偏低。這位病人正在說話，胸部左上方靠近肩膀處有加壓包紮。胸部穿刺傷多半可以用胸腔引流管處理，而藉由引流管流出的血液，可判斷病人是否需要打開胸腔止血。胸部傷口出血大都會自行停止，絕大多數是因為肋骨骨折或肺部靜脈滲血。需要縫合動脈的情況極為罕見，果真如此，則通常發生於骨折肋骨下方的肋間動脈。若離開心臟的主要血管（如主動脈）遭到穿刺傷，患者通常還沒到醫院就死了。

我很清楚，第一時間應該用胸腔引流管處理傷口。然而不知為何，其中一位外科醫師表示，他想把病人送進手術室。我和麥克再度決定不插嘴，只跟他們前往手術室，看看接下來會發生何事。

在外傷手術中，通常患者的身體姿勢是呈現十字形，雙臂展開與軀幹呈直角，好讓外科醫師得以針對胸腔、腹部和骨盆、手臂和腿部、頭部和頸部兩側動刀，鮮少會讓患者側躺。前往那間手術室的路上，我暫時停下腳步，走進另一間手術室，一位非政府組織的外科醫師正在動刀，患者在接受一項探查手術，以評估槍傷對腹部造成的傷害。他的操作看起來沒問題，我上前詢問患者的傷勢。他說很可能傷到腎臟和小腸，因為側腹部腫得厲害，他正準備移動小腸，好清楚看看槍傷從哪進來。我問他需不需要幫忙，但立即被拒絕了，因為他說自己處理這項手術的經驗豐富。我便留他繼續處理，趕去找那名胸部受傷的患者。

我愈來愈不滿意眼前的景象。只見這名男子側躺著，胸部左側有個很大的切口，但幾乎沒什麼出血。外科醫師伸手進去，只掏出約半公升的血塊。麥克的妻子是此次手術的刷手護理師，我們在一旁都看得捏把冷汗。在滿是傷患的醫院，手術室的時間實屬寶貴，原本只要花上五分鐘放入引流管的手術，居然耗費了足足三小時。

我離開了手術室，回到外頭呼吸新鮮空氣，但在走出醫院前，經過了先前那間接受腹部手術男子的手術室。他如今躺在手術台上，已斷了氣。我只能猜想子彈也許穿過了大動脈或靜脈，導致大量出血死亡。而早先跟我交談的外科醫師已不見人影。

後來，我又見到一位骨科醫師，同樣不是利比亞人，他在治療由高速槍傷引起的股骨骨折，方法是在股骨中段插入骨釘。這絕對是標準作業程序，前提是環境得像英國的醫院那樣乾乾淨淨。我們有層流式手術室，提供手術室內高壓空氣，同時有通往外頭的風口，可以清除任何細菌。骨科醫師也要穿著類似太空衣的行頭，確保一切徹底無菌。使用金屬假體，凡是有細菌進入骨頭，都可能導致骨髓炎，即骨頭嚴重感染。受感染的骨頭若無法癒合，必須取出假體，可謂災難一場，而且死亡率也高。在嚴峻的環境與戰區，不但地方骯髒，又只有簡陋到不行的設備，進行外傷手術的基本原則就是絕對不能打內部固定骨釘。

這明明是外傷手術，卻不是由外傷外科醫師來進行。我很清楚，他們的決定、手術錯誤，完全誤解了戰地手術的本質。倍感憂心的我，前去找醫院主任，說明我對目前所見的沮喪之情。遺憾的是，他對我非常敷衍，只說所有國際志工都在盡力救人，自己很感激他們的協助。我想他根本不懂我的意思。

「你的看法我懂，」我說：「但我相信，如果你給我機會跟一些外科醫師談談，一定可以大幅提升傷患的存活率。」

但他就是聽不進去，只說希克邁沒有空間這麼做，我應該去附近的另一家醫院試試。

外傷手術必備知能

那天晚上，我們萬般沮喪地離開了醫院。那時天色已暗，我們差點趕不上宵禁，但幸好及時進入安全屋。我們一到屋內，就立即向穆罕默德討論起我們的擔憂。穆罕默德答應會詢問阿巴德醫院外科主任，看看我們的團隊是否可以過去，後來也幸運地得到肯定的答覆。

如今我十分確定，想要在利比亞做出真正的改變，或想在任何惡劣的環境中產生影響，我不能光是幫剛好出現在我面前的傷患開刀，畢竟這只幫得了一個人，但更大的目標是改善整個醫療體系。太多立意良善的醫療志工置身不熟悉的環境中，結果做出了錯誤的決定。我必須設法改變那裡所有外科醫師的工作方法，但該怎麼做呢？

除了個人已參與將近二十年的志願服務經驗以外，我還藏了另一張王牌。我當時擔任倫敦皇家外科學會「外傷手術必備知能（Definitive Surgical Trauma Skills, DSTS）」的課程主任，授課對象是第一世界的外科醫師，他們未來都需要處理鈍傷或穿刺傷。課程中會教外科醫師如何評估高難度的臨床情境，賦予醫師信心來執行正確的手術。課程在英國一年有三到四梯次，為期兩天，無論是專科住院醫師或主治醫師，都會學習如何照護嚴重出血的患者（即出血占血量一半到四分之三）。每種外傷都有各自的情境，外科醫師會將習得的手術技巧，應用於剛冷凍的遺體。幸好，我的隨身碟上有外傷手術必備知能的課程。對於阿巴德和希克邁兩家醫院的醫師來說，這會是很適合的開始。

有鑑於已遇到了一些改變的阻力，我知道這會是一場苦戰，但還是得放手一試。我聯絡了希克邁的院長，表示以後每天從中午開始，我會在阿巴德開設外傷知能培訓課程，歡迎他的員工和海外志工參加。我也說，若他們願意，我也很樂意討論他們經手的病例。

第二天，我找到阿巴德醫院的演講廳，架好了筆記型電腦。我看了一遍筆記，準備面對觀眾。想當然耳，沒有半個人來，接下來三天依舊如此。但到了第四天，來了一些醫學院學生，我很高興能跟他們說明完課程。後來消息傳開了——原來可以從這個帶筆電的奇怪英國佬身上，學到一些有用的東西。不出三個星期，演講廳內就坐滿了來自阿巴德和希克邁的外科醫師與學生。

醫院氣氛的轉變不難察覺。整體病例的管理逐漸改善，而看到當地外科醫師把新習得的知識付諸實踐，獲得立竿見影的效果，令人感到非常欣慰。我相信，這就是未來——不僅僅是空降到戰區、拯救幾條人命後就返國，更是為了帶來貢獻，讓短暫共事的同行，更有能力應付當前難以脫身的局面。

去利比亞之前，我覺得自己缺乏促成這種改變的信心。但我累積了許多海外服務經驗，而外傷手術必備知能課程主任一職也是一記強心針，幫助弭平內心自我質疑的聲音：「你憑什麼對他們發號施令？」我也學會一項重要道理：努力陪伴他人成長，盡可能展現圓融和謙虛。頻頻插嘴、頤指氣使幫不了任何人，必須建立關係和信任，等別人明白其實可能有更好的處理方式。

任務快要結束了。就在我們準備離開的前幾天，聽說格達費的軍隊已經完全包圍了米蘇拉塔，他們計畫砲擊摧毀這座城市。那天晚上，我們和穆罕默德開了緊急會議。除了從港口出去，仍然沒別的路可走，但是考量到安全局勢，不可能會有船進來接我們，畢竟這實在太危險了。穆罕默德告訴我們，若情況壞到不能再壞，法國軍方會派一架直升機來接「無國界醫生」團隊。雖然對此有點懷疑，但這是我們唯一的希望。大家都在熄燈後祈求能安全離開，同時聽著外頭不斷傳來的隆隆砲聲。

幸好，北約隨後採取了行動，接下來四十八小時內轟炸了利比亞政府的坦克陣地。每次坦克發射紅色砲彈，北約都會對其進行精準打擊。情資報告原先顯示，我們離開前的那週二將有大規模進攻，但最後沒想到，搞不好是我們到達以來最平靜的一天。

被攔截的部落格文章

我們一直工作到週五，即預定的出發日。那時，安全屋已擠滿了新一批來自世界各地的志工。其中一位新來的麻醉師是西雅圖人，他經歷了長途旅行，先是飛往巴黎，然後像我們一樣轉飛馬爾他，接著是長達二十小時的顛簸海上航行。他拿走了我旁邊的床墊，人看起來還不錯，卻有半個晚上在熬夜，不停地敲打著筆電，看起來有點奇怪。螢幕燈光照亮整個房間，這讓我們有點緊張，因為宵禁期間嚴格規定不准開燈。不過，沒有人開口勸說。我們全都累壞了，此時真的不在意，反正就快回家了。

隔天晚上——即我們在米蘇拉塔的最後一晚，新來的專案經理召開一場全體會議。這實在非比尋常，以前的任務中從未發生過，我很納悶究竟是怎麼回事。晚上十一點，我們都聚集在屋內一個大房間裡，大約有三十人，一個個被輪流問到是否有做危及任務團安全的事。

這個問題有夠奇怪，也很難回答。我們都覺得自己大概做過不該做的事，諸如拍了什麼照片之類。但若害整個團隊置身危險，想必非常嚴重。

我坐在瑞秋旁邊，輪到我們被問時，不自在地看了對方一眼。「沒有。」她很快答道，我接著說：「沒有，什麼都沒做。」幾乎所有人的回答都是「沒有」，直到輪到那位西雅圖麻醉師，他看起來極為坐立難安。

「我可能有……」他說：「我昨天晚上在寫部落格，提到我們在米蘇拉塔的遭遇。」

「可是你才來了十二個小時耶。」專案經理說：「你的部落格被北約攔截，「無國界醫生」總部跟著拉響警報。你的部落格還提到有哪些人在這裡、他們的國籍和工作職掌等等。難道你不覺得這是安全漏洞嗎？」

對我們所有人來說，那半小時如坐針氈，對那位麻醉師尤其如此。他此次的任務畫下句號，隔天將隨我們一起返回馬爾他。會議結束後，我們回到臥室，覺得這個可憐的傢伙實在太倒楣了。他羞愧得無地自容。我想，他太過興致高昂地來到戰區，才會沒意識到這是件嚴肅的事。這可不是觀光度假，也不是空檔年的自助旅行，無法任意在部落格隨寫或Instagram上分享。

第二天早上，團隊與那位慚愧的麻醉師一同前往港口。一如往常，路上布滿武裝叛軍的檢查哨。港口仍然受到猛烈的砲火攻擊，而我們抵達時，都十分清楚自己暴露在危險中。就在前一天，我們不得不把一名婦人的腿部截肢，她是在等待一艘船載她和家人到班加西時受傷。我們在碼頭集合，一艘小漁船正等著帶我們回到文明社會。我和那位新認識的麻醉師朋友坐在船尾，水面平靜無波，我們開始駛離港口。

我既感到不捨，卻又無比興奮。不捨是因為跟米蘇拉塔數間醫院的醫師成為好友，興奮是因為首次運用自己接觸戰爭和戰地手術的經驗，培訓了許多第一線的醫師，進而改善他們的日常工作。我倍感自豪的是，自己似乎發現了內在的領導特質，可以自立自強、傳授知識。我也清楚體認到，儘管外科同行不見得說相同的語言，依然可以用共通的外科語言交流。

隨著船繼續駛出港口，海面也愈來愈顛簸，很快我們又以約四十五度的仰角左右搖晃起來，而且速度愈來愈慢了，海水從船側潑灑進來，我們一行人被拋來拋去。然後，船長宣布波浪實在太大，他控制不了船舵，得改用螺旋槳上的引擎來駕駛。航程經過了兩小時，我們只想趕快逃離這艘該死的船。就連被格達費的軍隊活逮也好太多了。十二小時後，我們都暈到不行，死掉說不定都比較好受。

這樣又持續了一天一夜，至少有二十四小時，我們四人坐在一間船艙裡，輪流傳著一個水桶，每個人吐到無以復加，我還以為胃都快吐出來了。總之，我們花了三十七小時才回到瓦萊塔。船終於靠岸時，大家都無法正常走路，下船時都是手腳並用，緊緊抓住任何能撐著自己的東西。我們爬進車內，到達旅館後又爬下車。我記得自己躺在床上，感到整個房間天旋地轉，只能緊緊抓住床緣，偶爾昏睡一下，希望永遠不要醒來。

已開發國家外科醫師的局限

我在利比亞的教學經歷成了一個契機，促使我試著籌畫一套外傷手術必備知能的培訓課程，傳授相關知識給參與人道援助的外科醫師，包括在戰區與危難環境中所需的專業知能。我逐漸體認到，已開發國家的外科訓練日益專業化，而專業分工太細，可能會導致外科醫師無法再從事人道工作。他們根本缺乏必要的能力，無法治療戰地的各種外傷。

年復一年，歐美國家的醫療專業化愈發精細。現在有上消化道和下消化道專科醫師，以及專攻肝臟和胰臟等中腸器官的外科醫師。即使是我專攻的血管外科，英國都能細分成只做主動脈手術、下肢動脈手術或只處理靜脈的外科醫師。整型外科屬於非急性專科，是外傷手術重要的一環。骨科醫師可以改變先天畸形（如齶裂或唇裂）患者的未來，而相對簡單的骨科手術就能處理戰事導致的外傷，諸如修復大面積傷口或覆蓋外露的骨頭，有助治癒原本可能感染的傷口。猶記得初次看到患者暴露的脛骨上，覆蓋了身體另一部位移植來的肌肉時，我內心的衝擊難以言喻。

處理這類外傷的外科醫師也得有足夠信心，才能改掉因國內高明的技術調查養成的習慣，做出正確的臨床決定，若有必要就直接把傷患送進手術室。由於英國醫師深怕捲入官司，常常太過依賴調查結果，而不大重視臨床判斷能力。外傷手術必備知能課程一大主要目標，就是賦予學員信心。我們希望醫師能依自身觀察做出正確決定，然後鼓起勇氣劃下大切口，這通常是處理危及性命的外傷之必要條件。

從利比亞回到倫敦後，我在英國皇家外科學會參加了一系列會議，討論如何推廣前述課程的理念，最後催生了「嚴峻環境外科訓練（Surgical Training for Austere Environments, STAE）」這門課程，重點在教導外科醫師若缺乏電腦斷層掃描儀、X光機和其他先進設備支援時，如何處置戰爭和災難造成的外傷。而且，有時關鍵在於分辨何時不該用有限資源來進行手術。

在為期五天的密集課程中，外科醫師要學習如何治療人體每個部位和系統，範圍涵蓋腦出血、顱骨異物、面部骨折、頸部損傷（包括氣管問題）、胸部損傷（包括如何進行開胸手術）以及心肺損傷。接著，我們著眼於腹部和骨盆的所有手術，以及上下肢骨折的手術。我們也會教導如何旋轉皮膚和肌肉來修補手臂和腿部的傷口，這在處理嚴重戰事造成的外傷時，可謂至關重要的能力。課程最後是以婦產科作結，盼外科醫師能在偏遠地區獨力完成困難的剖腹產。

消息很快便傳開了，大型非政府組織開始派來他們的外科醫師——不僅有首次從事人道救援的醫療志工，也不乏許多經驗豐富的醫師，他們想要吸收新知或加強既有能力。但儘管我們有英國國際開發部（Department of International Development）和外傷登錄資料庫（Trauma Registry）提供的補助，課程本身的成本，加上前來倫敦住宿的花費仍十分高昂，導致絕大多數貧困或開發中國家的外科醫師苦無機會。我也下定決心要想辦法改變這種局面。

8 重返敘利亞

他揮手示意保全離開，開始娓娓道出自己要養多少孩子、是個多了不起的父親，以及他是如何為孩子付出一切。他生氣地拿起表格填寫，再把照片釘在護照上，並蓋上戳章。

他對我說的最後一句話是：「一定要讓她活下來。」

兩壞球就出局

二〇一三年一月，即第一章所述的敘利亞北部醫療任務過了數月後，我在英國皇家醫學會（Royal Society of Medicine）發表了有關「無國界醫生」工作的演講。許多敘利亞僑民前來參加，其中有些人忙著設立慈善機構，幫助無法逃離家園的同胞。敘利亞平民的處境非常危急，他們不但被捲入戰鬥，還被自己的政府妖魔化。

我的演講結束後有場晚宴，我坐在主桌，旁邊坐著一名有點面熟的男子。突然間，我想起來他是誰了——我上次見到他是在阿特邁的阿爾法醫院，還互相看對方不順眼。他正是來自曼徹斯特的骨科醫師慕尼爾．哈基米，也是「解救敘利亞」的副會長。我們聊了很久，毫不意外地發現（姑且不論那次愚蠢的爭執），我們其實有許多共同之處。我終於明白他在阿特邁為何會有那種反應，他也坦承我當時說的有道理。我們最後道別時，已成了朋友。

那趟敘利亞之行在我心中留下了深刻的印象，隨著敘利亞局勢的惡化，我知道自己必須回去，便聯絡了巴黎的「無國界醫生」，說我準備要回敘利亞，目前有何計畫？我可以去哪？何時能動身？

然而令我驚訝的是，得到的消息卻是不會再有前往敘利亞的任務。確切來說，是沒有任何海外醫療任務，一切戛然而止——「無國界醫生」不願意讓我前去服務了。他們實行嚴格的「兩壞球就出局」政策。那次我在阿爾法造成的安全恐慌是第二次壞球：聖戰分子看到我在拍日落，揚言要占領醫院。我固然知道不得拍照的規定，但正如前所述，每個人都慣性無視這條規定，對於我拍的那些珍貴醫療課程影片，「無國界醫生」卻樂於睜一隻眼閉一隻眼。嚴格來說，這些影片也違反規定。

那第一次壞球呢？好吧，我們需要把時間倒退幾年，回到另一項醫療任務。但那次純屬天災而非人禍。

二〇一〇年一月十二日，當地時間下午四時五十三分，海地西部發生芮氏規模七級地震。震央位於海地首都太子港西方約十英里處，後來更發生數十次劇烈的餘震。將近七十五萬人首當其衝，最終死亡人數估計介於十萬到三十多萬人。

地震發生後，一片混亂，國際社會開始響應人道援助的呼籲。當時有點像是無政府狀態，不時傳出有未經訓練的外科醫師在臨時診所幫生還者草草截肢。不到一星期，「無國界醫生」便打電話來，問我是否願意前往海地，擔任一般外科兼重建外科醫師。

我抵達海地時，大多數可能致死的重傷都已獲得處理，但許多重建手術仍有待進行。我被直接帶到太子港的「無國界醫生」野戰醫院，開心地看到瑞秋．克雷文出來迎接，她在那裡待了至少一個星期，已在大足球場上搭好了臨時醫院。眼前景象實在不可思議，發生這類災難時，「無國界醫生」都有了不起的貢獻，不僅有首屈一指的後勤補給，其緊急醫院設施的完善也是我前所未見。

臨時醫院是由可充氣的帳篷所組成。每個帳篷約重一千兩百公斤，送達時是未充氣狀態。他們從飛機上被抬到一輛卡車上，再由卡車載到臨時醫院設置地點，最好是平坦的地方。想要建造一座完整的醫院，工作人員得夜以繼日輪班，前後約耗費四十八小時 。每個帳篷內都有長片橡膠，縫在巨大管子間，而管子上有扣眼，用來掛房間隔板。一旦主結構完成，裡面的房間就會轉換用途，變成手術室和恢復室，患者則安置在附近傳統帆布帳篷裡。

這種搭帳篷的概念始於二〇〇五年，並廣泛應用於世界各地的天災善後工作，包括巴基斯坦、印尼、斯里蘭卡、菲律賓和尼泊爾等國。身為在這類野戰醫院工作的外科醫師，工作環境不亞於歐美的一流醫院，而且「無國界醫生」都會提供全新的醫療設備。

我到達太子港時，臨時醫院已運作了好幾天，大約容納兩百五十名患者，其中許多人做了簡單的截肢，需要進一步手術。第一天晚上，我們被載回一間外僑專用住宅，正對著全毀的錢德勒飯店。住在飯店的下風處，可以聞到一股令人作嘔的膩味，那是死亡的氣息。不少罹難者的遺體仍然埋在瓦礫堆下。

接下來三週，我和搭檔的法國麻醉師弗朗索瓦合作進行重建手術，旋轉肌肉和皮膚，覆蓋身體受損嚴重的部位，而通常使用的是背闊肌皮瓣。背闊肌是背部的一大片肌肉，具單一血液供應，若將其自肌床分離出來，便能加以旋轉，遮住胸部、上肢和肩部的大部分缺陷，堪稱整形手術的重頭戲之一。

我們也會取下患者前臂的皮膚和橈動脈，將其翻轉過來掩蓋受損部分。他們大都是被倒塌的石牆壓傷，當然也有很多骨折，但許多生還者也飽受壓迫性壞死的煎熬。

在按壓皮膚時皮膚會變白，這是因為在皮下循環的血液被擠壓走了。若你被困在倒塌的建築物下面，動彈不得，皮膚就不會獲得任何血液，下方肌肉也會壞死。隨後，壞死的肌肉會分解，導致微小顆粒進入血液，阻塞腎臟中的微血管。若對此問題置之不理，最後就會腎衰竭而死亡。因此，從頹圮建築物中救出生還者後，首要救命措施便是維持腎功能。這也是為何臥病在床的患者，每隔數小時就得有人幫忙翻身，避免對皮膚特定區域受到長時間的壓迫。

我們輪流巡視所有傷患，有時得花上一整天。我巡視兒科病房時，注意到一個大約六週大的嬰兒，頭部和右腿受到重創，右臂已被截肢，看起來可憐極了。三一醫院倒塌時，她是院內的患者，就這樣被困在瓦礫堆中，兩天後搜救人員才聽到她的哭聲。

她看來是在獲救後被截肢，而當初埋著她的那堆瓦礫壓碎了她的頭頂。奇蹟似地，她的大腦居然完好無損，認知能力似乎也正常——對人有反應、會喝牛奶，腸道和泌尿功能也良好。

那天晚上，我在住處跟弗朗索瓦聊了許久。我請他早上過來看看女嬰，因為他是兒科麻醉師，我想知道他的看法。隔天我們都來到兒科病房，對女嬰進行徹底的檢查。我把她頭上的繃帶取下，卻驚恐地發現她的顱骨幾乎都露了出來。骨頭上沒有皮膚覆蓋，顱骨看起來已壞死，我擔心過不了多久，她便會遭到感染而危及性命，因為傷口已經滲出膿液。我也檢查了她殘餘的右臂，發現肱骨也暴露在外。她的大腿上到處都是疤痕組織，原因不明。

弗朗索瓦難過地搖搖頭，認為她幾乎難逃一死。感染終將擴散，腦膜炎會在她小小的身體蔓延。我問海地是否有神經外科醫師，才得知有是有，但他不是專攻兒科，而且沒人知道他在哪裡。

當時的情況陷入絕境。儘管傷勢嚴重、無家可歸的孩子不計其數，我卻忘不了那名小女孩。一想到她很可能會死、我們又似乎束手無策，讓我深深感到自己的無能與憤怒。

而外科醫師彼此間的緊張關係與較勁開始浮上檯面，這更加深了我對女嬰的擔憂。我們那麼多人來來去去，各自有程度不一的專業與經驗，在這種情況下，難免會發生臨床誤診。某天傍晚，我剛值完班，又被找去看一名七歲男孩。他已不舒服了好幾天，當時還在發燒。他說自己的右腹部劇痛。我向他父親詢問細節時，他說男孩的床被汗水浸透了。天氣固然很熱，但孩子流汗流得太誇張。我幫他做檢查時，發覺他肚子軟趴趴的，也看似略有黃疸症狀，最有可能是瘧疾。

瘧疾是由雌性瘧蚊傳播，透過叮咬，把寄生蟲帶入患者血液，隨後在紅血球內生長，直到大到衝破紅血球，再感染更多的紅血球。一旦如此，患者體溫就會升高，出現貧血症狀，死亡細胞開始阻塞腎臟、肝臟和大腦的微血管。不僅如此，還有大量的其他細胞碎片引起細胞發炎的連鎖反應，從而強化了多重器官衰竭的影響。瘧疾症狀隨時可能出現，但通常是被咬後一週左右發病，起初是發燒和出汗，症狀往往類似流感，伴隨頭痛、嘔吐和腹瀉。部分患者的症狀可能惡化得非常快，甚至於確診後一週死亡。腹痛也是瘧疾的症狀，只是並非主要症狀。然而，許多其他跡象也顯示他的確患有瘧疾。

部分外科醫討論起我的診斷，對海地是否存在瘧疾表示懷疑。我覺得這有點太莫名奇妙了，便建議待命的人應該確認一下。不過是簡單驗血即可，「無國界醫生」一直都有使用。待命的外科醫師說他會釐清問題，但語帶肯定說該名男孩是罹患了急性闌尾炎。

第二天，我和弗朗索瓦一如往常來到醫院，換上手術袍。我把衣服放在桌子上時，注意到下面擺了一個黑袋子，還是個屍袋。更衣室裡出現屍袋是極不尋常的事，但居然就發生了。我跪了下來，拉開拉鏈，隨之心一沉，裡頭正是那名七歲男孩，前一天還發燒出汗，如今是具冷冰冰的遺體。我再把拉鏈繼續向下拉，發現他的下腹部有手術用敷料，剛好是闌尾切除手術會有的切口位置。我和弗朗索瓦大步走到那位麻醉師和外科醫師面前，問他們究竟發現什麼，為何最後要切除闌尾。那位外科醫師說，驗血結果證實男孩感染瘧疾，但他確認男孩的闌尾破裂了。

「那你看到闌尾破裂了嗎？」我問。

「看起來怪怪的。」他的語氣有點難以令人信服，說完便轉身離開了。

弗朗索瓦連珠砲般罵了幾句法文髒話，但能怎麼辦呢？我們再也無法曉得男孩是否真的罹患闌尾炎，因為那裡沒有病理實驗室。再先進的野戰醫院也不大可能有驗屍設施。然而，我百分百肯定，身上有嚴重瘧疾的患者若接受開刀，死亡率絕對非常高。

我決定什麼都不說，畢竟這只會火上加油。小男孩死了，我們再也救不回他了。但我暗自發誓，自己在海地期間不會讓這種事發生在其他人身上。我也決定回到家時，要向巴黎的「無國界醫生」高層提起此事，但後來未能有此機會，因為事態出現重大變化。

我依然掛念著自己和弗朗索瓦檢查過的那名女嬰。老實說，任務團的每個人都想她。她已是大家關注的焦點，不但經歷可怕的外傷，可能成了孤兒，而且乏人照顧，哪裡有希望獲得幸福的未來呢？她似乎是海地震後悲劇的縮影。如今，在那名男孩無謂地死去後，我更加執著地想設法幫助她。

第一步就是對她的手臂緊急進行整形手術，所以我聯絡了沃席姆．薩依德，他是英國整形外科醫師，在幾公里外的網球場附近一家醫院工作。我帶著那名女嬰去看他，他替女嬰的手臂開了刀，蓋住了突出的骨頭。手術十分成功，但離康復還很遙遠。

沃席姆離開海地後，由謝漢．赫蒂亞拉奇接手。他是我在雀兒喜暨西敏醫院認識的另一位整形外科醫師。我問謝漢女嬰的頭部應如何處置。他的診斷很明確，我們需要取出顱骨，針對大腦周圍組織進行救命手術，否則孩子可能活不過一星期。

大約一天後，我正坐在帳篷內絞盡腦汁思考如何解決問題，突然有人來說外面有位英國記者想採訪我，名叫伊尼哥．吉爾莫，這個姓氏很耳熟，原來他父親是蓋瑞．吉爾莫，也是我在倫敦熟識的一位外科醫師。我和伊尼哥一拍即合，他也問起醫院的情況。他幾乎在海地震災之初就援助至今，現在情況開始緩和下來，因此他只打算再待上幾天。我提起那名小女孩的事，說院內每個人都替她掛心，但她看來不久於人世了。伊尼哥問能不能看看她，我便帶他前往兒科帳篷，女嬰同樣打動了他。她用一雙美麗的大眼盯著他瞧，看得出來他的心也融化了。

「難道我們什麼都做不了嗎？」

「恐怕沒辦法，」我回答，「這個國家現在沒有人救得了她。」

那天晚上我回到住處，思考著那名女嬰的命運，還有我經手過所有患者的命運。我在海地的日子即將告終，預定三天內離開。所有醫師圍坐著，談論我們面臨的各種問題，也無可避免地討論到那名女嬰。一位外科醫師提出一個好主意：在她的顱骨上鑽孔以刺激肉芽組織。肉芽組織是傷口長出的保護組織，能促進傷口癒合，可謂人體自我恢復的一大奇蹟。他說得很對，若在骨頭上鑽小孔，確實可能長出肉芽組織。然而，前提是骨頭依然「活著」，但女嬰的顱骨已壞死。想到我走後，她可能要接受這項不必要的手術，我內心一陣驚恐，背脊頓時發涼。

當晚我上床睡覺時，已下定決心要救她。我打電話給伊尼哥和謝漢，提出了一項極端的想法：把孩子帶出海地，接受迫切需要的治療，才能救她一命。謝漢建議我聯絡雀兒喜暨西敏醫院的整形外科醫師賽門・艾寇斯，他也是慈善組織「面向世界（Facing the World）」的理事。這個優異的組織是由雀兒喜暨西敏醫院兩位顱面整形外科醫師諾曼・沃特豪斯和馬丁・凱利於二〇〇三年所成立，宗旨是讓開發中國家顱面畸形患者來英國接受手術治療。早上，我聯絡賽門，向他說明情況，詢問他是否願意帶走可憐的孩子。數小時後，他和其他理事討論好了，回覆我說沒問題，但我和伊尼哥得先確保孩子能安全離開海地。

這一路上有許多阻礙，我們只有大約三十六小時可以運用。我和醫院專案經理討論了這項計畫。於是，可能緊急後送的消息像野火般傳遍了醫療團。許多人認為這太瘋狂了，因為將病人帶出海地明顯違反「無國界醫生」政策。在國內移動患者沒關係，但帶孩子出國是萬萬不可。

那天傍晚，「無國界醫生」內部展開眾多討論，太子港和巴黎之間也是電郵往返不斷。不僅如此，我們還得知，海地警方和海關對兒童販運展開新一波取締，避免有心人士將兒童私運出境。我們沒有海地當局的支持、孩子沒有護照，我們對她的父母一無所知，甚至不確定他們是否還活著，這感覺就是一項不可能的任務。

但如今，我的決心已不可動搖，這孩子一定要出國接受最好的手術治療。這代表她是在「面向世界」的資助下前往英國。我參加了醫院所有部門主管的會議，他們說固然尊重我的人道精神，但若我執意走這條路，便得中止在海地擔任「無國界醫生」醫療志工的身分，而改以個人身分進行。我打電話給賽門．艾寇斯，說我會盡速把孩子送到倫敦。伊尼哥則問是否可以在第四頻道新聞台（Channel 4 News）報導此事。時間一分一秒流逝。

伊尼哥花了整個下午跟海地外交部長溝通，最後終於取得同意。我們還得想辦法把孩子從太子港送到鄰國多明尼加共和國聖多明各機場。「面向世界」同意支付所有交通費用，也安排了隔天早上一架無國界航空組織（Aviation Sans Frontieres）的直升機，機票也一併包辦。但我們仍得替她申請護照。

我在護照辦公室跟數百人在金屬欄杆後排隊，好不容易才輪到我。我面對海關官員坐下，深深吸了一口氣，表示自己想要一本護照，為了帶一名六週大的孩子前往英國。他冷冷地看著我。我繼續努力說明，但過了大約半小時，他說不可能，就叫我離開。

「除非我拿到護照，否則我哪也不去。」

「她的申請文件在哪？」他回答道：「照片在哪？」

他說得也有道理，我沒有半張照片。我衝出辦公室，下樓找那台說不定是全海地唯一能用的影印機。幸好我身上帶著相機，我翻到一張她的數位照片，隨即拍了下來，但影像太暗了，根本行不通。我邊喊著自己需要用影印機，一邊衝出護照辦公室，趕到附近一棟政府大樓。在我一陣苦苦哀求、連哄帶騙後，終於印出相機上的照片，取得所需。

我跑回護照辦公室，卻發現他們即將下班，不可能再等我排隊。我像瘋子一樣大吼大叫，硬是推擠到隊伍最前面，再次坐在海關官員面前。

「照片在這！」我喘著氣，洋溢勝利的喜悅。

他看著照片說：「好，那文件呢？」

我說自己沒有任何文件，於是再度被拒絕了。我告訴他，除非拿到護照，否則我不會離開。他笑著示意保全帶我出去。我緊緊抓住椅子，拒絕移動半步。兩名保全跟我拉扯起來，我用盡全身力氣死抓著椅子，還把腿繞在他的桌子底座。

「你有責任幫助這個孩子啊！」」我大吼道：「要是你不幫她，她就會沒命了。這樣見死不救，你後半輩子受得了良心的譴責嗎？」

最後，我終於踩到了痛處。他揮手示意保全離開，開始娓娓道出自己要養多少孩子、是個多了不起的父親，以及他是如何為孩子付出一切。他生氣地拿起表格填寫，再把照片釘在護照上，並蓋上戳章。

他對我說的最後一句話是：「一定要讓她活下來。」

我和弗朗索瓦用直升機把小女孩送到機場，再飛到希斯洛機場。接著，我們開車到大奧蒙德街（Great Ormond Street）跟賽門．艾寇斯會合。女嬰最後撿回一命，這段非比尋常的故事還有不少曲折，足夠寫另外一本書了。簡單說來，她現在已長大，是開朗又漂亮的女孩，名叫蘭蒂娜。

這就是第一次壞球。有人顯然對我違反「無國界醫生」規定大為光火，因此我的個人檔案留下汙點。如今在阿爾法造成安全漏洞，是第二次壞球。

我去了「無國界醫生」的巴黎總部，親自跟業務主任談談為何決定不讓我替他們工作。我努力捍衛著這兩件事的個人立場，但仍無法化解他對我的憤怒，感覺完全不符合比例原則。

我不禁想起自己過去在利物浦擔任專科醫師時，曾被叫去辦公室見外科教授，因為無關緊要的臨床偶發事件遭到責罵。羅伯特．希爾茲教授是貨真價實的紳士，但以鐵腕來管理外科部門。我看過資深講師被叫到他的辦公室後，臉色蒼白、焦慮發抖。我記得自己站在他面前，盯著他鋼鐵般的藍眼睛，半句話都說不出來，因為嘴裡的口水都乾了。我被教訓了一頓後，從他的桌子前倒著走，幾乎呈現鞠躬的姿勢，然後被辦公室中央的咖啡桌絆倒，摔得四腳朝天。桌上盆栽裡的泥土不僅沾滿我的白袍，還撒得滿地都是。接下來數分鐘像數小時那麼久，我徒手把泥土捧起來放回盆栽，再把盆栽放回桌上。外科教授看傻了眼。

手術台上通力合作

我在巴黎那番辯解徒勞無功，規定就是規定。我不得再跟「無國界醫生」共同執行醫療任務。我難以置信，既受傷又失望。我為了「無國界醫生」投注大量時間和心力，盡我所能提高他們的知名度，籌募了數千英鎊，甚至代表他們參加了二〇〇七年倫敦馬拉松，卻落得如此下場。因此，即使我回到敘利亞，也無法再跟他們合作。那該怎麼辦呢？

幾天後，我在電視上看到一則「解救敘利亞」的廣告，靈光一現。我翻出了慕尼爾・哈基米的名片，立即聯絡看看是否能與他的組織合作。我們的關係一開始並不和睦，但我很高興他同意讓我加入。我釋出嚴峻環境外科訓練課程部分名額，好讓他與幾位敘利亞同事可以參加。對於我即將跟他的組織合作，慕尼爾感到振奮不已，他也覺得當時許多在敘利亞工作的外科醫師都需要密集培訓。

二〇一三年七月，在為期五天的嚴峻環境外科訓練課程中，我邀請共事多年的外科醫事擔任培訓講師。我感覺必須盡量多示範多年來自己覺得困難的手術，包括神經手術、口腔顎面手術、複雜的剖腹產手術等等。許多講師都倍感訝異，覺得我教的東西遠遠超出學員的舒適圈。然而我很肯定，如今隨著課程進入第六年，他們都會同意，必須讓學員充分發揮潛力，才能盡可能從中受益。

首次課程圓滿結束後，我、慕尼爾與他同事阿馬爾・達維許開會。達維許是來自曼徹斯特的外科醫師，也修習了這門課程。我準備到敘利亞北部巴布哈瓦一家醫院待上幾天，跟他們在當地會合，再結伴前往阿勒坡。

一般來說，進行人道救援工作時，沒有時間好好感受何謂生活在他鄉、了解周遭環境，甚至喜歡上身旁的人。但一切即將改變。

那家醫院的員工對我十分親切。我們在倫敦會面的一個月後，我步行穿越土耳其和敘利亞邊境，不僅得到一間手術室，還有整個手術團隊以及一位麻醉師。那裡大部分的手術是神經重建。我都在早上十點半左右上工，晚上八點左右下工。一如往常，常有人進來看我開刀，這老是讓我格外緊張，執行非我專業的手術更是令人焦慮。

有時，神經損傷的患者傷肢幾乎必定會無法活動、失去知覺。為了治療的需要，有時可以從較不重要的部位，譬如小腿，取出一條淺神經來重建受損的神經。小腿腓腸神經對行走來說非屬必要，雖然腿部會有輕微的知覺喪失，但恢復活動力更加重要。取出腓腸神經後，拼接成三、四段，形成所謂的索狀神經移植（cable graft）。但受損神經段必須相當短，移植才會真正成功，但在手術前幾乎不可能知道受損程度。而臂神經叢受損時，風險更大。臂神經叢是頸部各種神經根的集合體，這些神經根聚集起來，便形成在手臂、前臂和手掌內的正中神經、尺神經和橈神經。臂神經叢好似總機，修復起來非常複雜又困難，需要專科醫師的幫助，這真的超出我的能力。因此，我們不得不拒絕臂神經叢損傷的患者，但我很樂意治療問題較不嚴重的患者，譬如正中神經或橈神經麻痺。

然而，有次情況特殊，我怎麼都找不到手臂的正中神經，因為患者手臂受到嚴重的損傷。那家醫院的骨科醫師在一旁觀看，明顯不滿意眼前所見，便迅速刷手上陣，從我手中拿去剪刀，自己操起刀尋找正中神經。

我並沒有向他求助，其實也不知道他是誰，只注意到他的頭髮比我灰白，彷彿年資較深的指標。我決定退到後面，看看他能否比我厲害。最後，他確實找到了正中神經，但離我本來動刀的位置很近，我相信若給我更多時間，絕對也找得到。然而，有時當名重要的助手簡單許多，因為你真的不知道強勢的同事經驗多寡。儘管我的部分目的是教學，但永遠想領導別人沒有意義，有時師法別人更好。但我有時也會主動去要剪刀，此時同事才會發覺我其實不是菜鳥。

我們手術在收尾時，醫院外頭傳來了轟天巨響，離醫院不到一百公尺。即使我們身處大樓內部，也仍聽得到窗戶碎掉的聲音。再來是一陣詭異的死寂，緊接著傳來民眾的吼叫聲和救護車的鳴笛聲。我停下手邊工作，問護理師覺得發生何事。她看起來緊張萬分，骨科醫師脫下白袍和手套，隨即不見人影。護理師和麻醉師也先後離開了——想必是去看外面發生何事。不久後，手術室只剩我和患者兩人。

數分鐘後，又聽到另一聲大爆炸，伴隨更多的吼叫哭喊，看起來事態嚴重，雖然我像以前一樣，開始感到胸口發悶，但還是努力把精神集中在手術上。我拿起縫線，開始迅速把手術收尾。此時麻醉師回來了，說發生了兩起自殺炸彈攻擊，我們得騰出手術室，準備接收大量傷患。

自殺炸彈攻擊

大約兩百人本來聚集在醫院旁邊的檢查哨。一名騎摩托車的自殺炸彈客衝進人群，隨即停下車，引爆身上的炸彈。那是第一起爆炸。當然，民眾隨後跑去幫助傷患，但隨著更多人抵達現場，第二名自殺炸彈客在人群中引爆了綁滿炸彈的背心，這就叫作「雙爆」。我當時從未聽說過此事，但現在這種攻擊愈來愈普遍。

我們把原來的患者抬上推床後，我便從手術室前往急診室。那場面根本是徹徹底底的屠殺：燃燒、柯達炸藥和火藥的氣味撲鼻而來，傷患們大都躺在地板上，少數躺在推床上。傷勢主要都是四肢和頭部的碎裂傷，有些民眾則受到嚴重燒傷。有人靠牆站著，有人躺著，有人呻吟，有人痛苦大叫，但大部分的人都嚇得沉默不語。現場擠滿了人，根本搞不清楚誰是誰，幫忙的人多半沒穿任何醫療人員的制服，導致我難以分辨誰是專業人員。

在出現大量傷患的嚴重事故中，我們先要對傷患檢傷分類（triage），根據傷勢來決定治療的先後順序。英文「triage」原自法文動詞「trier」，意思是篩選或分開。傷患通常會分為四類：P1（第一優先）是指傷勢需要立即治療，否則患者將因呼吸阻塞或大量出血死亡；P2指傷勢可以等一、兩個小時再動手術；P3指傷患仍可自己行走；P4是死者或回天乏術的傷勢。若處置不當，P1的傷勢可能會迅速成為P4。

由於曾與紅十字會合作，我有幸接受過這類事故的應變訓練。一切應該要嚴守紀律。理想情況下，每個人都要知道自己的職責與角色。此時檢傷官就是關鍵，可以是護理師、醫師或任何懂得進行CABCDE（大出血、檢查呼吸道等步驟）初步評估的人。

在因應大量傷亡事故時，檢傷官扮演至關重要的角色。此外，醫院的組織動線對患者的預後也有舉足輕重的影響。最好有道門可以專門收傷患。傷患一進來，檢傷官就從第一線醫療人員那裡盡可能聽取資訊，或非常迅速地依眼前所見進行判斷，再安靜又快速地完成初步評估的步驟。若稍微有些經驗，大約需要三十秒決定傷患是否即將傷重死亡，或還能撐得久一點。然後，理想情況下，會有兩間病房可以使用：一間容納P1和P2的傷患，另一間容納P3和P4的傷患。

第一間病房應該要有內外科醫師和護理師組成的團隊，負責立即處理危及生命的傷勢。例如，大出血首先要用止血帶和對出血部位直接加壓來治療。接著要對氣道進行阻塞評估，然後快速檢查胸部，看看兩邊呼吸是否一致，同時測量脈搏。

一般來說，橈動脈（手臂）、股動脈（大腿）和頸動脈（頸部）的脈壓不同。若未經過適當訓練，就難以確知這些脈搏在哪裡。其中最重要的是雙臂內的橈動脈。若能感覺到橈脈搏，收縮壓便在九十左右，足以確保大腦、心臟、肝臟和腎臟等所有主要器官有充足的供血。即使傷患受到重傷，若屬於這類就是P2。P1傷患明顯呼吸困難，缺乏橈動脈壓，需要緊急照護和關注，但每名傷患都需要後續評估，因為P2可能會突然惡化成P1。

手術室要清空，人員妥善分配，盡可能讓每間手術室有一位外科醫師、麻醉師和其他人員。事先需要極為縝密的計畫，才能把不同傷患送到適當的地方，方便專科醫療人員處理傷勢。有時不得不在手術室外的推床上開刀，但也務必要做心肺復甦和止痛，而且要仰賴相關經驗的外科醫師。

情況理應如此。當然，那天在巴布哈瓦的一切截然不同。根本群龍無首。傷患們一窩蜂擁進急診室，不是雙腳曳地被人拖進來，就是被一、兩個人扛進來，幾乎沒有人是用擔架抬進來的。現場混亂不堪，刺耳的嘈雜聲此起彼落。更糟的是，我的阿拉伯語極差，儘管我受過訓練，故看得出患者問題所在，此時只感到無能為力。

有時，可能會因壓力過大而呈現動彈不得的狀態，這在我身上就發生過好幾次，多半是在飛行期間。某次，我正在學如何駕駛里爾45型噴射機，沒想到同時出現一大堆狀況，我的大腦儼然成了一團漿糊——大量資訊同時進來，難以融會貫通，就連最簡單的決定都不知所措。幸好，那天我駕駛的是飛行模擬器。

這種遲鈍反應通常源自缺乏經驗和缺乏相關系統的知識，就像生活中大小事一樣，經驗愈多，練習愈多，你就能愈能勝任。

我四處走動，設法消化剛剛發生嚴重事故。大約有六十人躺在地板上，另外約二十人靠著急診部牆壁坐著。我環顧四周，努力保持平靜與清晰的思緒，想想接下來該怎麼辦。我在腦中重複著初步評估的口訣「ＣＡＢＣ」：檢查是否有大出血，確保手臂或腿部有止血帶，以控制可直接加壓的出血；檢查呼吸道，確保傷患肺部雙葉都在呼吸且仍有脈搏。

我在傷患之間走動，逐一評估他們的傷勢。我發現，我與同事最有效率的溝通方式，便是用大拇指來表示患者需要緊急治療或可以等待。許多傷患已回天乏術，身上重度灼傷、生存機率渺茫。肉體燒焦的惡臭教人難以忍受。儘管傷亡慘重，醫院人員仍一絲不苟，確保臨床照護完善，並基於臨床評估而非情感衝動做決定，令我深感欽佩。

阿勒波的檢查哨

幾天後，慕尼爾和阿馬爾抵達。我們大清早便巡視病房，看看我開過刀的患者後，隨後在醫院餐廳碰面。當時是早上七點，該前往阿勒坡了。

我們坐在大型休旅車中，前頭有一輛汽車開路護送，車上載有兩名荷槍實彈的男子，他們把槍伸出車窗外，表示我們可不是好惹的。兩輛車的側邊都寫著「阿勒坡市醫療委員會（Aleppo City Medical Council）」。我們的駕駛和助手也都備有突擊步槍。說不焦慮是騙人的。雖料到阿勒坡當地會困難重重，但就連前往的路上感覺都充滿險阻。

這趟車程花了大約四小時，全程只有三十公里左右，平時只需要半小時。但當局封鎖了主要道路，我們不得不多次繞道、改走小路。駕駛還必須小心避免轉錯彎，因為稍有不慎就可能小命不保。沿途路障無所不在，有些是政府軍設置，有些則是伊斯蘭主義人士，後者的反應無法預測。

在阿扎茲外，我們果然遇到了第一個路障，此路障的設置簡單，如同我在剛果等地所見，僅是一條鐵鏈子橫亙而過。但這裡部署了不止一人，守了好幾名男子，真要說起來，比非洲那些檢查哨的守衛更加嚇人。他們都一身黑衣，額頭戴的黑色帽兜或圍巾寫著阿拉伯文，手持卡拉什尼科夫衝鋒槍，雙肩掛著裝滿子彈的彈帶。我的背脊一陣發涼，駕駛輕輕地把頭轉向我們，視線仍盯著愈來愈近的檢查哨，低聲說道：「達伊沙。」

我原先只知道該地區有各個伊斯蘭組織活動，那是首次聽到這個名詞。慕尼爾和阿馬爾看起來也沒遇過ＩＳＩＳ。我坐在車子後座，左邊是阿馬爾和另一位敘利亞同事，前面坐著慕尼爾和另外兩名敘利亞人，最前排是正副駕駛。我看著車窗降下，他們小心擺好槍管，表明我們是全副武裝。護送我們的前導車也搖下車窗，將步槍伸出車外。

其中一名黑衣男子往車窗內查看，打量後座的乘客。他的帽兜縫隙露出惡狠狠的眼神，一股無聲的恐懼湧上我的心頭。我像蝴蝶標本般被他的視線牢牢地釘住，敏銳察覺到自己外貌跟其他人不同，臉上也沒有蓄鬍。我本能地向前低著身子，把臉貼在前座頭枕上，努力想遮住自己的五官。

彷彿過了一輩子那麼久，黑衣男人打了個簡短的手勢，准許我們通行，我們才慢慢地從他旁邊經過。

不過，後頭還有許多這類檢查哨，每個檢查哨似乎都有更多人駐守，還拿著更大型的武器，也似乎都比先前的更令人心生畏懼。忘了是來到第四個或第五個檢查哨時，慕尼爾轉頭對我說：

「希望你有穿尿布喔。」

這些人是誰？二〇一二年在阿特邁，交戰雙方明顯是敘利亞自由軍與阿薩德政權。但如今局勢又如何呢？接下來的幾天內，我對當地戰況有了更清楚的了解，也更明白去年造訪後所發生的變化。我之前在阿特邁看到的場景，基本上是革命軍事化。二〇一一年稍晚，隨著反阿薩德政權的和平抗爭屢次遭受不成比例的殘酷鎮壓，武裝反抗運動形成了敘利亞自由軍。敘利亞自由軍最初由叛變士兵和其他維安人員組成，但許多平民為了保衛家園免受政府侵害，紛紛也拿起武器加入，敘利亞自由軍不久便壯大起來。

然而二〇一二年，第一道裂痕開始顯現。敘利亞自由軍部分金援來自卡達和沙烏地阿拉伯兩國，錢卻都跑到自由軍內部某派系領袖的口袋裡，引發資金較匱乏的派系不滿。此外，歐美國家因應此局勢時極為謹慎。美國承諾提供武器予敘利亞自由軍，但堅持要審核接收武器的團體，擔心防空飛彈等高科技硬體落入極端分子手中。結果，只有少量武器確實抵達，阿薩德的戰機和武裝直升機仍可持續朝住宅區和叛軍基地發射飛彈。國際社會也拒絕在叛軍掌控的敘利亞北部建立禁飛區。

阿薩德耍了個聰明的詭計。他在譴責二〇一一年春天反對他的抗議活動，聲稱這些全是極端伊斯蘭極端分子所為，而非爭取政府民選的敘利亞平民。而過去有段歷史剛好可以為他所用：穆斯林兄弟會（Muslim Brotherhood）曾在一九七〇年代發起叛變，企圖推翻巴夏爾・阿薩德的父親哈菲茲。但在敘利亞政府在哈馬市屠殺多達兩萬人後，反叛勢力幾乎銷聲匿跡。部分生還者被關入惡名昭彰的塞德納亞（Sednaya）軍事監獄，牢裡原本就有不少身經百戰的敘利亞聖戰分子，全都只能等死。但到了二〇一一年六月，根據「敵人的敵人就是朋友」這項原則，這些囚犯與其支持者悉數獲釋，敘國當局因而得以聲稱內戰中的「壞人」正是歐美國家國安部門對抗的恐怖分子。

二〇一二年初，這些曾是伊拉克蓋達組織成員的前囚犯與同夥共同組成「努斯拉陣線（Jabhat al-Nusra）」，目標不僅僅是推翻阿薩德政權，還要在敘利亞建立伊斯蘭國。起初，敘利亞自由軍和努斯拉陣線尚有合作，一位觀察家還稱許努斯拉陣線實戰經驗豐富，堪稱是敘利亞自由軍的「菁英突擊隊」。但長遠看來，雙方實在難以合作下去，因為努斯拉陣線與敘利亞自由軍溫和派的目標根本天南地北。

與此同時在伊拉克邊境，由阿布・巴克爾・巴格達迪（Abu Bakr al-Baghdadi）為首的伊斯蘭國宣稱已跟努斯拉陣線合併，但努斯拉陣線與蓋達組織雙雙否認，加深各個伊斯蘭組織之間的摩擦。努斯拉陣線有廣大的民意支持。相較於即將成為ＩＳＩＳ的組織，他們較不會發動無差別恐怖攻擊，而敘國溫和派想專注於推翻阿薩德政權這項短期目標，而非建立嚴格執行伊斯蘭教法的哈里發國。這種內鬥正中阿薩德下懷：他可以把所有政敵抹為強硬派的伊斯蘭主義人士，不必擔心追求自決的民間反對勢力整合。

二〇一三年五月，ＩＳＩＳ占領了距離阿勒坡約一百六十公里的拉卡，強行實施伊斯蘭教法，處決阿拉維派人士和基督徒。大約二十五萬人展開逃亡，許多人最終住進土耳其邊境的難民營。ＩＳＩＳ開始穿越敘利亞北部，趕走敘利亞自由軍和努斯拉陣線，並盡其所能控制各個聯外道路，以展現自身實力。我們驅車前往阿勒坡便看到這樣的景象，而情勢正在迅速惡化。就在我們通過這些檢查哨的數週後，索爾福德的一位計程車司機艾倫・亨寧在其中一個檢查哨遭攔止，最後被ISIS綁架。他是某援助團的志工之一，負責把援助物資送進敘利亞。據我所知，他在進入敘國不到三十分鐘就被抓了。

隨著車子行經伊斯蘭國占領的一座座小村，我想這對於一輩子都在那裡生活的村民來說，想必莫名奇妙。明明跟平時一樣起床，卻發現村子被一群外國人接管，他們一身行頭嚇人、手持重型機槍，還開來一台台黑色車輛，後頭全拖著黑色旗幟。難怪民眾都搞不清楚誰在跟誰打仗。

最後，我們順利通過所有路障，車子開到一條寬闊的公路上，大家都鬆了一口氣。如今卻面臨著另一個危險：遭敘利亞戰機從空中襲擊。這段高速公路被稱為「死亡之路」，路邊散落著先前被攻擊車輛的殘骸，而有一段路特別危險，因為兩旁全是開闊的原野，無法在必要時提供足夠的掩護，便難逃來自政府軍的迫擊砲彈，或頭頂盤旋的戰機所發射的火箭砲。

最終，我們接近阿勒坡城東郊區，該地仍掌握在叛軍手中。我們轉向卡斯泰洛路，這是唯一的聯外道路，幾乎所有貨物運送都得經過這條路。周圍街道空無一人，但沒想到，隨著我們慢慢靠近，這座城市看上去仍然相對正常，不大像剛遭到重大戰爭前線蹂躪，市內車流較多，市民則忙於日常生活。

此地曾充滿活力與多元文化，戰前人口有兩百五十萬。而進城沒多久，我們便目睹了戰爭的無情破壞：尚未被夷為平地的建築物，在砲彈和火箭砲的摧殘下滿目瘡痍。阿薩德重新掌控敘利亞的欲望如此強大，即使過程中毀掉國家也在所不惜，我至今依然感到不可思議。

我們繼續往前開，深入這座遍體鱗傷的城市，當時說不定還是世界上最危險的地方。接下來的六個星期，這座城市就是我的家。

9

狙擊手之都

這些夾在叛軍和政府軍之間的可憐平民，還得面對埋伏在市政廳或附近建築的狙擊手。每天都有數十人在穿越卡拉吉·哈傑茲時遭狙擊手射殺，但民眾為了果腹，只得冒險。

慈善機構遭當局打壓

二〇一三年八月，我抵達阿勒坡時，城東醫療體系籠罩著愁雲慘霧。正如我在其他深陷危機的國家所見，許多更資深的內外科醫師都離開了。高達百分之九十五的阿勒坡醫師眼見苗頭不對，紛紛另謀出路。留下來的醫師都十分勇敢又全心奉獻，但人數少得可憐。為因應當局把醫療人員和尋求醫療協助的病患成當成攻擊目標，其中一位勇敢的醫師建立了祕密醫院網絡，設法治療傷患。

為了不被當局發現，他化名為「懷特醫師」，志同道合的同事努爾則幫團體命名為「生命之光（Light of Life）」；「努爾」在阿拉伯文中的意思是光。他們招募了數名支持反抗阿薩德政權的醫學生，暗中進行醫療手術，並講授急救外傷工作的基本原則。志工會把負傷的抗議人士帶到安全屋，並在懷特醫師接手前離開，確保他能維持匿名。

但該團體的醫療服務有限，風險也相當大。努爾後來被綁架撕票，懷特醫師有三名學生被維安部隊擄走殺害。「生命之光」就此熄滅，懷特醫師不得不再次改名為阿卜杜拉齊茲醫師。

當時，部分敘利亞內外科醫師已動員起來，成立慈善機構，設法改善當地醫療情勢。我的朋友兼同事慕尼爾・哈基米的「解救敘利亞」就是其中之一。救援物資和救護車從土耳其進入敘利亞，但流程雜亂無章。有的診所可能才剛收到一卡車的藥品，就又有大批補給品抵達，部分醫療設施則完全遭到忽視。

當前迫切需要整合更完善的應對方案，因此阿卜杜拉齊茲醫師成立了阿勒坡市醫療委員會，計畫在叛軍控制的東半部建立正式的診所網絡，每間診所有各自的代號，起初是依序從M1到M8，但後來改為隨機分配，藉此隱瞞實際的數量。錦囊妙計不僅止於此，救護車與其他醫療車輛都沒有警笛、徽章或標誌，晚上也不開車頭燈；因為在當局眼裡，幫助傷患一律視為叛軍同夥，隨之成為攻擊的目標。

出生入死採買民生必需品

我們到達阿勒坡後，首站就是其中一家醫院M10，外科主治醫師親自迎接，後來我們還成為極要好的朋友。阿布．穆罕默丹醫師年約四十歲，是非常優秀的泌尿專科醫師。其他醫師則資歷較淺，需要許多協助來因應大量的槍傷患者。我們來到一個充當餐廳的小房間，吃了頓豐盛的餐點，有鷹嘴豆泥、橄欖、新鮮黃瓜和番茄，餐後附有甘甜的茶。穆罕默丹醫師帶我看最近火箭砲攻擊留在牆上的斑駁孔洞，叮嚀我挑靠門的位置坐，離窗戶遠一點。

我們離開M10，往我的駐點醫院M1前進。醫院位置更偏南，也離前線更近一些。我們驅車穿越阿勒坡城東時，我向駕駛詢問為何沿途隨處可見石頭堆。原來，這些石頭是刻意堆起，以保護平民免受城西狙擊手砲火攻擊，因為阿勒坡城西多半仍由阿薩德政權掌控。此外，兩輛嚴重受損的巴士上下交疊，給予這個已形成市場的地區多一層保護。市場裡人山人海，許多攤販擺著各色新鮮蔬果，還有不少商家在營業。出乎我意料的是，儘管四周的衝突肆虐，街上仍有數百人努力生活。

但無論是叛軍控制的阿勒坡城東，還是政府控制的城西，平民的生活都困頓得令人咋舌。後來我才明白，叛軍企圖包圍城西，並從南部封鎖主要道路，那正是糧食等物資進入的重要動線。因此，當局同樣不顧一切地試圖保持道路暢通，可是不大成功。新鮮糧食幾乎到不了阿勒坡城西居民手上，只能前往物資較充足的城東。起初，前線滿布可供進出的通道，但後來一一被關閉，最後只剩卡拉吉・哈傑茲這個主要入口。當時，每天都有一萬人左右從城西前往城東覓食。

雪上加霜的是，每天往返於採買、工作、上學的人，甚至僅拜訪親戚都冒著觸怒兩邊的危險。城西居民進入叛軍領地時可能會被騷擾，遇到擄人勒贖，或在返家路上遭到逮捕。不過，這依然值得冒險。在阿勒坡城西，一條麵包要三百敘利亞鎊，城東卻只要六十五鎊。這些夾在叛軍和政府軍之間的可憐平民，還得面對埋伏在市政廳或附近建築的狙擊手。每天都有數十人在穿越卡拉吉・哈傑茲時遭狙擊手射殺，但民眾為了果腹，只得冒險。

我們把車停在M1外，離十字路口大約一百公尺，紛紛把行李和袋子從休旅車搬出來。我帶著一個灰色大行李箱，在戰區老是顯得格格不入。我首先注意到門口的武裝警衛，他們雖然持槍，仍面帶微笑、熱情地向我們打招呼。原以為會有人帶我進去參觀，但我一抵達就被要求幫忙一項手術；迅速換上衣服就被帶到了手術室。一位操著漂亮英語的男子招呼著我，他看起來對眼前環境怡然自得。

阿勒坡戰地情誼

「我們等你等好久了！」他語帶喜悅。原來，這位正是大名鼎鼎的阿卜杜拉齊茲醫師。

手術台上躺著一名身負槍傷的男性患者，子彈看起來射穿了他的腸子，因此需要切除部分小腸，才能重新連接腸子。這是嚴酷的試煉。還來不及認識環境，阿卜杜拉齊茲醫師便叫我到旁邊的小水槽刷手消毒。我拿到一件綠布手術袍，和在英國常穿的免洗紙手術袍不同，就連手套也不一樣，又薄又容易破，戴起來很不方便。我一準備好，阿卜杜拉齊茲醫師便遞給我一把剪刀和鉗子。「現在就由你主刀囉，」他說：「這是我今天的第八場手術，我需要休息一下，但會在旁邊幫忙啦。」

腦海中突然浮現十年前阿斯特拉斯航空公司那次慘不忍睹的試飛，因為，我再度戴錯了眼鏡。我的手術眼鏡跟防毒面具、放大鏡和其他設備全在那個灰色行李箱裡，但現在不可能藉故脫下手術袍和手套離開。畢竟需要開刀的患者就躺在手術台上，還有四位外科醫師在場，其中包括阿馬爾和慕尼爾，都等著看眼前這位英國外科醫師接起小腸兩端。

我用力瞇起眼睛，努力專注於腸子上，同時跟大家說明要進行「單層吻合術」。我拿起2-0薇喬（Vicryl）縫線，暗中祈禱自己看得到縫合位置。這次吻合術稱不上完美，不過總算是順利完成，只是阿卜杜拉齊茲醫師大概注意到我雙手顫抖。在陌生同事面前進行這項簡單的手術，我內心壓力之大可見一斑。

後來，阿卜杜拉齊茲把我介紹其他同事認識，我們得以談論阿勒坡與市民的困境，以及阿勒坡市醫療委員會的援助工作。他說，自己的父母與其他家人都住在阿勒坡城西，他得小心翼翼地隱姓埋名，若他在城東工作的消息曝光，家人馬上就會遇害。

M1醫院的醫師都年紀輕輕，多半在二十五歲上下，包括一般外科醫師阿布・阿杜拉、血科外科醫師阿布・侯賽法、整型外科醫師阿布・沃席姆與骨科醫師阿布・卡立得。我在阿勒坡期間服務過的其他外傷醫院包括M10與舊城附近的M2，那裡都只有一般外科醫師，專科醫師則視需求前往各家醫院。因此，我經常在不同醫院之間穿梭，由優秀的司機阿波・阿卜杜開車。他的儀錶板上擺了把卡拉什尼科夫衝鋒槍，代表他可不是好惹的。然而，儘管許多醫師都有自己的專長，他們基本上仍屬於受訓中的醫師，極度缺乏經驗，需要花許多功夫補足專業知識、訓練他們盡快獨當一面。

我們在M1醫院看到的傷患，多半是在往返城東與城西時受到槍傷。當時，阿勒坡城東有多達七十名狙擊手。他們專挑民眾過馬路、上班或去購物時射擊。阿卜杜拉齊茲跟我說，凡是進來醫院的傷患，從襁褓中的嬰兒到退休人士，幾乎都是遭到狙擊手射擊，無人倖免。

阿卜杜拉齊茲向我說明狀況時，我發覺，即使他經歷風風雨雨，看起來依然活潑開朗。我立刻對他有了好感，真要說起來，我跟所有新同事都相處融洽。天色尚早，我們稍微聊了一下，便決定到醫院外面散步。我們繞到醫院後方，我才能看清楚空襲的影響程度。

我看到一棟公寓大樓切成兩半，一半已被拆除，只剩瓦礫堆，另一半卻仍屹立著，像巨大的娃娃屋般展示在世人面前。公寓內擺滿了漂亮的木製家具，有些桌子和梳妝台上還布置著擺飾與小雕像。某個公寓內的廚房有木製湯匙、鍋碗瓢盆、瓶裝油，與隨時可用的調味品。原本富裕的生活如今分崩離析，造就眼前荒謬怪誕的畫面。

阿卜杜拉齊茲跟我和阿馬爾有張合照。照片中，看得出來我神情悲傷，但阿卜杜拉齊茲面帶微笑，對於更美好的未來似乎仍滿懷希望。

我的室友是阿馬爾與一位資淺外科醫師。原來，阿馬爾已先聯絡了「解救敘利亞」，詢問他是否可以陪在我身邊充當口譯、保鏢、外科醫學生和心腹。我不久便意識到自己實在幸運，居然有這般正直的人陪在身邊，於我住在敘利亞的期間，無條件地從旁給予保護與支持。他本身絕妙的幽默感也是無價之寶。我們合作的數星期裡，我對他完全依賴與信任，彼此變得十分熟稔，他在我眼中不僅是好友，更是親如兄弟。

無論我到哪裡，阿馬爾都如影隨形。我偶爾離開他的視線時，他仍然清楚曉得我的位置。執行海外醫療任務可能倍感抽離與孤獨，所以有人隨侍在側是件新奇的事，但他的存在令人安心，我很快就對此深懷感激。

第一個晚上，我滿懷興奮地躺在一張沒床單的塑膠床墊上，身上還穿著外科手術袍，接下來六週，我幾乎沒機會脫掉手術袍。我對阿勒坡民眾與他們經歷的苦難油然心生同情，進而加深了我對他們的好感。我也帶著隨身碟，裡頭存著嚴峻環境外科訓練課程，相信自己在此除了拯救傷患的性命，還可以有更多貢獻。

我們沒等多久就上工了。隔天早上五點左右，聽到一連串扣扣扣的敲門聲，問我們能否馬上前往手術室。我和阿馬爾一到現場，就看到阿布．阿杜拉正在做手術。他先表示很抱歉這麼早叫我們起床，還開玩笑地說：「通常，十一點左右才會開始忙，因為狙擊手那時候才起床。」

我們沿著走廊前往一個小小的方形房間刷手，此處共有三間手術室。患者是名男性，果然又是身負槍傷。但此次傷口較為棘手，子彈穿過肝右葉，肝臟幾乎要裂成兩半。患者進手術室前已大量失血，阿布．阿杜拉正試圖要自己主刀。我雖然表示樂意幫忙，但他說自己想藉機練習，便把剪刀和鉗子遞給了我。

一如往常，我搜尋著腦袋裡的記憶庫，重溫以前多次為損傷肝臟開刀的過程。我告訴他，首先要把肝葉壓回正常的樣子，直到不再出血為止，同時也讓麻醉師及時輸血。外科醫師經常忘記手術台旁有人在努力維持傷患的血壓和脈搏，自顧自地開刀，疏忽於知會麻醉師當下狀況。

我、阿馬爾和阿布．阿杜拉輪流對患者的肝臟加壓了約半小時。但過了一小時左右，出血仍未停止。我建議用網膜來止血，這是位於腸子且狀若圍裙的脂肪膜，可以包裹在發炎器官周圍、加以封住，因此有「腹部警察」的暱稱。阿杜拉從沒見過這種方法，我也很高興能示範如何移動網膜，並將其包覆肝臟。一旦網膜附著在肝臟上，就能把傷口縫合起來。兩小時後，出血停止，傷患轉往恢復室，我們也可以回去睡覺了。

數小時後，我們再度出現，跟其他醫師、護理師和行政人員吃早餐。環顧四周，大約有四十人邊吃飯邊聊天，像是一個大家庭，我在此感到完全自在。女性員工都在樓下房間裡用餐，只有醫護人員伊布拉罕媽媽除外。她扮演的角色類似聯絡官，負責幫醫院與該地敘利亞自由軍不同團體牽線。她十分令人敬畏，嗓門特大，為人風趣，最受不了別人廢話連篇，這家醫院根本是她在管。她有個十四歲能幹又可愛的兒子伊布拉罕，幫忙把一切都打點妥當。親切的她宛如醫院裡所有人的媽媽，時常來到我們的臥室探望，確保我們安然無恙。她也會去急診室幫助傷患，甚至會突然出現在手術室，關心手術狀況。

那時我正吃著第一頓早餐，她直直朝我走來。

「你有幾個小孩？」她問道。我回答不好意思，可惜自己沒有小孩。

「是喔，那你有幾個老婆？」她說。

我笑著說：「沒有耶，伊布拉罕媽媽。」

「真的假的！」她邊笑邊嚷嚷著。從那時起，我們只要一起吃飯，她都找機會說：「我一定要在你離開阿勒坡前，幫你找個老婆。」

正如阿布·阿杜拉所預測，正午前後醫院便忙碌了起來，開始有槍傷患者抵達醫院。急診室位於一樓，那裡還有老舊的X光機與經理馬茂德管理的三間手術室。馬茂德的經驗非常豐富，熟悉我們需要的一切設備。外科醫師只要喊一聲他的名字，他便會取來他們所需的器具。不過，他可不是好說話的人，若他認為對方的要求太荒謬，就會堅定立場罵回去。

急診部門負責人是一名高大俊秀的年輕人。革命開始時，他在阿勒坡醫學院讀三年級。在急診部門待六個月後，他的判斷變得極為精準，初步檢查就能確定哪些患者需要立即治療。不可思議的是，他光靠四名科班出身的護理師與行政人員，居然就可以管理急診室。這些行政人員都是些已放棄原本工作的民眾，諸如商家老闆、裁縫師、工廠工人等等，此刻正在受訓成為急診護理師。

西方面孔成標靶

然而，我很難在急診部門露面，因為那裡比手術室更屬開放空間。阿馬爾不斷提醒我，安全至關重要。那裡到處都是武裝極端組織，包括ISIS的成員，其基地離我們工作地點很近。我必須保持低調。幾乎可以肯定的是，當時我是在阿勒坡唯一的西方人。假使我被綁架，對極端組織絕對是重大斬獲。我只能在醫院區域活動，除非要前往另一家醫院。因此，我大部分時間都待在手術室。

我們唯有一次犯了錯。當時，新來的駕駛正從M10開車回到M1，走了條我們通常會避開的捷徑，結果車子愈來愈接近ISIS總部，看得到屋頂飄揚的黑旗，以及門口荷槍實彈的黑衣警衛。阿馬爾首先察覺司機走錯了路，但已來不及停車掉頭，因為那會太過顯眼。他腦筋動得飛快，就在我們靠近那棟樓時，他吼著要我壓低身子，眼看我不在其他人視線範圍，便叫駕駛加速前進。這可謂千鈞一髮。對阿勒坡許多平民來說，ISIS總部已變成了一座監獄和酷刑之地。另外還有傳言，一位在阿勒坡省工作的「無國界醫生」外科醫師被帶進裡頭審問後遭到殺害。

生命的威脅無所不在，我必須不斷提醒自己切勿自滿。阿卜杜拉齊茲說，二〇一二年十一月，他接待了想在M1幫忙的英國骨科醫師阿巴斯罕。這位醫師抵達的隔天，有人看見他拿著相機離開了醫院，只告訴外面的警衛他要散散步。結果他沿著一條路閒逛，直接落入了政府軍的手中。

新聞報導他失蹤後，他母親竭盡全力尋找他的下落，多虧印度與俄羅斯大使館提供的非官方援助，終於在大馬士革的一所監獄裡找到他。但儘管外界想方設法要救他出來，一切努力仍宣告失敗。十三個月後，英國死因裁判法庭研判，他已於二〇一三年十二月遭敘利亞政府殺害。當局予以否認，聲稱他是上吊自殺，但沒人相信這番說詞。

阿巴斯罕已婚，育有兩名孩子。我已見過了他全家人，包括他的母親，至今仍餘悸猶存，無法相信會發生此事。最近，我前往倫敦國王學院發表了首場「阿巴斯罕紀念演說」。至少，他的名字得以流傳後世。

醫術重要，溝通技巧更重要

光是我在M1的第一天，就有十一名遭狙擊手射傷的平民被送進醫院。槍傷致死最常見的原因是失血過多，存活與否通常取決於槍響後，傷者被送到醫院的速度。M1離卡拉吉・哈傑茲路口非常近，聽到槍聲後，多半只要五到十分鐘，傷者就會來到醫院。

不過，有些人就沒如此幸運了。一旦狙擊手開火，人群就會四竄尋找掩護，想當然耳，最後往往獨留傷患躺在路中間。此時前去幫忙非常危險，因為自己也會成為目標。令我百思不解的是，政府狙擊手居然能坐在飯店房間，冷血地朝自己的人民開槍，只為了阻止他們取得食物。但該政權的邏輯依然不變：凡是前往叛軍控制的阿勒坡城東，一律視為恐怖分子。

M1的醫師告訴我，許多槍傷患者都是因大動脈受損而回天乏術。這裡的醫生需要嚴謹的相關訓練。我馬上答應要在晚上授課，同時提供外科醫師所需的臨床實務指導，親身示範自己的絕活，向他們說明新技巧或小訣竅，譬如如何握手或使用器具以節省手術時間。

第一天，十一名中槍的傷患全都活了下來，但我整整值班十八小時，最後筋疲力盡地倒在床上。

隔天一早，我們被敘利亞戰機飛越醫院的聲音吵醒。我累得下不了床，但沒過多久，就聽到敲門聲。到達手術室時，一名大約十五歲的男孩正在接受體外心臟按摩，同時接受術前準備。手術台旁的麻醉師看上去只比傷患大一、兩歲，但他已幫男孩插好管子，正在把引流管置入鎖骨下靜脈。我看著心臟監測器，觀察到類似臨終節律的現象，即心臟內的異常電脈衝，代表患者即將死亡。

男孩胸前有個又大又深的傷口，腹部和腿部也有好幾道傷口，看起來是遭到飛彈或砲彈的衝擊，若不是被炸彈本身碎片所傷，就是飛來的石頭或瓦礫所傷。

我在旁邊觀看了一會，一位年輕外科醫師把碘液倒在男孩的腹部，準備幫他動手術。他先從胸部到恥骨劃下一道長長的切口，但同事仍在做體外心臟按摩，因而此舉好比擠牙膏般，造成男孩的腸子從腹部脫出。男孩腹部並無出血，劃下的那一刀並非合理的做法。我迅速檢查了男孩的頭部、頸部和腿部，一切都很正常。他還在接受心臟按摩，所以很難確定哪裡出了問題。我懷疑，基於胸部傷口位在心臟上方，心臟本身也受了傷，很可能是「心包填塞（cardiac tamponade）」。

心臟位於「心包囊」這個緊密的纖維囊袋中，這是用來包裹並保護心臟。直接的傷害會使腔內充血，隨之產生的壓力會損害心臟輸血的能力，即所謂的心包填塞，可能會造成嚴重後果，例如：靜脈壓上升、動脈壓下降。若用聽診器聆聽，會聽到悶沉的心音，而不是有力的心跳。

假如我猜得沒錯，這名男孩的確有心包填塞，那他正處於最後階段——心臟在太大壓迫下已停止跳動。我很肯定他需要開胸手術，即打開胸腔、切開心包囊，先是減輕心臟承受的壓力，再來就是處理心臟的問題。但我得謹慎以對，畢竟初來乍到，他們根本不認識我。假如我要介入，必須萬無一失，還要找對時機。其他外科醫師需要明白，若不採取行動，男孩難逃一死。

我借助阿馬爾的翻譯，畢恭畢敬地詢問他們，自己是否可以試試看。他們答應後，阿馬爾走到手術台對面，我則拿起手術刀，在乳頭下方劃下切口，沿著肋骨的方向，快速切開所有肋間肌肉。接著，我讓另外兩名外科醫師把胸腔拉開，然後用左手捧起男孩的肺，阿馬爾隨即接手，好讓我空出手來，在心包囊上劃下縱向切口。就這樣，原本被巨大壓力擠壓的血液頓時湧出，停止跳動的心臟再度恢復生命力。

我向阿馬爾要了一只大型胸腔撐開器，手術室裡所有人同時大喊：「馬茂德！」數秒後，他拿著菲諾奇托撐開器回來了。這是由齒條與齒輪組成的連動裝置，可以把肋骨打開並固定，方便外科醫師順利伸入開刀。

環顧四周，現在手術室內大約有十位外科醫師，在這之前沒人見過這種手術。很快，我隔離了右心室前面一個巨大出血點，這是炸彈碎片所造成的傷口，正不斷向心包囊灌注血液。我引導阿馬爾的手指隨著心臟跳動在洞上移動，然後切下一小塊心包囊，用來保護縫線。大約十分鐘後，出血停止了，心臟跳動正常，心電圖也顯示正常，我們創造了小小的奇蹟，及時救回這名男孩，再晚個幾分鐘就太遲了，因為他的大腦會缺氧而壞死。

就我在阿勒坡的任務而言，這回示範手術也來得正是時候。這個診斷過程對我來說司空見慣，對敘利亞外科醫師卻是大開眼界，他們從未見過這樣的手法。我加入的第二天就發生此事，毋寧鞏固了我的權威，一開始就讓他們接受自己的不足，依然還有很多東西可以學習。這對他們無疑有醍醐灌頂的感覺，而且日後還會有更多類似的體悟。身為來到一家新醫院的志工，當地情況又高度緊繃，待人處事非常難以拿捏。我得認清自己是闖入異地的陌生人，當然，一般人不喜歡自我權威受到質疑，或可能會有文化差異需要克服；我不僅需要建立互信，也需要奠定權威。我都會努力展現謙遜的一面，譬如說：「我可不可以試試看，供你參考呢？」或「你介意我們換個不同的方法嗎？」有時我不得不採取更加堅決的態度，尤其是對方有所抗拒、但患者性命危在旦夕時，但當地醫師往往會發覺自己的專業知識或經驗有限，對於我的介入都心存感激。

心臟手術的消息很快就傳開了。那天晚上，差不多所有還留在阿勒坡的外科醫師都齊聚一堂，聽我針對此病例進行討論。我開始每天舉行這些會議，討論我們動過手術的患者、選擇特定手術的理由，以及預期的結果。我分享了隨身碟裡存放的嚴峻環境外科訓練課程資訊，阿馬爾和慕尼爾則輪流口譯我的講課內容。我們覺得每天一小時就夠了，畢竟大家都很疲累，上課固然重要，必要的休息也不能少。

後來，我與阿馬爾去探望在加護病房的那名男孩。但房門鎖了起來，我們敲了門，一位護理師才讓我們進去。我原以為病房內有更多同事，卻驚訝地發現，四張病床上全是仰賴呼吸器的患者，沒有其他醫療人員。這間小加護病房有個擺滿微量藥物注射器的架子，以及量動脈血壓的高科技監測設備。每張病床底部有張圖表，唯一一位護理師正仔細填入所有相關生理資訊，包括脈搏、血壓、體溫、尿量、各個引流管數值、輸入藥量與呼吸器氧合指數，還有小型動脈血氣體分析儀來量測血氧濃度。

如此高科技的環境，怎麼可能只交給一位護理師管呢？護理師微笑指著對準每名患者的兩台攝影機：一台監控患者，另一台觀察圖表。護士告訴我們，這些攝影機透過Skype直接連到華盛頓特區一間醫院的加護病房，由一位敘利亞裔的美國重症專科醫師二十四小時監控，隨時根據臨床參數調整患者的藥量和呼吸器。而且不僅僅是我們這家醫院而已，阿勒坡所有加護病房都連到同一家美國醫院。這個系統實在太令人佩服，由一位名叫阿馬爾．柴克里亞的重症專科醫師精心管理，他負責訓練所有的加護病房護理師，教授如何準確回覆在線醫師的意見。

接下來的二十四小時，我們繼續監控男孩的狀況，直到他能自己呼吸為止。他的父母欣喜若狂，讓我這趟醫療任務有美好的開始。

射擊遊戲

有些日子格外忙碌，甚至忙到分不清白天和黑夜。那年秋天，我們沒有看到太多碎裂傷，卻不斷接到槍傷患者。阿勒坡是狙擊手之都。我對阿卜杜拉齊茲醫師說，我們看到的傷勢有時相似度高得詭異——所有傷患似乎都是同一部位中彈。可能前一天傷患都是鼠膝部左邊中彈，隔天則是接連六、七名傷患的鼠膝部右邊中彈。上肢和胸部中彈的傷患也有類似情況，傷勢看起來都在同一邊，而且是密集發生。此外，儘管狙擊手有遠距瞄準鏡，卻鮮少看到會一擊斃命的頭部槍傷。他們的目的似乎是要致傷、毀容或致殘。阿卜杜拉齊茲醫師說，他聽說這些狙擊手在玩遊戲：只要擊中特定身體部位，便會得到幾包香菸之類獎勵。他說得言之鑿鑿，一切似乎也鐵證如山。

我在那家醫院駐點日子進入倒數時，這種病態的競爭惡化到極點，有名異常歹毒且冷血的狙擊手把孕婦當成新目標。M2醫院就接到一名腹部中槍的孕婦，子彈沒打中嬰兒，但穿過了胎盤。這名孕婦中彈數分鐘內就已躺在手術台上，我們在她子宮下段剖腹接生了男嬰，但胎盤已完全碎裂，無法為胎兒提供氧氣。我迅速夾斷臍帶，把嬰兒交給護理師進行心肺復甦，但不幸為時已晚。我們仔細縫合這位母親的子宮，希望她未來還能再度懷孕，絕對不允許狙擊手連她的生育能力也剝奪。

就在同一天，另一名狙擊手槍下的受害者被送進醫院。這名女子初為人母，幾乎已足月，本來要看分娩過程決定進行臀位分娩或剖腹產。她長得美麗動人，圍著一條潔白無瑕的頭巾，身穿一件優雅的長外套，外套前面如今有一大塊血漬。急救人員有些不解，因為儘管她十分焦急，看起來卻沒有大礙。她後來被送去做腹部X光檢查，顯示子彈仍在她的腹部，最嚇人的是，正好卡在胎兒頭部。這名孕婦立即被轉送到手術室。

狙擊手想必在她側身站著時瞄準開火，因為子彈穿越了腹部最寬的部分。我們火速進行腹中線剖腹，我看到她子宮一邊有個大洞，在子宮下段劃了切口後，把胎兒拉了出來，如往常一樣交給護理師，但已來不及了，可憐的小傢伙頭部重傷，已無生命跡象。此時她的子宮已嚴重受損，我們不得不加以切除。

這名女子活了下來，我們確實做出了正確的決定：努力挽救她與胎兒的性命。但代價是什麼呢？她失去了唯一的親生骨肉，這輩子都得活在再也無法生育的痛苦之中。身為人類居然對他人施予這等暴行，令人感到極度難受與震驚，而且我已不是頭一次目睹。我下定決定，等自己回到倫敦時，絕對要把阿勒坡發生的殘忍暴行公諸於世。

ISIS聖戰士持槍旁觀手術

幾天後，我和阿馬爾正趁著空檔午睡，又聽到有人敲門。病房裡有名患者即將陷入休克，數小時前放進去的胸腔引流管充滿了血。阿布・阿杜拉想問我能否幫他做開胸手術。我說，我幾分鐘就到。

我奮力拖著身子爬下光滑的塑膠床，穿上手術鞋；由於手術室地板上常常沾滿了血，此時我的鞋子已有厚厚一層乾掉的血漬。我一進手術室，阿布・阿杜拉說明了右胸的傷勢。這名男性患者背部中彈，傷口在肩胛骨正下方。我們對於手術方式多有爭論：是要讓他呈十字架姿勢，進行蚌殼式切開法，即打開胸腔兩側、像引擎蓋般拉起來，抑或讓他側躺，單純針對右胸動刀？阿布・阿杜拉想讓他側躺，這樣我就能教他側後開胸術。這並非外傷外科的標準教學方式，但我心想，屆時若需要調整患者姿勢、改成蚌殼式切開手術也比較容易。

患者濃密的鬍鬚下，臉色蒼白，胸部傷口明顯在大量出血。麻醉師注入藥物讓他入睡，還置入雙腔導管，好讓我們可以進行單肺換氣。這些年輕麻醉師就是這麼厲害。我們讓他左躺，幫他清潔、蓋好鋪單。我站在病人面前，旁邊就是阿馬爾。我把手術刀遞給阿布・阿杜拉，告訴他切口的正確位置，即從右乳頭下方沿著肩胛骨下方繞到背部。

此時，城東幾乎完全被政府軍所包圍。然而，阿勒坡市醫療委員會仍然設法運送醫療用品進出，通常是綁在速度快又敏捷的機車後座。我們才剛剛拿到一台「切割透熱儀」，送來時宛如外送披薩般綁在機車後座。我們用這項儀器切開筋膜與肌肉，一直深入到肋骨為止。我告訴阿布．阿杜拉切到第六根肋骨，然後把組織推開，這樣才能進到肺部。

就在此時，血液開始從胸腔中湧出。我要麻醉師減少注入肺部的空氣，我們才能看清楚眼前狀況。我們分開下肺韌帶後，看到右下葉徹底受損，肺靜脈也大量出血。

即使在最理想的情況下，這也是一項非常困難的手術，死亡率非常高——戴安娜王妃就是死於同樣的傷勢。我告訴阿布．阿杜拉，若他願意，我可以縫上靜脈的裂口，然後他可以進行肺葉切除術。阿馬爾小心翼翼地使用了吸引器，好讓我看到靜脈上的裂口，阿布．阿杜拉此時則移除肺葉，再用手指止血。

正當我要縫合肺靜脈時，手術室的門猛然打開了。我抬頭看向右邊，不敢相信自己的眼睛。六名全副武裝的男人穿著黑色迷彩服、戴著頭巾衝進了手術室。他們顯然是ＩＳＩＳ戰士，而手術台上的傷患正是他們同伴。

我內心發顫，一動也不動，用眼神尋找阿馬爾的目光，而戴著外科口罩的他，也一樣瞪大眼睛。我心想：「喔，我們都要完蛋了。」一股腎上腺素湧現，我隨即轉過身子，低頭盯著地板。他們在把玩武器，若不是在換新彈匣，就是在玩保險栓。我又看了看四周，再度跟阿馬爾眼神交會，他不動聲色地搖了搖頭——「不要說話，交給我。」那群人的老大走上前來，把槍對準我們。

「這是我兄弟！」他毫不客氣地說，英語帶著濃濃的俄語腔，可見不是一般的ＩＳＩＳ，還是車臣的ISIS。「你們想對他做什麼?」

阿布・阿杜拉用英語告訴他,我們只是在搶救男子的性命,並不曉得他的身分。

「想對我們兄弟動手術,應該先問過我們才對啊!」他回答,「這些人又是誰?」他問起我和阿馬爾。

阿布・阿卜杜拉告訴他,我們兩位都是外科醫師。很明顯,那名男子想叫我說話,但阿馬爾用濃濃的敘利亞腔說,我們都是外科醫師,單純想救回眼前傷患的性命而已。

這時我已開始發抖,唯有如此才能避免腿軟彎曲。我感到萬分無助,就像當時在剛果檢查哨一樣,害怕到顫抖。

「這人是誰?」他指著我說,語畢繞著手術台走了起來。

阿布・阿杜拉悄聲在我耳邊說:「別說話。」然後轉身對那名ISIS老大說:「這位是資深外科醫師,正在幫你兄弟止血,務必不要打擾他,否則他救不了你兄弟的性命。」

老大走到手術台前,仔細看著男子的傷口,設法弄懂我們在做什麼,其餘手下不懷好意地在手術室內四處走動,有的坐在地板上,有的靠在設備上,如在家裡般自在。此時,我卻是極度地不自在。現在要繼續進行如此複雜又精細的手術,簡直是天方夜譚,因為我抖個不停。雖然早忘了上次禱告是何時,但我決定開始祈求上帝幫忙。

我不算是虔誠的教徒,但有時真的會想向上天求助。這就像調頻廣播,來得完全沒有預兆,我突然能把自己所在波段的頻率,調成可以跟上帝交談的波段。這實在難以描述,就好像瞬間的強烈刺激，把我推到了截然不同的意識層次。當時就是這種感覺。

我祈求上帝能讓我完成手術，盼望祂控制住我顫抖的雙手——至今還壓在傷口上。我想開始進行縫合，但不能開口說話，便試著向阿馬爾打手勢。他猜中我的意思，連忙說：「縫線、縫線！」但我拿到錯的縫線，不得不再試一次。接下來，發生一件不可思議的事：當我低頭看著自己的動作，既焦慮手術被迫中斷，也擔心那名ＩＳＩＳ老大會覺得不對勁，阿馬爾展現了他的友愛，用頭輕輕碰了我的頭一下。突然間，我的雙手就此放鬆，雖然兩腿還在發抖，身子也仍緊繃地抽動，但雙手已穩定下來。

我們又花了一小時才開完刀。我一聲不吭地縫合了肺靜脈的傷口。通常，在進行困難的手術時，手術台上會出現很多玩笑話，但今天除了阿馬爾和阿布．阿杜拉偶爾用阿拉伯語低聲說明外，我們全都保持沉默。

快到終點時，外頭傳來槍聲，其中一名ＩＳＩＳ成員的對講機劈哩啪啦地響了起來。他走出手術室，其他人隨後跟上，只有老大留下來。他一直待在旁邊，直到最後一根縫線到位，他看到出血止住，才滿意地離開。

這名患者已是萬中選一的幸運兒：他的肺部被射穿、大量出血，但諷刺的是，正因為他ＩＳＩＳ同夥衝進手術室，我花了更多時間把顫抖的雙手緊緊壓在傷口上，等到終於能移開雙手時，我才清楚看見傷口的位置。

後來，我發覺自己倍感困惑也略微迷惘。在最困難的情況下救活了那名男子，我感覺自己很幸運——假如他死了，隨之而來的問題躲都躲不掉，無疑會暴露我的身分。可以肯定，若那名ＩＳＩＳ老大曉得我是英國人，絕對會當場殺了我。兩難在於，我再度把可能繼續犯下暴行的人救了回來，我算是共犯嗎？這一次，我確切知道傷患是誰，也能合理推測他做過、或可能做出什麼事。但我仍堅信，自己有責任拯救他的性命。這就像在巴基斯坦的那次經歷，我內心深處希望未來有一天，他會發現當初救自己的醫生其實是基督徒，對他沒有任何偏見或仇恨。

荒唐中的不荒唐

與此同時，駭人的罪行每天都在發生。上述事件發生幾週後，在Ｍ１醫院，一名正在病房接受治療的ＩＳＩＳ戰士與另一名在炸彈爆炸中雙腿骨折的患者對於宗教信仰意見不合。當晚，一群車臣ＩＳＩＳ成員衝進醫院，他們是出了名地殘忍歹毒，來到病房就把雙腿骨折的男子拖下樓梯，一出醫院就在路中間把他活活刺死，再當著醫院人員和路過平民的面砍下他的頭。他們原以為男子隸屬於政府軍，結果根本是誤會一場，男子其實是敘利亞自由軍的一員。但道歉為時已晚。叛軍派系之間的裂痕開始浮現，阿勒坡居民對ＩＳＩＳ的不滿正逐漸醞釀。

阿馬爾說的另一個故事格外引起我的共鳴。一位德國醫師造訪了土耳其邊境附近阿扎茲的醫院，這家醫院對ＩＳＩＳ與敘利亞自由軍的傷患都一視同仁地治療。不知為何，該位醫師朝他開過刀的一名ＩＳＩＳ患者拍了張照片，對方大為光火，執意要拿相機。醫生被帶出病房，接著更多ＩＳＩＳ成員抵達醫院，揚言除了要沒收相機，還要連德國醫師也帶走，但駐守醫院的敘利亞自由軍拒絕讓他離開。

此時在醫院外頭，ＩＳＩＳ開槍射殺了兩名敘利亞自由軍守衛，在醫院內引發了激烈交戰，隨後蔓延到整座城鎮。最終，敘利亞自由軍不得不完全棄守阿扎茲，讓其處於ＩＳＩＳ的嚴峻統治之下。

根據阿馬爾的說法，這個事件衍生了四大原則：首先，任何在敘利亞的西方人士一律視為間諜，一旦遭逮就會受到嚴厲懲罰。第二，即使西方人是醫師也一樣。第三，現在要回土耳其難如登天，因為阿勒坡和邊境間唯一道路必經ＩＳＩＳ地盤。最後，這對敘利亞自由軍毋寧是場災難。他們本應只要跟阿薩德政權作戰，如今還得對抗執意建立哈里發國的ＩＳＩＳ叛軍團隊。

當時，我就連正常生活都愈來愈不容易。若我對周遭的亂象放入太多心思，根本不可能好好工作。從那時起，我每天早上都會向上帝祈禱，希望祂保佑我，讓我能完成自己的任務。我把整副心力用於治療患者、訓練同事，盡可能多多陪伴他們。在這場無比荒唐的戰爭中，這似乎是唯一不荒唐的作法。

輸血災難

儘管如此，我在阿勒坡並不大擔心自己的安危，因為身旁都是我現在視為好友的人。我們都不知道事態會如何發展，許多與我共事的溫和派敘利亞人不大認識ＩＳＩＳ，他們仍保持革命發生前的心態。他們習慣於跟市內所有宗教和文化打交道，鮮少有機會接觸極端主義。他們依然認為，歐美國家會伸出援手，提供敘利亞自由軍所需的武器和裝備來推翻阿薩德政權。

醫院的工作持續不輟。大約一個月後，我逐漸覺得自己真的影響了那裡的內外科醫師和護理師。但一如既往的是，有時感覺明明前進了一步，卻又後退了兩步。有個病例恰好能說明這點。

兩名腿部中槍的男孩被送進了Ｍ１醫院，大腿中間都有會抽痛的巨大腫脹。我從聽診器中，清楚聽到動靜脈瘻管特有的嗡嗡聲。所謂動靜脈瘻管，係指子彈導致動脈與靜脈連接，類似多年前我在波士尼亞治療的那名頸部受傷的男孩。若不治療，最終會心臟衰竭。

我與阿卜杜拉齊茲共同替第一名男孩開刀。在控制了傷口上下的血管後，切開腫脹的部位，血液立刻從裡頭湧出。我們將動脈和靜脈分開，修復了血管上所有洞口。男孩恢復狀況良好，兩天後便出院了。

另一名男孩大約十五歲，他也出現了一個瘻管，大腿中間有個巨大的假性動脈瘤。阿卜杜拉齊茲上過我的血管外科課程，從中獲益良多，他認為我們應該將男孩轉送Ｍ10醫院，好讓那裡的外科醫師也能學到這類技術。我們坐在阿波．阿卜杜救護車後座出發，男孩對我微笑著，滿心期待著腿能治好，不再疼痛。

我們到達Ｍ10時，我向團隊簡要說明我們的手術，以及進行方式。男孩的血紅素相當低，而因為這是動脈手術，我建議應該備妥部分血品。其中一位護理師幫忙驗了血，以確定他的血型。

男孩被麻醉時，包括阿馬爾在內，已有五、六位外科醫師在手術台旁刷手準備參與手術。

我小心翼翼地在男孩的大腿上做了切口，分開腫塊上下的靜脈和動脈。我們討論了抗凝血的情況，以及夾血管時如何防止血栓形成。我要求注射五千單位用來稀釋血液的肝素，我們等了幾分鐘，好讓藥劑在體內循環。接著，我放上血管鉗，把手術刀遞給另一位外科醫師，要他切入大血管。他躍躍欲試地照做了，但不幸的是，他也把動脈上一個小鉗子碰到地上，動脈血頓時一湧而出。總共只有兩個血管鉗，另一個夾在動脈下端。我們設法在他失血過多前堵住動脈，整個團隊一陣恐慌。男孩在幾分鐘內就失血約一公升，我要求從「血庫」（其實就是一台舊的可口可樂機）取來一單位的血品。血液總是不夠用，每種血型大概只有兩個單位。

等待期間，我決定從男孩另一條腿上取下長長的隱靜脈，以繞過那條受傷腿上的動脈瘤。完成後，我們還在等著那袋血送來，感覺過了好長一段時間，血品終於抵達，隨即注入靜脈。

大約半小時後，男孩病況急轉直下，每個傷口都開始流血。不僅止於有動脈瘤的那條腿，還有我切除淺靜脈的那條腿。我完全無法理解，詢問向來非常熱心的資深麻醉師，是否肝素劑量出了問題——也許注射成五萬個單位，而非五千個單位？他把瓶子拿給我看，劑量確實無誤。手術開始每下愈況，男孩身上每一條我們碰過的微血管都在出血，眼前宛如一部恐怖片，出血一發不可收拾。他需要盡快接受額外的輸血。教學手術從原本平靜的氛圍，演變成外科手術的一大噩夢：一切都開始出錯，惡化得非常迅速。

以往最多只需要兩小時的手術，如今已進行了七小時，但我仍然止不了出血。好不容易，手術大功告成。雖然嚴格來說手術成功了，但對每個人來說，這都是一次不愉快的經歷。我和阿馬爾下樓跟男孩的父親交談。他表現得十分地鎮靜，提起自己另外兩名兒子已在這次攻擊中喪生，堅信上帝會保護他唯一倖存的孩子。

筋疲力竭後，我們終於能上床睡覺，但我醒來得很早。我急著想看那名男孩。早上八點整，我和阿馬爾從M1出發前往M10，直接進入加護病房。眼前的景象太過可怕。男孩整個人呈現青紫色，虛弱得連摘下氧氣罩的力氣都沒有。他的腎功能完全衰竭，沒有製造任何尿液。尿袋的液體顏色又深又濃，幾乎是黑色的。我檢查了一番，發現連他身體下的靜脈注射導管也在皮膚上造成一道瘀傷。究竟發生了什麼事？我坐下來絞盡腦汁，阿馬爾推測他可能出現了輸血反應——當初想必是用錯血型了。

我大感震驚，立即到手術室看看能否找到他的血型檢測卡。

我們的血型可以分為四種：A型、B型、AB型或O型。A型的人紅血球上依附的蛋白質稱作A型抗原（抗原可以引發免疫反應，即抗體），B型的人有B型抗原，AB型的人同時有A型抗原和B型抗原，O型的人則兩者皆無。

血液在心臟、動脈、微血管和靜脈中循環，將營養和氧氣輸送到人體細胞，並清除二氧化碳和細胞內生產的廢物。血液由血漿組成，內含顯微鏡下可見的血液成分，包括紅血球、白血球與血小板。血小板有助於凝血，並阻止傷口出血。白血球對抗傳染病，即所謂的免疫反應。除了攜帶這些細胞，血漿中還含有抗體，可以攻擊並破壞抗原。特定的抗原有特定的抗體。在輸血的情況下，若患者是O型，紅血球表面沒有抗原，所以O型血可以輸給任何患者，因為輸入的血液不會遭到攻擊。正因如此，O型血又稱作「萬用血」，大多數血庫皆有貯存，方便在緊急時供血。

然而，若O型的人接受A型、B型或AB型的輸血，血漿中的抗體就會攻擊這些紅血球表面的抗原，導致紅血球黏在一起而破裂。紅血球的破裂不僅會釋放血紅素，還釋放許多其他化合物，往往會消耗體內所有的凝血蛋白，導致微凝血，進而阻塞肝臟和腎臟等器官的微血管，這稱作「泛發性血管內血液凝固症（disseminated intravascular coagulation）」，是非常嚴重的急症。

有項簡單的方法可以得知患者血型，即用一張檢測卡，上頭已含有抗體，分別放在三個小圓盤內。第一個圓盤含有A抗體，第二個圓盤含有B抗體，第三個圓盤含有Rh陽性或陰性抗體。只要將一滴血滴到每個圓盤上，我們就能確定病人的血型。A型患者會在第一個圓盤（A抗體）看到紅血球凝集，但第二個圓盤上不會有任何反應。檢查哪個圓盤有凝集的紅血球，就能知道血型。

我帶著阿馬爾去確認那名男孩的阿拉伯名字，接著翻遍了前一天晚上的垃圾桶，幸好還沒有清空。大約一小時後，我們找到了他的檢測卡，他的血已滴在含有抗體的圓盤上，所有的圓盤都無凝集現象，代表他是Rh陰性O型。又檢查了他接受的輸血血型，我看了大為驚嚇，因為男孩被輸入了兩個單位的AB型血。我發覺，無論當初是誰檢查血品，想必誤以為凝集現象代表血液相容，而非不相容。這也是為何當時送血有所耽擱——醫檢人員沒搞清楚狀況。

這名可憐男孩可能出現了最嚴重的輸血反應，不僅接受了兩個單位的AB型血，還接受了數單位的O型血。若只輸注O型血，他就會沒事，而不會蒙受所謂ABO血型不相容的後果，導致出血無法控制。

男孩居然因為如此單純的錯誤，在我眼前奄奄一息，令我極度難受，覺得自己得負起全責。若我當初沒有出現，就不會有那個手術，後來他也不會死去。他父親眼中的痛苦令人不忍卒睹，阿馬爾用阿拉伯語跟他說著話，我只能握著他的手，看著他崩潰大哭，卻又勉力維持尊嚴，令人不捨。我們一語不發地開車回到M1。我進了房間，儘管阿馬爾努力安慰我，說這不是我的錯，我依然痛哭失聲。

我想自己的反應是在這場可怕的戰爭中，目睹各種挫敗後累積的情緒：年輕人被無情的狙擊手射殺，缺乏經驗的醫院人員試圖在惡劣環境中盡力而為，但難免會犯下致命的基本失誤。我感到非常難過，心想差不多該回國了。這場悲劇對我來說太過沉重。若此事發生在英國，勢必會引發一場曠日費時的訴訟，甚至會被安上過失殺人的罪名，還會有人被送進監獄。英國國家健保局有許多制衡機制，以避免類似事情發生，但在國內外仍有許多案例是人為疏失導致死亡。身處戰區並不能免除我們的責任，我終生都將背負著這份內疚感。

阿馬爾的看法是，若我真的回家，他會跟我一起回去，但他也強調，我們實際上應該留在阿勒坡，盡可能救治更多傷患。這次手術對參與的醫療人員來說，都是一次學習經驗。只是非常遺憾的是，有時學習不得不來自這類刻骨銘心的大錯。

阿勒坡第一場惠普氏手術

儘管發生了這些悲劇，當地醫療技術確實有進步。我現在跟所有的外科醫師都很親近，也很喜歡他們的陪伴和同袍情誼。這就像在利比亞一樣，能跟當地外科醫師合作、傳授相關手術知識，而不只跟其他外籍志工來往，是令人開心的轉變。我們一起生活，一起吃飯，一起工作，所有手術室的氣氛都非常和諧。我發覺，由於自己比大多數同事都年長得多，儼然成為他們的導師，甚至類似父親的角色。他們不分日夜，隨時都可能打電話來求助，此時阿波・阿卜杜就會開著救護車接送我們。他單手放在方向盤上，另一手拿著香菸，大腿撐起一把AK－47步槍，一路高速駕駛，狂按喇叭，在不同的醫院和手術室之間穿梭。有時我會親自開刀示範，有時單純給予步驟上的建議。我們的抱負愈來愈大。在多數戰區中僅能得到傷口包紮的患者，來到這裡都能接受大型手術。

外科醫師愈來愈擅長處理槍擊造成的動靜脈傷口，同時也大幅提升了對損傷控制手術的認識，並在進行大型手術前，穩定患者狀況，維持適當體溫，以為他們爭取更多時間。大多數立即救命的手術可能僅需要四十五分鐘或一小時，而非在手術室花上好幾小時開刀，因為患者可能沒有足夠的體力撐過去。等患者脫離險境，我們便可以把此時已穩定的患者送回手術室，在較沒壓力又受控的環境中進行手術。這是更有效的手術方式，而這些醫師很快就見證其效益。不久，患者不再經常死於嚴重外傷，傷重不治的患者相當罕見。實際上，令人難以置信的是，在二〇一三年九月的三週內，整個阿勒坡沒有任何到院的患者死於槍傷。

我們愈來愈大膽，有次一名腹部中槍的十四歲男孩被送進Ｍ１醫院，我和阿布・阿杜拉決定冒險嘗試一項極其棘手的手術。所有其他外科醫師都在旁觀摩。一顆子彈穿過了男孩的十二指腸和裡頭的胰臟頭部，也毀了他的右腎。十二指腸的這段包括總膽管和胰管，統稱為「壺腹（ampulla of Vater）」，英文來自一七二〇年首度描述該部位的德國解剖學家亞伯拉罕・維特（Abraham Vater）的名字。

胰臟不僅製造胰島素，還製造酵素進入十二指腸幫助消化食物。若壺腹受損，胰液就會離開導管，轉而消化周圍的組織，膽汁也會進一步滲出，讓情況惡化。最糟糕的是，若壺腹完全遭破壞，患者就會死亡，除非進行一項稱作「惠普氏手術（Whipple's procedure）」的胰十二指腸切除術。

阿布・阿杜拉轉頭問我：「如何？」

胰十二指腸是人體數一數二難處理的部位，受到外傷尤其如此。儘管進行了積極的外科干預，即使是處理傷患經驗豐富的外傷中心，患者仍很可能引發併發症，得長時間待在加護病房，還有大約百分之五十的死亡率。然而，若我們見死不救，男孩必死無疑。

所幸那天並不忙碌。我問阿布・阿杜拉我們還剩多少血。「大概十個單位左右吧。」他回答。我從未針對外傷進行惠普氏手術，距離上次做惠普氏手術大約有二十年，當初是為了切除胰臟頭部的腫瘤。開始前，我檢查了一下電腦，看看我是否有把手術資料存在硬碟內。幸好，我有次拍了幾張卡梅隆所著《外科手術圖譜》（*Atlas of Surgery*）中惠普氏手術的照片，照片仍然在硬碟裡。我看了幾次手術步驟，包括切除胰臟頭部、十二指腸、胃和膽管，並將錯綜複雜的剩餘部分，跟許多連接處結合起來。只要任何接合處外漏，他就會死。手術進行了八小時，這項消息逐漸外傳，手術室內慢慢擠滿了前來觀摩學習的外科醫師。

我們完成所有接合處後，剩下一個腫脹無比的腸子，已不可能再塞回腹部。我把用來修補切口疝氣的「組織結構分離術（component separation）」加以改良，將腹壁一側三塊肌肉之一分開，好在前腹壁提供更多彈性，使得腹壁可以延伸長達七公分，若腹壁另一側也如此，就可以多爭取十四公分的空間。這項技術至今我使用過很多次，非常適合，當時正好派上用場。不可思議的是，手術進展得很順利。男孩從手術台上被抬到輪床上送往加護病房時，我們紛紛鼓掌歡呼。

第二天，我和阿馬爾懷著忐忑不安的心情前往探視，看看男孩是否撐過前一晚。令人寬慰和慶幸的是，那名男孩正坐在床上，詢問是否可以喝點東西。兩天後，他離開了加護病房，回到一般外科病房。隔天，他大吃了一碗鷹嘴豆泥和麵包。我們幫他移除了引流管，第六天就讓他出院回家了。令人難以置信的是，一週前死亡率百分之百的男孩，居然成為阿勒坡唯一一名接受過惠普氏手術的人。這項書中數一數二複雜的外科手術，我們的成功率說是百分之百也不為過。

傳承與成就感

那時，我也在M1的一個小診間看門診，診間跟急診部隔離開來，因此沒有人看得到我進出。每天早上，我都會跟阿馬爾在那裡坐上數小時，遭受各種外傷的患者都會被帶進來看診。其中很多傷患需要整形手術，所以我很欣慰，整形外科醫師阿布・沃席姆十分熱衷於向我討教。有些患者的手臂和腿部都受重傷，骨頭外露，還有些患者的皮膚和肌肉有大片傷口，需要妥善包覆患處。

阿布・沃席姆剛剛完成基本的外科訓練，迫切希望建立起身為整形外科醫師的招牌。他觀摩過很多手術，但自己並沒有參與很多。我們大部分的工作都是簡單的外傷手術，除了幫助那些零星的燒傷患者，他沒什麼機會真正專注於「整形」。我決定幫他一把，提議若有任何重建手術需求，我很樂意從旁說明。

我們每天通常會接到十二至十五個槍傷患者，儘管籠罩在此恐怖陰影下，阿勒坡人民仍在努力恢復正常生活。但設備會壞，儀器也會故障，往往需要臨機應變。醫院附近有名工程師擁有自己的車床，設法到處撿拾金屬碎片來修理壞掉的車輛。他的修車技能優異，因此夜以繼日地工作，維持阿勒坡城東的交通系統正常運轉。有天車床壞了，他把兩隻手伸進機器以旋緊深處的一個螺母，想必因此碰到了開關，因為車床忽然啟動，他的左手從手腕硬生生被扯斷，右手也被絞得血肉模糊。

我當時在M1頂樓喝咖啡，正朝下面的街道望去，突然看到一輛汽車猛然停下，發出尖銳的吱吱聲。工程師衝了出來、跑向醫院，雙臂都在噴血。我馬上下樓衝進手術室。我們迅速在他的上臂綁了止血帶，但他實在疼痛難耐，馬上進行麻醉才是最仁慈的作法。他安全進入麻醉狀態後，我們對他的傷口進行評估。他的左臂嚴重損傷，必須截肢。他慣用的右手則需要急救，僅剩下拇指、食指和半個中指，其餘指頭和半條前臂都沒了。

我和阿布・沃席姆切除了他的左前臂，然後小心翼翼地針對剩餘的右手清創。由於他喪失肌肉組織、骨頭與肌腱暴露，肯定需要遮蓋患處，但當時並不適合這麼做。我們需要一步一步來：包紮傷口，再動幾次手術切除更多壞死組織，同時施打抗生素，藉此消除任何可能的感染。接下來幾天，他比較有力氣了，右手拇指和食指也略能活動，是時候包覆傷口了。

我問阿布・沃席姆是否做過鼠蹊部皮瓣移植手術，即從鼠蹊部移植一塊皮膚，面積略大於一隻大手的掌心和手指。該皮瓣是由股動脈的旁支供應。皮瓣仍與動脈相連時，將皮瓣拉起，再把受傷的手固定於鼠蹊部上方，便能加以包覆。一旦皮瓣到位並跟剩餘的手部縫合，就在該處靜置三到四星期，直到手部血液進入皮瓣循環，此時該皮瓣便可以跟鼠蹊部分開，好讓整隻手包覆在皮膚內。

阿布・沃席姆臉上滿是喜悅，他終於要進行大型整形手術了。現場大約有十五名阿勒坡的外科醫師觀摩，我跟他說明鼠蹊部皮瓣移植手術，雖然花了些時間，但看著他仔細地切開、移動皮瓣，可謂一件樂事。考量到該名工程師的傷勢，我們得在他的骨盆和前臂使用骨外固定器，避免右手和手臂移動。

資淺外科醫師在資深同事督導下完成困難的手術，都會帶來一股難以言喻的特殊成就感，但阿布・沃席姆看起來樂不可支。無論過去經驗為何或目睹過什麼場面，這次手術他做得漂亮，足以讓他在未來倍感光榮與自信。

當時是十月中旬，我在阿勒坡的日子即將結束。阿馬爾決定再待三個月，但表示會陪我回土耳其後再回來。我離開的前一晚，醫院所有人員舉辦了一場歡送會。我在阿勒坡共事過的人都來到M1，音樂、歡笑和舞蹈持續了整夜。

驚險的最後一里路

隔天一早，所有醫師都早早地排隊給我送行。我擁抱完每個人後，含淚道別，但答應一定會回來。穆罕默丹博士開車，我和阿馬爾跟車隊出發，沿著卡斯泰洛路向北前往阿特邁邊境。一路上，我不禁想到自己這陣子經歷的奇幻之旅。與我共事的年輕內外科醫師，可能是我見過最傑出的一群人。其中不同專科的醫師接受了我的培訓。阿布・侯賽法如今擅長治療大多數的動脈損傷，可運用一切現有技術來改善血液供應，避免截肢。阿卜杜拉齊茲成了阿勒坡的胸腔暨心臟外科醫師，懂得打開患者胸腔，在必要時縫合心臟。阿布・阿杜拉成為阿勒坡能力最強的一般外科醫師。阿布・沃席姆則繼續加強重建手術專業。當然，還有很多其他學生，我無法一一提及，但教學是不可多得的樂趣，我也很欽佩他們的能力。這些外科醫師將繼續去教其他醫師，讓學習永不止息。

我們一路順風，後來來到一段長十五公里的道路，剛好穿越ＩＳＩＳ控制的地區。此時，我們已十分了解極端分子的情況。距離ＩＳＩＳ大本營阿扎茲三公里時，休旅車其中一個輪胎爆了。我們紛紛下了車，護送人員持槍站在附近偵察。幸好，後車箱內有一個備胎，但還少了千斤頂。我們沒多加思考自身的安危，六個人抓牢車子就用力往上抬，穆罕默丹醫師則設法換輪胎。

忽然，阿馬爾叫我回到車內。一輛小貨車向我們駛來，後頭飄揚著黑色大旗。貨車上滿載ＩＳＩＳ戰士，逐漸靠近我們休旅車一側，我躡手躡腳地從另一側上車。我望向車窗外，其中一人向穆罕默丹醫師質問我們的來意。阿馬爾迅速走到車旁，小聲叫我躲起來。我謹慎地向下滑到後座地板，努力用腳墊或任何找得到的東西蓋住自己，內心驚嚇不已。然後我感到劇烈震動，車子晃了一下——抬車的人減少，車身自然就往下掉。所幸，穆罕默丹僅受輕傷，這也轉移了ＩＳＩＳ這夥人的注意。他們懶得檢查車子，我則躲了大約一小時，直到輪胎換好才出來。我們得以繼續前進，及時在阿特邁邊境關閉前安全通過。

回到土耳其後，我感到如釋重負。鐵絲網的一邊生活平靜如常，另一邊卻是全面內戰，這再度衝擊著我的內心。不過兩小時，我和阿馬爾已在一家舒適的飯店洗土耳其浴，彷彿先前一切都沒發生過。他返回阿勒坡前，我們擁抱道別，我說很快就會再度相見，因為我肯定會回來的。

10

救命繩

我真的看到太多身負重傷的孩子了，不忍心又看到這樣的孩子，自己卻若無其事地旁觀。陪在她身旁是毫無意義的行為，根本抵抗不了那些戰爭販子，但我也不可能見死不救。

主流媒體關注阿勒坡情勢

我帶著複雜的情緒回到家，一方面感到極為振奮，對敘利亞的未來出奇地樂觀，覺得ＩＳＩＳ的極端基本教義不會在該國生根發芽，仍然期待國際社會能更有作為；我也很高興能協助培訓和教育這些勇敢的外科醫師，他們將繼續幫助不幸的敘利亞人民。

另一方面，我也義憤難平，這場衝突中毫不遮掩的不公義，以及老百姓平白無故成為自己政府的目標。的確，反對派內部，從溫和的親民主派到強硬的伊斯蘭派，是許多利益相左的大雜燴。但那些孩子呢？一味舉著「不支持就是反對」的大旗，這要孩子如何是好？

我決定分享那則孕婦肚內胎兒遭射擊的可怕故事。慕尼爾也希望我接受新聞訪問，談論敘利亞北部惡化的局勢。然而，由於對媒體經營方式缺乏經驗，我不小心讓電視新聞把焦點轉移了。我提到狙擊手愛玩的駭人遊戲，說他們擊中身體特定部位會有獎勵。想當然耳，這就成了新聞焦點——不是受害者的困境，也不是可怕的傷亡人數，而是狙擊手的遊戲。我對慕尼爾也深感抱歉，因為沒有機會在訪問中討論「解救敘利亞」的工作，他們在當地為敘利亞平民的奉獻之多，其他組織都望其項背。

幾天後，我接受了《泰晤士報》的專訪，想提出平民成為攻擊目標的問題，而且要用對的方式帶入討論。我也意識到，再怎麼具說服力的證詞，也有可能被聳動的照片所掩蓋。其中一張是孕婦近足月胎兒的Ｘ光照片，卡在胎兒頭部的子彈清晰可見，至今依然是我見過數一數二駭人的照片。

我先跟該報記者討論這則報導，又跟慕尼爾商量了一下。也許我們應該公布這張X光片。這實在令人不忍卒睹，說不定能震驚全世界，進而關注阿勒坡當前的局勢，同時向聯合國施壓，要求各國盡力阻止戰爭。由於我當時是替「解救敘利亞」工作，認為他們握有決定權，他們後來也同意了。二〇一三年十月，《泰晤士報》在頭版刊登了這張照片，標題是「阿薩德的狙擊手瞄準未出世胎兒」。

我很欣慰這個故事能公諸於世，但也再度把這場戰爭描述得很聳動，而真正重要的資訊，即阿勒坡平民處境有多悲慘，反而退居第二位。不僅如此，當時這張照片的真偽還引發了爭論。雖然我也有一張胎兒的照片，當時我們剛從產婦子宮接生，照片中可見到顱骨上的槍傷，但後續報導都聚焦於照片的真偽，以及我的證詞是否屬實，而不是阿勒坡人民的命運。

但我沒有放棄。幾週後，我獲得BBC時事節目《HARDtalk》的邀請，接受史蒂芬・沙克專訪。這次，我有機會更詳細地談阿勒坡的局勢。我設法傳達身在前線的感受，包括每天都得處理重大傷亡，以及缺乏國內習以為常的資源和後援，要保住傷患的性命有多困難。我們討論的範圍很廣，我談到有需要在聯合國的保護下，建立人道走廊，以提供援助和糧食給敘利亞平民，他們往往遭敘利亞政權切斷對外聯絡的管道，或甚至被叛軍圍困。我擔心，敘利亞可能成為全球人道災難最嚴重的國家。當然，遺憾的是，這些問題無論過去或現在都難以解決，但這次能談論敘利亞真正面臨的問題，未嘗不是件好事。

兩週後，「解救敘利亞」邀請我參加一場大型募款晚宴。令我訝異的是，我居然是當晚的焦點。我從未想過會有幾十個人要我的簽名。在敘利亞的同事製作了一段感人的影片，重現我在當地的醫療工作，其中包括許多來自病人和醫生的由衷感謝。我真的感受到他們的愛，我也愛著他們。

但在光榮與滿足的情緒中，我感到有些飄飄然。我回國後，就立即重拾英國健保局的工作，幾乎向來都如此——我鮮少在海外任務結束後休假，感覺直接回去工作更為輕鬆。

班機延遲的聖誕夜

我繼續照常工作，但感到不大對勁。我在阿勒坡的經歷非比尋常，無論是我在當志工的期間，還是教學留下的貢獻，都促成了非常明顯的改變。在倫敦，我操刀的手術很多醫師也會，表現可以一樣好，甚至更為優秀。在英國，我可能一個月只救一條人命，但在敘利亞一天就能救十條人命。那我待在英國幹麼？

那時對我來說，「家」這個概念相當簡單。那座俯瞰泰晤士河的小公寓，對面就是倫敦直升機停機坪。我沒有家人，父母都在幾年前去世了，沒有其他親戚，也沒有女友。我的手頭拮据，因為很多收入都用於海外醫療工作。我早就不懷抱夢想，甚至可說一無所有，也沒有特別想跟誰在一起。我發覺，自己只有參與海外醫療團時才活力十足、倍感充實。我開始認真考慮結束在倫敦健保局的工作，全職到國外工作。這並不是純粹的利他主義。我很清楚這之所以吸引我，部分是因為出於自私的渴望，以及冒險帶來的刺激。

回到倫敦要重新適應也愈來愈難，而我得處理的「第一世界問題」則愈來愈多。有時我只想對人們大喊：「省省吧！你認為這稱得上問題嗎？」

二〇一三年的聖誕節過得十分淒慘。其實，我本來希望完全避開過節，因為我接下國際紅十字會的任務，緊急前往中非共和國班吉幫忙，當地基督徒和穆斯林正爆發宗派衝突。但過程簡直一團混亂。我本來要從巴黎轉飛中非，天候狀況卻太過惡劣。聖誕夜當晚狂風呼嘯，我們好不容易才到達戴高樂機場，足以證明飛行員技術有多高超。

我們在聖誕節那天凌晨兩點左右抵達法國，我準備在候機室座位上過夜，等待上午九點轉機。一位機場人員聽了我的計畫大笑，說隔天早上不會有飛機起飛，於是我在機場旁一家旅館訂了房間，決定靠著房內的小冰箱借酒消愁。我在凌晨四點左右昏睡過去，卻在幾小時後被飛機起飛的聲音吵醒。想必是鋒面通過了，或大概強風正沿著跑道吹。我大吃一驚，馬上衝往法航的報到櫃台。一位地勤女士表示，我太晚來了，無法趕上往班吉的航班。我說自己替紅十字會工作，懇求她讓我登機——此時登機門還開著。但她帶著高盧人招牌的冷漠拒絕我，說我得搭下一班了，要等上一星期。不管我怎樣強烈地抗議，她都不願意讓我上飛機。

我致電紅十字會的外科主任哈勞德．維恩，為這次的烏龍表達誠摯的歉意，再訂了當天稍晚到喀麥隆最大城杜阿拉的機票，在大約十六小時後抵達杜阿拉。儘管知道有從杜阿拉到班吉的航線，愚蠢的是，我沒有確認是否還在營運。我到杜阿拉時，班吉的戰鬥愈演愈烈，許多人在機場內外避難，所有入境航班都被取消了。不過，情況隨時都可能發生變化，因此有人建議我在轉機休息室等待。

我接連四天聖誕假期都在乾等，坐在塑膠椅上與另一名坐在塑膠椅上的男子對看，只有我們兩個人在休息室，其他人都出去度假了。他似乎對我非常感興趣，一邊嚼著檳榔，一邊用銳利的眼神盯著我。我試圖跟他搭話，但他不會說英語或法語（或威爾斯語），我也不會說班圖語。他只是單純瞧著我。

到十二月二十九日，我再也受不了了，搭上了一班飛往巴黎的飛機，然後從巴黎飛往倫敦。抵達倫敦時，我覺得自己真是可悲，但剛好收聽到先前訪問我的廣播節目，主持人是BBC廣播四台和艾迪．梅爾。

我當初對這場專訪有點猶豫——我對身兼記者與電台主持人的艾迪．梅爾十分敬重，擔心達不到他的期望。我曾經聽到過他在節目中大力抨擊政治人物，說這些人八成是活該。我擔心，他同樣會把我批得體無完膚。因此在兩週前，我帶著些許忐忑不安的心情，騎車到他在BBC的辦公室見面。結果感到賓至如歸。這也是讓外界了解敘利亞當前局勢的方式。

我也能告訴聽眾，自己腦海中揮之不去的畫面背後的故事。有天，我看到一名大約十五歲的男孩胸部中槍，躺在急診部的推床上死了，一頭濃密的黑髮梳得整整齊齊。雖然他死了，臉上卻掛著大大的笑容。那段時間醫院裡忙得不可開交，不斷有患者被送來急診，我卻一直想著男孩的臉，有時甚至無法集中精神。為何他在笑呢？是因為他或家人經歷的痛苦如今結束了嗎？還是在嘲笑我們的處境有多瘋狂？我永遠也不會知道了，但偶爾夜晚輾轉難眠時，男孩笑著的模樣會浮現在黑暗中，讓我想起那段日子。

內憂外患

春天接近尾聲時，我終於成功前往班吉。那時，最激烈的戰事已然結束，只有零星的交火。病房內有些病例很值得研究，例如一名男子患有典型破傷風。在英國，破傷風只在醫學教科書上看得到，但這名男子因為破傷風梭胞桿菌（Clostridium tetani）從傷口進入血液，導致肌肉出現破傷風痙攣。突然牽動肌群，可能導致該肌群及周圍肌群痙攣。面部抽搐的醫學術語是「痙笑（risus sardonicus）」，即一種典型的輕蔑笑容。這個症狀可能致命：若呼吸肌出現痙攣，部分患者可能會缺氧而死亡。治療方法很簡單，就是施打解痙劑和鎮靜劑，然後靜觀其變。許多病例需要進一步的治療，而我大部分時間都在針對手術併發症重新開刀。

除了醫院外零星的衝突外，我要面對的大都是院內外國醫療人員之間的衝突。有時團隊極為優秀，所有人都能發揮團隊精神；有時……就沒那麼好運了。有次，一名年輕男子因大腿受槍傷入院。子彈穿過了淺股動脈和靜脈，他絕對需要立即開刀，否則就會失去大腿。這是相當簡單的手術，需要控制動脈和靜脈，把受損部分切出，再用另一條腿的靜脈或靜脈補片繞道。

然而，同樣是外國人的麻醉師拒絕進行麻醉，因為她不同意我的方法。正如我先前的原則，我們可以持不同意見，我也完全願意討論困難的病例。但麻醉師變得激動起來，拒絕聽進任何論點，只站在我面前大吼大叫。我拚命克制自己，找來另一位麻醉師。但即使如此，還是聽得到那位麻醉師在隔壁房間向別人連聲抱怨。這一切鬧得很不愉快，甚至到了早上，男孩在手術成功後逐漸康復，她仍對此頗有微詞，巡房時流露出對我的不屑，說那個手術無比愚蠢，男孩理應接受早期截肢，時間終究會證明她是對的。三天後，男孩便出了院，手腳完好無缺。

說也奇怪，當地局勢如此嚴峻，與同事的衝突卻是壓力最大的時刻。這類情事不斷縈繞在腦海中折磨我。很難說誰對誰錯，就人類行為而言，有時根本就沒有正確答案。幾天後，我們在餐桌上討論到這個問題時，麻醉師仍然認為我開錯了刀。在這類短期任務中，團隊互動氣氛至關重要，此種摩擦會破壞單位的正常運作。她的觀點是，感染在當地非常普遍，假如移植遭到感染，男孩可能真的會失去大腿。但這並不能合理化進行早期截肢，進而毀掉患者的一生。在接下來的任務期間，我們再也沒有交談，也沒有一起工作，就像操場上玩耍的孩子一樣，我們在醫院走廊上會躲著彼此。

二〇一四年五月初，我從中非共和國回到英國。一如往常，幫助別人的收穫滿滿，但跟同事處不來讓這趟經歷變了質，也因為不能從事任何教學工作而深感沮喪。這次我一直在與其他國際志工合作，而不是當地人。

我重新開始了英國健保局的工作，忙到沒時間思考自己的事。在去非洲之前，我還在英國皇家外科學會教授外傷手術必備知能課程，在去非洲前也開設了嚴峻環境外科訓練課程。我還有兩個月左右能準備八月的下一期課程，同時也在討論當年稍晚跟「解救敘利亞」一起回敘國。生活充實不已，但也莫名地空虛。

幸虧有了智慧型手機，我可以在倫敦街頭邊騎自行車，邊聽音樂或收音機。BBC的《今日》（*Today*）是早上必聽的廣播節目，我也盡量不錯過《PM》。聽著晨間與晚間新聞快報，我知道隨著以色列和巴勒斯坦之間的衝突日益逼近，中東局勢果然再度開始升溫。

「你們真的很需要好運」

自從二〇一三年年中，連接加薩與南方鄰國埃及的合法隧道遭到關閉以來，加薩走廊的生活條件明顯惡化。被以色列和美國視為恐怖組織的哈馬斯，在二〇〇六年贏得選舉後接管加薩。他運用這些隧道走私武器、建築材料、燃料和消費性商品，企圖繞過其掌權後，以色列政府進行的陸海封鎖。埃及的穆斯林兄弟會失勢後，埃及軍方也強加取締這些隧道，擔心加薩走廊的武器設備流向在西奈半島北部活動的伊斯蘭民兵，因為當時他們已殺害了數十名埃及警察和士兵。關閉隧道對加薩產生一連串衝擊：由於燃料供應缺乏，導致當地唯一的電廠被迫關閉，造成嚴重的問題。

二〇一四年四月底，由美國居中斡旋、歷時九個月的和平談判破裂。五月，兩名巴勒斯坦青少年在約旦河西岸跟以色列軍人發生衝突，因而遭到殺害。六月十二日，三名以色列青少年在約旦河西岸被哈馬斯綁架（後來慘遭撕票）。以色列發動了軍事行動設法尋找這些男孩，逮捕了數百名哈馬斯成員，加薩走廊的哈馬斯武裝分子則以火箭砲回擊。七月二日，一名東耶路撒冷的十六歲巴勒斯坦少年，在自家附近遭以色列極端分子綁架，隨後被活活燒死，只為了替死去的以色列少年復仇，而這又引發了更多的暴力抗議示威。

我一邊聽著新聞，一邊騎車穿越海德公園，前往聖瑪莉醫院時，聽到又有七名哈馬斯民名在以色列的空襲中喪生。為了以牙還牙，四十枚火箭砲從加薩走廊發射，空襲以色列南部城鎮。隔天七月八日，以色列與加薩的戰爭展開，以色列稱作「保護邊陲行動（Operation Protective Edge）」，宣稱要阻止加薩走廊對以色列發射火箭砲；相對地，哈馬斯的目標是向國際社會施壓，以解除以色列對加薩的封鎖、停止以色列的進犯、爭取獨立第三方來監督和確保停火落實，以及釋放巴勒斯坦囚犯，化解政治孤立的局面。這場戰爭牽連甚廣。但從人道主義的觀點來看，對雙方的平民來說都是嚴峻的處境。

當時，觀看電視新聞只會令人神傷。加薩走廊的武裝團體不分青紅皂白地發射火箭砲，以色列對平民發動攻擊，罔顧國際人道主義原則。砲擊的強度、巴勒斯坦平民的傷亡人數，以及基礎建設遭到的破壞與日俱增。

戰爭開始一週後，我的手機響了，是國際紅十字會打來的，問我是否願意去加薩。傷亡人數每小時都在增加，亟需緊急的外科手術奧援。想都不用想。我打了電話給幾家醫院的主管，對於我要馬上離開，他們欣然表示同意。當天，我搭上往特拉維夫的飛機，再轉飛東耶路撒冷聽取簡報。

自一九六七年以來，國際紅十字會就在加薩保護平民，同時探望被關押在以色列和巴勒斯坦拘留所的人，並且跟姊妹組織「巴勒斯坦紅新月會（Palestinian Red Crescent）」密切聯繫，紅新月會負責管理加薩的救護車。在二〇〇八年的戰爭中，國際紅十字會的外科團隊對外科醫療設施產生巨大的影響。那次之後，我是首位前往當地提供實質協助的紅十字會外科醫師。

任務團團長向我做了簡報，他顯得異常關切，再三地問：「你知道這會很危險吧？國際紅十字會派出的志工難保不會有傷亡。你真的想去嗎？」他煞費苦心地指出，他們會盡最大努力維護我們的安全，但無法提供任何保證。當地局勢非常危險。

我這輩子已經冒過很多險，目前為止都能毫髮無傷。當年稍早在班吉時，我根本沒有想過人身安全，宵禁之後還會出去散步，絲毫不在意佩槍的士兵與帶有敵意的眼神。我全都親眼目睹過，也僥倖全身而退。這只是另一場賭博罷了，而且值得一賭。我想全心投入戰地工作，治療迫切需要幫助的人。這就是我的人生，雀躍的心已在劇烈跳動。唯有戰地醫療工作讓我有活過來的感覺。

隔天一早，我們離開東耶路撒冷，大約上午八時抵達埃雷茲邊境出入口（Erez Crossing），一路上經過大約二十輛以色列裝甲坦克。我們離開國際紅十字會的車輛，準備接受檢查哨的盤查時，我才驚覺我們一行人穿得多寒酸：身上都穿著不起眼的衣服，只有國際紅十字會的粗大衣，正面和背面印著紅色十字保護我們，相較之下，以色列士兵全副武裝，盔甲直到膝蓋，戴著堅固的頭盔、護目鏡和口罩。那天，他們正要展開地面作戰，情勢只會更加惡化。

大約兩小時後，我們才通過檢查哨。令我驚訝的是，從加薩方向過來的人當中，我認出了一名海地的同事。她看上去驚魂未定，說自己才在加薩待了一星期，就已覺得宛如人間煉獄。她幾近自言自語地納悶著，究竟為何會有人想去那裡。她的精神耗弱，幾乎快要抓狂。我真的很擔心她。

遠處的加薩有濃煙裊裊升空。沒多久，許多火箭砲朝我們飛來，但全被以色列的防空系統「鐵穹（iron dome）」攔截。這套系統能摧毀約七十公里內的短程火箭砲、砲彈和迫擊砲，實在是不可思議。火箭砲越過邊境時，雷達會加以追蹤，再由高級軟體預測火箭砲的軌跡。這項科技能引導地面發射的攔截導彈摧毀火箭砲，這個景象異常地壯觀。我看到從加薩發射的火箭砲，後面跟著一條白煙，接著在埃雷茲出入口上空，砰一聲突然消失，被炸裂成數百塊。但當然，加薩就沒有這種保護系統。

最後，我們獲准通過，進入類似機場休息室的地方，裡頭還有空調抵禦外頭的酷熱。我們再度接受同樣的護照檢查、身分確認、入境原因等等，又過了兩小時才得到進入加薩的許可。但旅程本身就是件苦差事，得驅車穿過兩百公尺的減速彎，沿途矗立著巨大的鋼製車阻，接著來到下一個區域接受更多檢查。在最後一座檢查哨，守衛從防彈玻璃內瞧著我們，對著擴音器說：「祝好運囉，你們真的很需要好運，一群瘋子。」

通過長長的減速彎後，最後一道金屬路障開啟，我們可以看到通往加薩城的筆直長路。我們緊張緩慢前進，而左邊的籠狀走道空盪盪的，聽說以往人潮擠得水泄不通。我們待會要進行換乘，也就是跟另一輛車子上的乘客交換，他們即將要離開加薩。我們必須在道路中央、眾目睽睽之下換乘車輛，好讓哈馬斯與以色列雙方確認沒有維安疑慮。我們迅速換了車，繼續沿著道路行駛，兩旁是一棟棟被炸毀的民宅。這一趟實在令人毛骨悚然。

前往國際紅十字會總部的路上，我們都處於沉默之中，氣氛十分緊張，直到司機收到一條手機簡訊告訴他靠邊停車。原來，當時準備進行空襲。戰鬥機從我們頭頂上震耳欲聾地飛過，接著傳來炸彈落下的轟隆聲。大約二十分鐘後，空襲結束，我們才繼續上路。

抵達加薩市中心時，我原以為大家都會找地方躲起來，想不到街上有很多人走動。我們經過數分鐘前才被炸毀的民宅，此刻正熊熊燃燒，消防隊正在忙著撲滅火勢。幾輛巴勒斯坦紅新月會的救護車鳴著警笛，從我們身邊呼嘯而過，前往現場載運傷患。

在國際紅十字會總部，我們又聽取了一次簡報，我也認識了其他團隊成員。團隊很小：我是唯一的外科醫師，另有一位身兼麻醉師的急診內科醫師、數名護理師、維安、飲水暨衛生專員，以及名叫姬瑞利．克拉克的優秀女士，負責所有巴勒斯坦紅新月會的院前護理。她在以色列當局和哈馬斯都有人脈，直接管理紅新月會的所有救護車。她是紐西蘭人，壯碩的體格不輸黑人橄欖球選手。接下來數星期內，我滿懷欽佩地看她即使面對來自衝突各方的壓力，仍能站穩立場。

我被安排在市內西法醫院，很快就上工了。有時，我在國際紅十字會團隊的協助下獨自操刀，但更常跟當地外科醫師合作。這是赤裸裸的戰爭外傷手術，主要治療炸彈爆炸造成的外傷。幾乎每天都有大量傷患事件發生，一次接到六、七十名因為空襲而生命垂危的患者也變得稀鬆平常。

四類爆炸傷害

從學術角度來看，爆炸傷害分成四種類型：第一類是炸彈爆炸時，最初衝擊波的傷害。瞬時爆炸產生的空氣衝擊波會以超音速擴散，隨著距離增加迅速消散。當衝擊波穿過人體時，就會引起肺休克，即肺內小血管相互爆裂撞擊，傷患就會大量內部出血而亡，但身上可能一點傷口也沒有，一切損傷害都在內部造成。

第二類是炸彈本身彈片，或遭炸毀建築物的瓦礫碎造成的傷害，我在敘利亞等地經常看到。

第三類是原始衝擊波產生真空，向外擴散時，後面區域瞬間充滿快速移動的空氣，就產生了所謂的「爆炸氣浪」，威力大到能騰空帶起一個人，用力甩到牆上或其他堅硬的表面，有時還會造成外傷性截肢，顧名思義就是斷臂或斷腿。至於第四類，則是炸彈造成的其他傷害，例如嚴重燒傷、落下瓦礫導致的壓砸傷。

我們的大多數傷患都是蒙受這四類傷害。更糟的是，遭感染的飛礫與泥土讓他們容易因為敗血症迅速死亡。爆炸傷的治療極其複雜困難，我們每天要治療多達六十名這類傷患，醫院人員莫不承受著巨大壓力。

醫院總是人滿為患，急診部有許多年輕醫師忙碌著，設法對剛進來的患者做心肺復甦，再迅速轉送到十二間手術室之一。若手術室像往常一樣沒有空位，外科醫師就會在地板上或推床上開刀。我經常不得不切除手臂和腿部的殘肢，有時位置十分棘手，例如位於胸肩的接合處。我穿著橡膠手套，拿起大剪刀與血管夾，夾起主要血管再迅速綁起。這些手術都並非在理想的無菌條件下進行，傷勢嚴重的傷患太多，每個外科醫師無論年資或經驗為何，都只能盡力治療面前的患者，也沒有時間幫助其他外科醫師，面前的患者一處理好，就會有另一名患者接替。

我極為佩服他們處理大量傷患的方式。通常在上樓去手術室之前，我都會站在身兼檢傷官的資深外科醫師身後，看著他決定哪些病例需要立即治療、哪些可以再擱置幾小時。老實說，這些決定很簡單，因為幾乎每個人都需要動大手術。

我們從早到晚都在工作，且受制於宵禁，我經常得在醫院裡。一般認為夜間往返醫院太危險，根據國際紅十字會的安全規定，醫院內任何人在一定時間後必須留在院內。同樣地，宵禁期間安全屋內所有人一律不得返回醫院。

在安全屋的夜晚，不時傳來火箭砲的轟炸聲，有時整晚都沒停止。而攻擊加薩的砲火似乎比從加薩發射出去的多出許多。同樣令人氣餒的是，我們躺在那裡，心想一批批傷患正被送往醫院，安全封鎖卻讓我們動彈不得。

某天深夜，大約凌晨一點，我的床鋪從地板上彈了起來，搖醒了我。離安全屋只有幾公尺遠的地方，發生了巨大的爆炸。我躺在黑暗中，不確定我們是否已被擊中。屋頂上有燈映照著紅色十字，表示這是紅十字會的住處，但這不能避免我們三不五時受到波及。

愈來愈多砲彈落下，撞擊聲也愈來愈近，爆炸間距愈來愈短，周圍街區似乎都被炸毀了。我跳下床，猛然打開保護窗戶的金屬百葉窗。眼前景象我從未見過：頭頂上看起來烏雲密布，不時透出探照燈的光亮，到處都是無人機，閃爍的紅燈透露無人機的位置。在無人機上方，戰鬥機環繞加薩上空，無差別地向城市開火。接著，突然一片寂靜，緊接著又是猛烈的砲火。

安全屋一下子鬧哄哄的，荷蘭維安主管跑來跑去，吼著要每個人進入碉堡。碉堡是混凝土建造的地下室，入口被團團沙包堵住。大約有十五人坐在裡頭，聽著外頭宛如世界末日的轟炸。我從未經歷過這般激烈的軍事行動，即使在伊拉克或阿富汗也沒有。碉堡裡許多人都在哭，但不是為了自己，而是為了那些被迫承受這種絕對恐怖的平民。牆壁在猛烈轟炸下吱吱作響，連灰塵都在衝擊波中顫動。

我記得自己盯著天花板，心想也許死期終於來臨。我真的覺得，自己很可能死在那裡，長眠於加薩戰爭紀念墓園。大約三千兩百一十七名參與第一次世界大戰的英國士兵也被埋在該墓園——一九一七年四月，當時為從奧圖曼帝國奪回加薩，造成許多英軍在戰役中犧牲。

但這並不是我最後長眠的首選。我早已挑好了自己的安葬地：跟父母一起葬在莫里亞山教堂墓園中的家族墓地，其距離卡馬森大約二十五公里，座落於一座偏僻的小山上，長年風大，周圍是高聳的樹木，其實還滿陰森的。躺在我父母兩邊的分別是曼古和達庫，以及一位難產過世的表親和她的孩子。那裡每個人跟我都有血緣關係，非常適合我長眠。

但我心想，加薩戰爭紀念墓園也沒什麼不好，甚至還滿浪漫的。我已能接受自己可能會死的想法，但也沒有人可以分享這個念頭，或聊聊即將到來的死亡。而且無論當時我多相信宿命，還是很難釐清思路。繼續努力代表著什麼？救多少人才夠呢？又有誰真的在計算？我目睹過太多死亡、太多駭人的景象了；只要腦袋正常的人，都不可能不受影響。

我們在碉堡內坐了一整夜，直到維安主管准許我們在早上七點半左右離開，我才拖著腳步回到房間。但我怎樣都無法入睡，一心想到醫院幫忙昨晚血腥屠殺後被送來的傷患。我換好衣服也打包好時，一張名片掉到地上，上頭是一名年輕女子的名字。我來加薩前跟慕尼爾一起參加的「解救敘利亞」的募款餐會，她也剛好出席，我們因此認識。她名叫艾莉諾，不過大家都叫她艾莉。名片上有她的電子信箱。我看著名片，發覺她就是自己想聊天的對象。我決定寫封電子郵件給她，反正是一時興起，若她無視郵件也沒有關係。但我得承認，雖然我們只聊過幾分鐘，她的確讓我內心小鹿亂撞。我迅速寫了一封簡短的郵件，說我覺得她是個很善良的人，只是想告訴她這件事。我現在仍舊不曉得自己這麼做的理由何在，也忘記當初對後續的期待，但是我按下傳送後便上工了。

逃還是不逃？

那天早上，醫院一片混亂。所有手術室都擠滿傷患，醫療人員根本沒有休息過。他們已筋疲力盡，但還有許多工作待完成。本來應該是恢復室的推床內擠滿了等著開刀的患者，有些已無生命跡象，有些則傷勢嚴重，需要緊急手術。

我四處評估患者傷勢、決定手術的先後順序，此時遇到了一名貌似七歲的女孩。她獨自躺在角落，臉色發灰，乍看之下我以為她死了。我檢查了她的生命跡象，氣管暢通但呼吸很淺；又檢查她的下眼瞼內側，看看是否貧血，結果顏色極為蒼白，可見她已大量失血。我又摸了摸她的手腕——橈動脈脈搏微弱不穩，血壓很低。沒有人詢問她的傷勢，所以我小心翼翼地拿開蓋在她身上的毯子，看起來她受到爆炸傷，左臂有個繃帶包紮的彈片傷口。我快速地看了看繃帶下面，發現手肘前方有大片損傷。我觸摸著她的左橈動脈，沒有任何脈搏。她的手臂動脈想必受傷了，得立即進行血管重建。而且還不僅如此，她的小腸此刻正掛在體外。這名小女孩已奄奄一息，需要馬上進手術室。

我很快地把全部的手術室巡了一輪，看看哪間可供我使用。在一間手術室中，外科團隊進行的截肢手術正在收尾，我問他們能否讓我使用來替女孩開刀。意想不到的是，那位即將離開的外科醫師說：「請便。」我想他大概累壞了。紅十字會麻醉師是名優秀的義大利人，名叫毛洛・托雷。我們把女孩推進了手術室，幫她做好術前準備。我跟刷手護理師說，需要血管手術包和一套外科儀器。他立刻跑到其他手術室拿各項器具，湊齊需要的用品。

我看著女孩在麻藥效力下沉沉睡去，便走到手術院的角落刷手。助手繫好我的手術袍時，外面一片騷動。眾人驚慌地跑來跑去。忽然間，手術室的門猛然打開，進來的是醫院維安主管。

「剛剛得到情報，醫院在五分鐘內會遭到砲擊。全部人都給我出去。」

幾天前，我在加薩市中心另一家醫院時，一枚飛彈擊中醫院，射穿加護病房，造成部分患者和醫療人員死亡。看起來有人跟以色列通風報信，宣稱部分醫院窩藏哈馬斯武裝分子，才會被視為攻擊目標。

刷手護理師的緊張全寫在臉上，我把左手伸進手套中，然後再把右手伸進另一隻手套內。手術室的門又再度打開，這次是國際紅十字會的維安主管，他命令我們馬上離開。手術室內其他人開始直直往門口走，跟走廊上其他人員一起火速離開醫院。

維安主管開始對我和毛洛咆哮：「你們還不快走！立刻！馬上！」

這時小女孩已沉沉睡去，靠著呼吸器維生。她的樣子很可憐，腸子從腹壁的傷口垂掛出來，胸部、手臂和腹部都有碎裂傷。我看了看她的血壓監測器，收縮壓大約六十。我們等於要把她留在手術室裡，赤身露體，體溫愈來愈低，而且體內仍在流血。無論有沒有空襲，她所剩時間不多了，而且是以分鐘計算，不是以小時計算。

此時，其他人都已離開了手術室，就連維安主管也跑去其他房間叫人員撤離了。我的腦袋冒出很多想法，最強烈的念頭是，女孩的傷勢如此嚴重，不能讓她孤獨死去。她只是無辜的孩子，不應該遭逢這種命運。她一定要得到保護，免於可怕暴力的威脅，而不是平白受到波及。

我想起了多年前在塞拉耶佛發生的事，當時我以為自己會死。而前一晚安全屋遭到砲彈襲擊時，我也萌生相同的念頭。也許，現在就是我的大限了。若真如此，還需要逃命嗎？當然不需要。

我在這世界上已孑然一身，沒有父母，沒有兄弟姊妹，沒有太太，沒有孩子或任何眷屬。從宏觀角度來看，我的生死並不重要，但至少要做些自己喜愛的事，過程中說不定可能救回眼前的女孩。我下定決心要留下來。

女孩現在已完全麻醉，呼吸器仍在運作。

我轉向毛洛說：「你可以走了，不必留下來。」

「你要留在這裡？」

「對啊。」

「那我陪你。」

我把手術包拿到台子上，又朝毛洛看了一眼。我們四目交接，表情流露出許多情緒：恐懼、不安，還混雜了懊悔、尊敬和道別。

「你該走了。」我又說。

「我不走，大衛，我要陪你。」

他也參加過許多醫療任務團，同樣未婚也沒眷屬。我猜，我們都在想同樣的事。

所以我們陪著小女孩，等著炸彈落下、飛彈攻擊或任何可能發生的事。真不曉得那會是什麼情景，但我平靜地給女孩的腹部塗上碘酒，拿起綠色的鋪單，剪到合適的位置，一切不疾不徐，我們慢慢來。我有著大限將至的不祥預感，腦海閃現剛果的檢查哨，當時我以為自己的脖子即將中彈。不過，這次攻擊不是針對我個人。我看不到凶手，只知道死期不遠。

我在女孩腹部劃下長長的切口，從胸骨下方延伸到恥骨，裡面是一大塊彈片，即造成嚴重傷勢的罪魁禍首。彈片進入了髖關節周圍的右髂窩，扯出傷口讓小腸脫垂，也在膀胱、小腸和大腸部分受損，還直接導致脾臟損傷，造成該處大量出血。我豎起耳朵，想聽到火箭砲飛來的聲音，但什麼都沒有，醫院內一片寂靜。我看了毛洛一眼，他抬起額頭看著我。

原本的刷手護理師在一旁留下多包未打開的棉花，我叫毛洛全部都打開，這樣就能包紮她的腹部。這個熟悉的手術過程，讓人暫時忘記當時的處境。我取出了脾臟、移動各部位的腸子時，毛洛告訴我，已過了二十分鐘了，依然沒有攻擊。除了繼續手術，別無他法。我們完成了手術，修復了小腸和結腸上的洞口，她的腹部看起來恢復正常了。接著，我專注於處理她的左臂，修復遭另一個彈片破壞的動脈。

兩小時後，手術室這層樓仍然空無一人。我們決定在手術室叫醒她。就在這時，眾人開始慢慢地回到醫院，驚訝地發現我們留在原地，可見並沒有攻擊發生。

我不確定當初消息從何而來，但有人說來源很可靠——國際紅十字會在雙方都有安插人員——這就是為何所有人都驚慌失措地離開。我也不知道多少傷患在其他手術室死亡，不曉得他們發生了什麼事，只知道那名小女孩還活著，所以一直祈禱她能康復。那天後，我每天都去探望她，逐漸跟她家人變得熟識。她的名字叫艾莎，我有張照片是自己站在她病床前，我們都面帶微笑，足以說明一切。

但不幸的是，我惹怒了任務團中的一些人，尤其是那位維安主管，對此大為光火。幾天後的上午，我和其他外國志工團坐在一起，討論前一天發生的事。我得知自己要被遣返回國，對外宣稱是基於安全的理由：有滿多人也準備回家，因為外頭的局勢太過險惡，維安主管認為，任務團中早晚會有人遭逢不測。

也許我和毛洛當時留下來確實不負責任，但在那一刻，我就是覺得女孩的福祉優先。這個決定並不合乎邏輯，純粹是感情用事——不僅因為同情女孩，也很憤怒交戰各方牽連到她。我真的看到太多身負重傷的孩子了，不忍心又看到這樣的孩子，自己卻若無其事地旁觀。陪在她身旁是毫無意義的行為，根本抵抗不了那些戰爭販子，但我也不可能見死不救。我所冒的風險在不知不覺間增加了。我已準備好赴死，而且寧死也不願苟活，承受拋下她的愧疚感。

然而，被遣返回家儼然是種懲罰，我非常憤怒，毫不客氣地發洩內心的不滿。我向維安主管提出抗議時，正好跟姬瑞利對上眼，她點頭表示理解。我知道她會代我跟團長溝通。果不其然，遣返我的決定很快就被推翻，我待滿剩下三週，直到任務結束。

拯救哈拉行動

在加薩的任務進入尾聲時，我收到麗莎．雅庫布的一封電子郵件，她是慈善機構「希望之鏈」（Chain of Hope）的執行長，專門幫助世界各地有嚴重心臟問題的患者。該機構是由麗莎的父親，即世界著名的心臟外科醫師馬格迪．雅庫布爵士所創辦。她問我能否取得許可，把一名三歲小女孩從加薩帶到倫敦。戰爭開始前，「希望之鏈」已同意治療這個叫哈拉（Hala）的女孩，她的心臟有一個洞，只能在大型心臟醫學中心治療。

哈拉患有先天心臟缺陷。她住在加薩東北部小鎮拜特哈農，已獲巴勒斯坦兒童救助基金（Palestinian Children's Relief Fund）資助治療費用，該慈善機構多有善舉，常跟「希望之鏈」合作。女孩的家在戰爭中被炸毀，住在一所聯合國學校中，生活環境匱乏，跟父母擠在一個房間的角落。機構曾多次試圖讓她撤離，但都無功而返。爆炸帶來嚴重的精神創傷，她因此不再開口說話。這時，她已無法走路了，身上隨時都要綁著氧氣瓶，而補充瓶往往難以取得。

對哈拉來說，時間不多了。她體內血氧濃度極低，稍微動一下都會讓她臉色發青。她需要盡快動手術。但是外頭轟炸猛烈，沒有辦法救她出來。所幸，那週預定停火七十二小時，我們的機會來了。我本來打算在加薩再待一星期，但要帶哈拉離開加薩，停火期間是大好時機，我絕對要好好把握。於是，我就去找團長，詢問自己能否早點帶女孩離開。

由於我是英國紅十字會的代表，而希望之鏈又是英國慈善機構，我便透過英國紅十字會，對日內瓦國際紅十字會施壓，要求他們放行，讓哈拉離開加薩。意想不到的是，一般的繁文縟節全都消失了，紅十字會也核發了出境簽證。我們現在只差一張允許進入英國的醫療簽證，否則無論有無停火，哈拉都不能離開。因此，英國駐約旦大使必須發出許可，但當時已是週五，英國駐安曼大使館週末沒有上班。

我把這個消息告知麗莎．雅庫布，她隨即採取了行動。當時，《太陽報》正發起拯救哈拉的活動，該報記者打電話到英國總理辦公室。我不確定他們討論了什麼，大抵是，若時任總理大衛．卡麥隆不向駐安曼大使施壓，未來的頭條新聞會很有得瞧。無論如何，我們得知簽證獲准的機率極高，只要前往大使館就好。

二〇一四年八月八日星期五，我在紅十字會軍隊的護送下，帶著哈拉、她母親瑪迪雅與一罐新氧氣瓶來到埃雷茲邊境出入口。數小時的斡旋後，我們來到以色列。我們三人換了車，被載到艾倫比橋，這座橋橫跨耶利哥市附近的約旦河，連接西岸地區與約旦。

哈拉和她母親從未離開過加薩，也沒有跟官方打交道的經驗，想必被這個過程嚇傻了眼。儘管我們應該分開，但我始終陪著她們。我們跟以色列守衛爭論了大約四小時，最後才獲准通行。瑪迪雅既不會讀也不會寫，我的阿拉伯語也很糟糕，但我們還是成功了。一抵達約旦，我們就前往醫院，哈拉整夜都待在加護病房，情況非常糟糕：血氧飽和濃度（通常應該在百分之九十九左右）僅略高於百分之六十。

晚上，千盼萬盼的醫療簽證下來了。隔天一大早，我們就前往機場，等待飛往倫敦的航班。

對哈拉和她的母親來說，這一切想必非常陌生。自家被炸彈摧毀而流落在外，如今居然在繁忙機場的商務休息室。我端來大量免費的蛋糕、點心和三明治時，瑪迪雅滿臉驚訝。

我們登上飛機，哈拉坐在我和瑪迪雅中間。我事先已跟空服員溝通過，確保整趟航程有足夠氧氣供應。我接上氧氣瓶，幫哈拉戴上鼻罩，並在她小指套上血氧濃度偵測夾，才坐定位，準備度過五個半小時的航程。起飛時，瑪迪雅緊張地抓著座位兩側，對於自己和女兒的命運，感到既害怕又焦慮。我頓時覺得，無論是人類或動物，父母對孩子付出的深愛，讓他們願意為孩子做任何事情。

飛行三小時後，她倆雙雙前往廁所，手上還拿著氧氣瓶。她們去了好久，大約四十分鐘，令我不禁擔心起來。母女在裡面做什麼呢？發生什麼事了嗎？我正準備找來空服員時，她們便從廁所走了出來。哈拉昏倒了，無力地癱軟在母親的懷抱中，毫無知覺。她已沒了呼吸，臉色發青。我清空了座位上的東西，從急救箱拿出安寶甦醒袋，這是用來幫患者呼吸的簡便裝置。我無從知道她心臟是否已停止跳動，但看起來確實如此。我把口咽呼吸管放進她的嘴裡，確保舌頭和氣管之間暢通，再手動幫她呼吸。我朝著空服員的方向大喊，但沒有人聽到，座位扶手上那排按鈕也找不到服務鈴。

我完全進入了急救模式——幸好幾個月前，我參加產科暨兒科課程時，才練過這個人工呼吸方式。藉由呼吸袋進行三次呼吸急救，再用兩個拇指按壓胸腔，刺激心臟血液輸出量。重複三十次後，再做兩次呼吸急救。我把氧氣濃度調到百分之百，女孩依然癱軟，沒有任何反應。我開始恐慌起來，大喊著：「救命！」前面乘客見狀趕緊去找空服員，而她也馬上趕來了。我告訴她，哈拉的心跳停止了，很可能是缺氧引起，機長需要盡迅下降，以改善艙內的氧氣濃度。機長立即照辦，哈拉瞬間好轉，四肢可以活動、呼吸也逐漸恢復，深藍色的嘴唇變淡了。我感到如釋重負，高興得不得了。說來你可能不相信，這是我第一次獨自成功實施心肺復甦術。

機長問我們是否應該改飛到附近的停機坪，但我們只剩下一小時了，我覺得隨著高度愈來愈低，加上盡量保持足夠氧氣流量，基本上不會有事。這場可怕的煎熬過了十五到二十分鐘後，哈拉坐在座位上，抱著她的泰迪熊，頭靠在母親的肩上。

飛機降落後，我們與希望之鏈的麗莎和她的團隊碰面，火速離開希斯洛機場。我陪著哈拉坐上救護車，沿著M4公路一路前往倫敦，這趟車程速度之快，我相信就連賽車手路易斯・漢密爾頓也會豎起大拇指。即使如此，抵達布朗普頓醫院時，她的血氧濃度只剩下百分之四十。她還能活著本身就不可思議。

幾天後，哈拉的病情穩定下來，才接受了心臟手術。手術一週後，她跟之前判若兩人，從原本垂死的小女孩，變成極為開朗又聰明的小可愛。我們在醫院舉辦了一場派對，慶祝她康復。這感覺就像重獲新生，對哈拉如此，對我也是如此，因為這場合之所以特別，還有另一項原因：我攜伴出席這場派對，對象正是我從加薩發電子郵件的那位年輕女子。

動盪生命的救命繩

離開加薩前幾天，我又發了一封電子郵件給艾莉，說自己很快就會回國，不曉得她是否願意跟我見面喝一杯。我們約好我回去的當天（即星期六）見面。但那趟多舛航程與護送哈拉到醫院帶來的壓力，使我開始對這項提議感到後悔。我的精神狀態很差，思緒還留在到處是炸彈、砲彈和斷臂殘肢的地方。我傳簡訊給她說，當天見面可能不大適合，但若她願意，我們還是可以見面。她說願意見面，我們便約在雀兒喜的帝國碼頭車站。

我訂了一家附近的泰國餐館，抵達時整個人蓬頭垢面，感覺不大舒服。她坐在車站外面的水泥柱上。我走近時，她站起來迎接我，熱情又迷人。我傻愣地望著她，心想這個場景實在離奇。我好幾天沒洗澡了，才剛救了一名孩子的命，看起來就像個野人，腦袋也像個野人，居然能跟眼前這名漂亮的年輕女子共進晚餐。

在餐廳裡，我們周圍都是有說有笑、享受當下的客人，但我還沒適應，不敢相信已離開隨時可能被炸飛的地方。頭頂上飛越的飛機不再是朝我發射的火箭砲，而是接近希斯洛機場的客機。我環顧四周，努力調整自己，不敢相信餐廳內有人穿著華麗的夏季服裝，似乎活得無憂無慮。

更難以理解的是，現在對面坐著的女子，只跟我用電子郵件聯絡過，因為當時以為自己難逃一死。這樣展開一段莫名的關係，感覺實在不大吉利。過去，我談過好幾段糟糕的戀情，有些交往時間比較久，但最後都不了了之。我一直渴望找個伴，甚至組成家庭，但就是沒有遇到對的人。我以為自己沒有人要了。不過，我仍然懷有一絲希望。也許這是孤注一擲的機會了。

但那天晚上，我的情感和理智完全不同步。我看著艾莉，心想如此迷人的女子居然會坐在我對面，實在是太荒謬了。我開始自言自語，慌張地想找有趣的話題，卻說不出話。我被迷得神魂顛倒。怎麼會這樣呢？我覺得自己無藥可救。但她實在好親切、令人安心又善解人意。我想她大概是看我手足無措，沒幾分鐘後就告訴我，若我感到不自在，她完全可以先離開，之後我想見面再約時間。我啜飲了第一杯紅酒，決定要留下來。隨著傍晚的時間慢慢流逝，一切變得輕鬆許多。晚餐吃到最後，我已墜入愛河，一切如此單純。我知道，眼前就是我等了一輩子的女子，彷彿艾莉把我的大腦重新接了線。夜幕降臨，我們說說笑笑，彷彿認識了一輩子。在炎熱的八月夜晚，我們漫步在河邊，看著泰晤士河上閃爍的光影，我靠了過去，牽起她的手，感覺心臟都快跳出來了。

第一次約會後，她要到國外出差，我則去華盛頓參加一場會議。但我們回到倫敦後又再度見面，接下來的兩週形影不離。我還見了她的父母，極力討他們的歡心，因為當時我們誰也阻止不了彼此萌生的情愫。

但分離迫在眉睫。我要履行自己對慕尼爾、阿馬爾和其他外科醫師的承諾，回到阿勒坡。我得在三週內完成在雀兒喜暨西敏醫院與聖瑪莉醫院的預定工作，之後就得到阿勒坡待上六個星期。

在動身前往敘利亞的前幾天，艾莉又得出差了。我送她到希斯洛機場時，我們都淚流滿面。

她走進我的人生，簡直跟奇蹟沒兩樣。我原本覺得自己像在海上漂流，獨自在愈發危險的水域泅泳，但忽然間，有人扔了一條救命繩。她前往登機門時，我答應她我會回來，說道：「我們很快就會再見了。」但我對自己感到心虛，心想這會是最後一次見面了。我很確信，這趟前往敘利亞的任務會是最後一次，這不是因為不想再做志工了，而是因為不確定自己能否活下來。

11

剃刀邊緣

我們看到的多數孩子都未滿十歲，有些到院時就已死亡，身上覆滿塵土，但沒有其他傷口，很可能是因衝擊波的影響而死，或是吸入混凝土粉末窒息而死。還有些孩子身上的碎裂傷，是炸彈或飛來的熾熱碎片所造成。

敘利亞醫療水準躍進

這次的任務內容跟二〇一三年大致相同：先在北部巴布哈瓦的醫院待一週，再去阿勒坡待五週。但這次我們會有攝影團隊隨行，配合第四頻道拍一部關於敘利亞前線急救醫療的紀錄片。製片人會跟我們飛過去，訓練一支敘利亞當地的攝影團隊。但在出發前，我就先上了鏡頭，拍攝我在公寓內打包防毒面具和手術器具。

我們在伊斯坦堡跟阿馬爾碰面，然後三人搭機往距離土耳其和敘利亞邊境最近的哈塔伊機場。直到我們過海關時，製作人被攔下，我才發覺他隨身帶了多少器材。製作人跟他們說明，我們正在製作一部紀錄片，要拍攝土耳其的賞鳥活動，但明眼人都看得出來我們的來意。最後究竟如何通過海關，我永遠也不會知道。

我們把行李搬進派來的接駁車，離開機場不到一公里，就被三輛警車攔住。我們全都被趕下車，所有文件和攝影器材都逐一被仔細檢查。我們小心確保口徑一致。大約一小時後，他們准許我們通過，鄭重警告我們，若說謊就會被關起來。

我們在雷伊漢勒稍停一下，接著我和阿馬爾就被載往邊境出入口，繼續往巴布哈瓦前進。製作人則待在雷伊漢勒，培訓之後要跟我們同行的攝影師。在醫院見到手術團隊十分令人高興，其中部分是前一年共事過的人員。沒多久，就有許多患者等著看診，大多數人遭子彈或碎片打傷，需要包紮潰爛的傷口。由於沒有可供長期照護的病床，病人通常很快就出院了。他們鮮少在無菌條件下換藥，所以傷口已受到感染，有些變成了永久的開放性傷口，對患者來說是重大的風險。許多骨頭和軟組織損傷的患者出院時，不僅外固定器還在，骨頭也暴露在外，因為沒人知道如何將其包覆。

不久後，在專門替我設立的門診部中，大約有一半的患者都有這類傷口，其餘是那些身上有嚴重燒傷疤痕的患者，有時伴隨嚴重的燒傷攣縮，造成顏面扭曲變形。經過二十年的歷練，我已成為一名還算稱職的業餘整形外科醫師，但人在戰區，審美標準必定略低於比佛利山莊這些地方。我僅能完成大部分的基本工作，後續還有很多事要做。

我很高興看到曾是海關大樓的巴布哈瓦，現在已成為一家運作良好的醫院，共有四間手術室，病床數也增加到四十張左右，成為地區綜合醫院。若沒有多家慈善組織全天候的協助，提供必要資金來改建大樓、支付員工薪水，這一切都不可能成真。

桶裝炸彈

我分配到其中一間手術室，二十四小時都有麻醉師和刷手護理人員，隨時協助我進行手術，但醫院仍持續接收新患者。除了常見的槍傷和空襲造成的碎裂傷，我們還看到阿薩德政權的新武器——桶裝炸彈——所造成的可怕傷害。直升機從敘利亞政府的基地升空，運載著裝有五百公斤TNT炸藥的大型鋼桶，雷管則留在基地。直升機在目標上空約九百公尺盤旋，然後投下炸彈，而且目標通常是住宅區，也有愈來愈多醫院受害。我以前從未見過桶裝炸彈導致的慘狀，但很快就變得屢見不鮮。

我在巴布哈瓦時，很高興能跟上一趟任務的兩位好友共事：阿卜杜拉齊茲和年輕整形外科醫師阿布・沃席姆。阿卜杜拉齊茲如今在土耳其工作，但固定會跨境到阿勒坡進行急救手術。

我、阿馬爾與阿布・沃席姆在巴布哈瓦的頭一週幾乎每天工作十八小時。不過，很快就要前往阿勒坡了。我們另一位泌尿科醫師好友兼同事阿布・穆罕默丹在醫院與我們會合。我們討論起下一段旅程，卡斯泰洛路仍是進出阿勒坡的唯一道路，但現在路途更加險惡，四面都被政府軍包圍，只留有一條狹窄的通道。阿卜杜拉齊茲萬般謹慎地警告我們，這段路極為危險難行。

跟上一趟任務一樣，若我對當前局勢有更多了解，便有助釐清許多事。我在二〇一三年開始看到的摩擦，已升溫到沸點，ＩＳＩＳ與敘利亞自由軍發生多起嚴重衝突。我和阿馬爾經過的一間警察局中，就不幸有許多自由軍成員遭受殘忍的酷刑。自由軍的耐心已然耗盡，跟ＩＳＩＳ爆發激烈戰鬥，雙方各有大約兩千五百名戰士陣亡。倖存下來的ＩＳＩＳ分子多半更強力鞏固對拉卡周圍大片地區的控制。

當然，這場配角秀最大的受益者是阿薩德政權。政府軍加強對阿勒坡投擲桶狀炸彈，迫使許多居民遷往轟炸較不猛烈的鄉村。阿卜杜拉齊茲告訴我，在二月和三月間，大約有七百枚桶裝炸彈落下，造成近一千人死亡，四千人受傷。

二〇一四年六月，ＩＳＩＳ宣布建立哈里發國，範圍從敘利亞北部延伸至伊拉克西部。敘利亞自由軍和ＩＳＩＳ在阿勒坡至土耳其的戰線發生了激烈交火。ＩＳＩＳ距阿勒坡僅三十公里，但敘利亞自由軍阻擋其繼續進犯。卡斯泰洛路的缺口似乎愈來愈小，左右兩邊敘利亞政府軍隊都在幾公里之外，三不五時就對道路進行攻擊。

「你真的想進城嗎？」阿卜杜拉齊茲問道。

阿布．沃席姆說他無論如何都要回去，他與阿布．穆罕默丹隔天就要動身。我和阿馬爾坐下來談了一下。身為敘利亞人，阿馬爾想跟他們同行。而我也想一起去，畢竟他們是我的同事也是朋友，很不想看著他們自己離開；更重要的是，我想再次對阿勒坡人民伸出援手。最後決定，我們將在隔天早上六點一起出發。

一如往常，我們分別坐在兩輛車內，我和阿馬爾搭第二輛車，駕駛說他負責保護我們。我們都笑了出來。他看起來確實像保鏢，全副武裝，身穿防彈衣，戴著頭盔和佩槍，而我們的車後座只有幾個紙箱，萬一發生槍擊時可以用來抵擋。阿馬爾開玩笑說，駕駛會是我們的人肉盾牌，就像在放射科要站在穿鉛衣的人後面。然而，前座上頭擺著幾挺ＡＫ–47步槍。我們心想，必要時他會把槍遞給我們，立刻教我們使用。進入阿勒坡跟之前一樣，花了三到四小時，但這次檢查哨變少了，因為ＩＳＩＳ被迫向後撤退，但取而代之的是敘利亞政權更近的威脅。

一到卡斯泰洛路，我們就看到路邊停放著幾十輛汽車、卡車和貨車，有些早已全毀，有些帶著火箭砲攻擊留下的凹痕。其中部分車輛想必是為了設法擺脫空中盤旋戰機而高速駛離道路，沙地上緊急剎車的輪胎軌跡清晰可見，代表駕駛和乘客被殺害的位置。我很肯定，他們的遺體仍在車輛殘骸裡。看也知道，無論是誰要去讓他們脫困都太過危險。這儼然是電影《瘋狂麥斯》裡的情節。

這段車程花了足足四十五分鐘，等於四十五分鐘的煎熬。我們暴露在危險之中，因此車開得很快。終於到達阿勒坡周邊時，一眼就看出來景色跟去年的差異。二〇一三年的商店、市場和居民已不復見，現在只剩大片的斷垣殘壁。由於大批人口湧向鄉村，街道上也變得人煙稀少。

跟先前一樣，我們先到M10醫院。這裡可看到另一個變化：我們要走下坡道才能進入醫院，因為主要的房間全都移到了地下。近幾個月來，M10已成為當局的目標，我去年見到的基礎設施已被摧毀殆盡。阿布．穆罕默丹帶我看樓上加護病房被轟炸後的慘況，病床雖然都還在，四周卻不見牆壁，塵土和瓦礫散落一地。一面倒塌的書架上方，擺著一輛小小的紅色玩具牽引機，印象中我去年就看過，似乎是唯一撐過猛烈攻擊的東西。阿布．穆罕默丹告訴我，加護病房的六名患者都在那天遇害，樓上其他已成廢墟的病房內，許多傷患也遭逢不幸。

但是醫療人員完成一件了不起的事：在地下室建立了功能齊備的醫院。往返醫院非常危險，所有人員如今都住在專門的區域。地下還有兩間手術室，通風良好、照明和麻醉設備一應俱全；新的加護病房內有六張床，每張床都配有呼吸器，另外還有一間急診室，那是患者下坡道後首先抵達的地方。

在M10吃了頓便飯後，我們開車前往M1。年輕外科醫師阿布．侯賽法參加過我開設的血管手術課程，現在他才二十七歲，就已成為阿勒坡全市的唯一血管外科醫師，阿勒坡各處都有病例轉診給他。抵達醫院後不到半小時，我們就一同回到手術室，我從旁協助他治療一名患者大腿的嚴重碎裂傷。不過短短十二個月，他便從一位菜鳥外科醫師，搖身一變成為真正經驗豐富的血管外科醫師，令我嘖嘖稱奇。

耳聽八方

那天傍晚，我們都坐在樓上的餐廳裡聊天。還有兩位新來的一般外科醫師我尚未打過照面，但除了兩位年輕外科醫師先前已離開，團隊其他成員與之前相同。我們再度成了一家人，對於再回來服務，我著實感到榮幸。

不過，我很難不注意到大家神情上的差異。看起來筋疲力竭、眼神空洞，動不動就遭桶裝炸彈轟炸，加上戰機用火箭砲和機關槍射擊所有移動的物體，光是在市區裡走動都異常危險，過去幾個月更是如此。不過是換個醫院，就有大約四分之一的人遇難。前一年，阿勒坡的人口約有兩百萬，現在已減少到三十五萬人，留下來的民眾若不是病重無法離開，就是固執地要死守家園，再不然就是窮得無處可去。一位新來的醫師告訴我，我活著離開的機率是百分之五十，還真是幫了大忙啊。

坐在餐廳裡，就能聽到頭頂上直升機飛過的聲音。我走到已被炸破的窗戶前，旁人叫我務必小心，沒人知道炸彈會從哪落下，必須仔細聽直升機低沉的嗡嗡聲，若引擎的噪音愈來愈大，就得迅速前往防空避難所。有時直升機會從三千公尺的高空扔下桶裝炸彈，事先根本不可能聽見，只有爆炸了才會曉得。

我徹夜未眠，不知道接下來幾週的命運。醫院同事間的氣氛跟之前完全不同，緊張焦慮到極點。我覺得這趟任務比上次更為險峻，再次懷疑自己是不是太自不量力了。

隔天早上，我被爆炸聲吵醒。有些爆炸位置顯然很遠，但有次爆炸就在附近，整座醫院都在震動。我和阿馬爾立即起床、換上手術袍，便前往樓下的手術室。我們聽到救護車接近的鳴笛聲，傷患迅速被送進急診室。他們全都被白色灰塵覆蓋，宛如剛才在麵粉裡打滾。一名男子坐在角落，皮膚凹陷處刻著多條血痕。三、四名患者躺在推床上，但身上的灰塵太厚，根本看不出他們臉朝哪個方向。

這就是桶裝炸彈的歹毒之處。阿勒坡的主要建築大都是用混凝土建造，被炸彈擊中時，會爆炸成有毒的粉塵雲，籠罩裡面或附近的居民。我分不清這些傷患是男是女，甚至也不確定他們躺的方向。頭上的塵土想必有兩公分厚。我後來拿到一塊濕抹布，後來證實這是值得攜帶的實用醫療物品，因為可以擦去灰塵，確認患者臉部的方向。我眼前露出一名女子的模樣，我把她的嘴巴打開，卻看到滿嘴的混凝土灰。想當然耳，她已斷氣了。

我趕緊去幫忙其他患者。一名年幼的孩子洗去身上厚厚的灰塵後，顯出腿部嚴重的碎裂傷，一條腿的下半部與大腿中段都沒了。男孩明顯大量失血，我綁上止血帶，叫一位麻醉師盡快推他進入手術室。一位新來的外科醫師滿臉不以為然，所以我轉頭叫阿馬爾幫忙。我們花了大約三小時幫男孩開刀，但不幸的是，他吸入太多粉塵，數小時後便回天乏術。

不久後，我找到了那位新來的外科醫師，他說在他看來，整個手術完全沒有意義——無論他幫多少名遭塵土覆蓋的傷患開刀，傷患最後還是死亡。他沒有直接說「別浪費時間」，但他愈來愈相信，桶裝炸彈攻擊後送來的患者都難逃一死。他認為我剛從外面的世界來到這裡，對阿勒坡的現況知之甚少。確實，這跟二〇一三年比起來是強烈的對照。當時，幾乎所有手術都跟槍傷有關，也救回很多條命，有幾週，前來醫院的傷患甚至全部得救。這位醫師顯然無比氣餒，而且變得憤世嫉俗。院內氣氛極度緊繃，而成日不斷的轟炸也重創了醫院人員的心理健康。

我們日復一日地目睹整家人被送進醫院，因為自家遭桶裝炸彈炸毀，但鮮少看到父親在其中。男人不是出去張羅食物，就是也參與了戰鬥。而其中多數孩子都未滿十歲，有些到院時就已死亡，身上覆滿塵土，但沒有其他傷口，很可能是因衝擊波而死，或是吸入混凝土粉末窒息而死。還有些孩子身上的碎裂傷，是炸彈或飛來的熾熱碎片所造成。我們在手術室花了無數小時，設法治療患者的傷勢，盡己所能減輕他們的痛苦。

宗教——引起戰爭，也帶來平靜

幸好，這次任務進行到一半時，有好幾天一切都很平靜，既沒有空襲，也沒有桶裝炸彈。阿布．穆罕默丹回憶起戰前阿勒坡的美麗樣貌，所有宗教和信仰和諧共存。我們談起宗教與上帝，我問他是否有基督教教堂依然對外開放。結果在舊城區還有一家。

雖然我沒虔誠到每週都做禮拜，仍相信上帝存在。先前提到，我有時會祈求上帝的幫助。過去數週內，我目睹了許多死亡，覺得好久沒如此接近上帝了，同時感到一股強烈的禱告衝動。我也知道，艾莉只要有時間，就會在午餐時分到公司附近的教堂為我禱告。

我、阿馬爾等數人，搭著阿布．穆罕默丹那輛破舊不堪的汽車，前往M2醫院，這也是靠近前線的外傷醫院。我們在那遇到一位熟悉該地區的救護人員，同意護送我們去教堂。我們穿過幾條小巷後走出去抵達舊城區。在建築物依然矗立之處，不難想見阿勒坡過往的美麗風光。我們繞著露天市場走，那裡所有商店都空空蕩蕩，無人經營。充當嚮導的救護人員接著帶我們進入有座噴泉的庭院。不可思議的是，他居然還打得開噴泉，一道道泉水衝上天空、擊中陽光，形成了彩虹。身處慘絕人寰的戰事中，眼前的景象實在令人屏息。

我們下了幾級台階，進入一座澡堂，其藍色大理石的鑲嵌畫似召喚著過往沐浴於此的鬼魂。我們接著經過了幾座木造房子，看到上面數層樓懸在狹窄的街道上方，再迂迴前往雄偉的烏馬亞德清真寺。這座清真寺建於八世紀初，據說是施洗者約翰的父親撒迦利亞長眠所在，清真寺尖塔在一〇九〇年建成，當初想必美不勝收，但幾乎已全在轟炸中摧毀了。這座清真寺滿目瘡痍，難以想像過去的輝煌。四面牆壁滿布洞孔，上頭塞著充當砲塔的橡皮管。如此富有建築與靈性之美的場所竟遭受無情摧殘，令人不忍卒睹。

我們終於來到開闊的地方，與敘利亞政權的領地之間，只剩一道牆之隔。我透過牆的縫隙，看到一面敘利亞政府的旗幟。我們離前線已相當近。我問嚮導，舊城部分地區何以能相對完好地保存下來？經他說明，才得知是因為這道前線之牆離政府軍領地太近，他們不想誤炸自己人。

我們繼續漫步，在曾是遊樂場的空地上停了下來。如今這裡早已空無一人，只剩鞦韆在風中吱吱作響，其餘是一片寂靜。遊樂場已當成墓園使用，嚮導走到其中一塊墓地上，靜靜地站了幾分鐘。他的母親與姊妹都葬在那裡。

最後，我們到達了目的地：先知以利亞長者安養院，就在鋪著鵝卵石的小街旁，有個旋轉路標指向一扇門。一打開這扇門，就像進入了伊甸園，跟外面的災難和破壞形成鮮明的對比。一座雕像矗立在綠樹成蔭的庭院中央。我來見的那位神父米歇爾・阿布・尤瑟夫朝我們投以熱情的微笑，他用雙手握住我的手，招呼我們走到擺滿瓷杯和盤子的桌旁。他一邊說著自己的故事，阿馬爾一邊翻譯給我聽。

療養院內有一座天主教教堂，米歇爾曾在那裡服事多年。他的房子被炸毀後，就搬進了這間安養院，照顧那些自願或不得已留下的年邁居民。每天他都會去市場幫忙買菜，做菜給這些居民吃。他在那裡感到相當安全，因為距離分隔阿勒坡東西之間的城牆很近。

就在我們聊天時，一些居民從房間裡出來，看看外頭在做什麼。很快地，我們四周都圍著虛弱的老人，讓我吃驚的是，他們的表情既平靜又快樂，可能已對周遭的槍聲和偶爾投下的炸彈習以為常，這些都已融入這座城市的聲響，不再有人會去注意。

米歇爾看上去疲憊又憔悴，比實際年齡五十三歲還要老。多年前，他獲授神父聖職，深信上帝最終會幫助他們。他詢問了我的宗教信仰。我說自己是新教徒，確切來說是英國國教。他微笑地說，我們都是上帝的孩子，並建議我們一起禱告，又問我是否願意讓他在小教堂替我祈福，我說這是莫大的榮幸。語畢，他離開了大約十五分鐘，然後穿著天主教神父的長袍再次出現。

我們打開小教堂的門，裡面是一個聖壇，上面有幾支蠟燭和一幅基督的畫像。他示意我跟著他跪在聖壇前，接著口中念念有詞。我不明白他話語的確切意思，但能從他的語氣中聽到悲憫。我還沒回過神，眼淚就從臉上滾了下來。過去幾星期、甚至好幾十年來，我外在硬撐的武裝，如今恐將一夕崩解。

米歇爾離開了一會，拿著一只小杯子回來，裡面斟滿了酒。他把一片威化餅放在我的舌上，再把杯子遞給我，接著把手放在我的頭上禱告。這是我人生中第二次有此感受：不是身體的觸碰，而是精神的悸動，感覺不像人的手，而是更具力量、更加深邃又散發著能量的東西。一股電流通過我的身體，帶給我滿滿的愛。我首次有類似體驗是在幾週前，當時我跟婦科主治醫師好友理查·史密斯吃了頓晚餐。理查信仰虔誠，自家就有一間小教堂。在我動身前往敘利亞前，他為我向上帝禱告。理查把手放在我頭上時，也是充滿靈性的時刻。無論是當時的倫敦或現在的阿勒坡，整副身心都被注入了那股強烈的情感。

米歇爾留我一個人靜靜。我回到外面時，發現他和阿馬爾、阿布·穆罕默丹與那名嚮導坐在一塊，周圍都是安養院的長者，可見他備受所有人愛戴。

這個美好時刻居然有個傷心的結局，具體而微地呈現了敘利亞的悲劇。幾天後，那名好心帶領我們穿過舊城區的男子在一次空襲中喪生。而六個月後，米歇爾為安養院居民採買時，遭遇桶裝炸彈攻擊而身亡。他所照顧的居民們後來命運為何，只有天知道。

缺血危機

在返回M1醫院的短暫路途中，我們在某個重裝戒備的檢查哨被攔了下來。不確定檢查哨守衛的身分，阿布．穆罕默丹花不少時間解釋，我們只是在不同醫院間往返的醫生，身上還穿著外科手術服可以證明這一點。所有人都認識阿布．穆罕默丹，他也認識所有人，因此守衛聲稱不認識他，讓整件事變得有些緊張。他被帶進已被炸毀的衛哨亭提供更多細節，所幸我們獲准前進，最後決定步行，距離M1只剩不到一公里。

回到阿勒坡城東，面目全非的街道上空無一人，沒有人會選擇走路到任何地方，實在太危險了。我們經過一所被炸毀的學校，原本至少有四、五層樓高，但現在已被夷為平地，仍可以看到一樓廢墟中留有學生的桌椅。此處的死亡氣息似乎異常濃厚；炸彈落下時，校舍內想必還有孩子。

我們正在趕路，急著回家。突然，頭頂上飛來一架敘利亞戰機，打破了這非比尋常的平靜。我們四周毫無遮蔽物，戰機飛行員勢必能看見我們。他轉了個大圈，想再繞過來。我們四人僵在原地。阿馬爾開始大喊，要我們快找掩護，但除了一堵牆以外，根本沒有地方可以躲。我們跑向那面牆，壓低身體，此時戰機再次轉彎，等待攻擊的時機。我站在阿馬爾身旁時，相信生命已到終點。戰機正朝我們飛來，引擎聲震耳欲聾，但即使再大聲，也迅速被火箭砲轟炸周圍建築物的爆炸聲所掩蓋。我感覺到一股衝擊波，然後是尖銳的哀鳴聲，隨即陷入一片死寂。我們全都擠在地面上，我的內心情緒高漲，不確定自己是生是死。

戰機來得快去得也快。我們受到極大驚嚇，但毫髮無傷。終於，我們抵達了M1醫院，告訴同事剛才的險境。他們聽了只聳聳肩，這在他們眼中已是家常便飯。剛才那架戰機，以及中隊其他戰機，想必持續在不同地區無情轟炸。沒多久，就傳來M10有大量人員傷亡。阿布．穆罕默丹被檢查哨短暫拘留後回到醫院，我們匆匆鑽進他的車內。

我們到達時，M10外面有好幾輛救護車，裡頭情況非常危急。大約有四十人遭火箭砲或桶裝炸彈所傷。急診部一側有十四到十五人明顯已無生命跡象，有些患者的傷勢嚴重，四肢全都沒了。其餘患者正由年輕護理師進行檢傷分類，家屬則幫忙掛起點滴。

外科醫師已開始動手術，我和阿馬爾前去幫忙。許多傷患的四肢都被硬生生炸斷，大面積的傷口暴露在外，需要立即進行手術止血，盡快切除受損的肌肉和皮膚，才能用紗布包紮傷口。其他腹部受傷的患者，則需要進行基本的損傷控制——紮起腸子、用紗布包紮腹部並迅速縫合皮膚。

下午三點左右，附近傳來一聲巨響。二十分鐘後，又來了一批傷患。我決定用iPhone記錄正在發生的事，便站在急診室門口錄影，眼前所見我畢生難忘。

一名母親和她的七名孩子被送了進來。母親已死亡，跟牆邊其他遺體擺在一起。第一個進來的女嬰不過剛學走路的年紀就失去了兩隻腳。在另一張推床上的是她哥哥，看上去大約七歲，骨盆嚴重受傷，部分小腸從髖骨上方的大洞脫垂出來。另一名年齡相仿的男孩臉部和頭部都在流血，看起來傷勢不嚴重，但受到了極大驚嚇，不停地大聲哭喊。

接下來發生的事太過駭人，我至今還不時會做噩夢，光是要描述都於心不忍。另一名五歲左右的小男孩被送了進來，趴在推床上，臀部和大腿後側都被完全炸爛，傷口疑似還摻雜少許組織、灰塵與電線碎片。

護理師把他翻了過來。男孩還活著，他環顧四周時，卻完全沒有出聲，臉部和頭髮有團我無法辨認的灰白色組織。一位護理師把他臉上的頭髮往後撥，開始溫柔地用指頭梳理。我們也只能做到這樣，因為嗎啡也用完了。幾分鐘後，另一名孩子被送了進來，是男孩的妹妹，頭部和大腦有一半都不見了，有部分濺到她哥哥的臉上。他們想必本來在一起玩，但桶裝炸彈炸毀了他們的家，就此摧毀他們的人生。

我見過許多驚悚的場面，常常以為自己對於苦難早已習慣。然而，眼前的殘酷景象使我的身心都難受到不行，對於這些無辜孩子所遭受的摧殘，在在受到極大的衝擊。

我們把小女孩翻過身，看看她的臉。跟哥哥一樣，她長得很漂亮，有一頭金色的鬈髮。大約二十分鐘後，她的哥哥死了。接下來一整天，我們都在幫他倖存的手足開刀。

當天晚上十點左右，我們終於完成手術。白天發生的種種慘況，令我們既疲憊又麻木。

在睡了極不安穩的一夜後，我醒來又聽到陣陣的警笛聲。一名患者被送進急診部，只有單一碎裂傷。碎片切斷了左鼠膝部的股動脈，造成失血過多、心臟驟停。一位醫師按壓他的鼠膝部設法止血，另一位醫師則規律地按壓胸部進行心肺復甦，麻醉師已幫他插管，正在輔助他呼吸。

身體通常含有五公升左右的血液。若周邊動脈被切斷，患者就會大量失血。由於左心室血液輸出量約為每分鐘五公升，嚴重的動脈損傷恐會導致短時間血液就流光。大腦需要氧氣，氧氣又是由血液輸送，若得不到足夠氧氣，很快就會陷入昏迷。在這種情況下，心臟血液所剩無幾，所以按摩幾乎沒有好處，必須迅速決定是要急救患者，還是就讓他們等死。時間是關鍵，若大腦缺氧超過三到四分鐘，就會受到不可逆的損傷，而冠狀動脈缺血則會造成心臟部分壞死，引發重度心臟病發。

這時需要實施所謂的急救開胸術（resuscitative thoracotomy），切開胸部左側，從胸骨盡可能往下劃開到乳頭下方肋骨，分割所有肋間肌肉後，再用肋骨擴張器露出心臟與肺臟。一旦心臟周圍厚厚的心包打開，雙手就可以放在心臟周圍進行體內按摩，如此也能確認心臟內剩下多少血。若心臟感覺空空的，下一步就是在心臟下方的遠端胸主動脈夾上鉗子，切斷身體其他部位的血液循環，只供血給心臟本身、腦部和手臂，再把輸血注入頸部的中央導管，便可讓心臟和大腦充滿含氧血。

若決定要實施這項手術，前提是體外心臟按摩只能進行數分鐘。存活率會隨著時間降低——標準的教學原則是體外心臟按摩和呼吸器供氧不超過十五分鐘，但在現實世界中，時間通常少上許多。

這名患者只做了兩、三分鐘的體外心臟按摩就來到醫院，我們需要立即決定是否動刀，放著不管他就會死，開刀頂多帶來極度渺茫的生存機會，但也可能會輸掉很多血，而血庫內血品所剩不多了。

平均來說，若患者的動脈穿透傷嚴重到得施行體外心臟按摩，手術大約要動用二十五個單位的血液，而且必須是相符的血型。我們總共只剩十個單位的血液，這還沒考慮患者血型是否相符。在場至少有一名敘利亞外科醫師明確表示，他認為手術根本是做白工，我們應該撒手不管。但我們如今已見到眾多的苦難和死亡，眼前的桶裝炸彈受害者仍有一絲生機。他的妻兒在炸彈攻擊後也被送進醫院，身上僅受輕傷。我們決定立刻把他送進手術室，盡一切所能急救。

我們把患者推進手術室進行開胸手術，另外有同事負責調度其他醫院的血液。手術進行得很順利，不到半小時，他的心臟就恢復正常跳動，瞳孔也有良好光反射，代表大腦獲得足夠氧氣。目前看來我們及時救回了他，但這大概是少見的成功案例吧。我們把他送到加護病房，手術才剛剛結束，馬上就被叫到另一家醫院治療更多傷患。

大約十小時後，我們回到M1醫院。那名患者如今主要問題在腿部。我們先前放置的分流管明顯堵住，腿部已數小時沒有血液循環。當前情況一片混亂，護理人員沒有注意到這點並不奇怪。但最糟糕的是，男子此時已獲輸大約四十單位的血液，阿勒坡無血可用了。我們看著他慢慢死去，心想若在世界上其他地方，他很可能會活下來。我們當初救他是正確的決定嗎？抑或應該讓他早點死呢？我那位厭世的同事看了我一眼，彷彿在說：「你看吧。」

是人道救援，抑或西方強權的特使？

本來就異常困難的醫療任務，如今更加危機重重。二〇一四年九月底，美國對敘利亞境內的ＩＳＩＳ發動了第一次空襲，還有傳言聲稱英國等盟軍也參與了空襲。早餐時，Ｍ１醫院一名外科醫師說，空襲不僅會造成ＩＳＩＳ戰士死亡，也會有敘利亞平民喪生。他看著我說：「西方國家在殺害我們的人民。」彷彿這是我的錯。

這個對話讓我感到很不自在，便趕緊草草吃完早餐離開。這位醫師過去一直是我的朋友，那兩年我們在許多病例上都密切合作。但現在他似乎對我有了不同的看法，我成了「西方國家」的特使。

二〇一三年的醫療任務艱鉅，但終究成功落幕且收穫豐富。二〇一四年的情況天差地遠。阿勒坡生活的危險、壓力、挫折和悲慘的現實相互疊加。我們在剃刀邊緣上行走。每個人都疲勞不堪、背負壓力又情緒緊繃。好友間的爭吵愈來愈普遍，儘管我們都設法心如止水，但這真是一場苦戰。

阿馬爾告訴我，所有人愈來愈不滿歐美國家援助不足，尤其是敘利亞自由軍。軍隊需要武器，人民需要金錢和糧食，兩項都沒有到位，ＩＳＩＳ和其他聲稱反對阿薩德政權的極端組織，卻似乎擁有大量資金。有些人甚至有意加入他們，哪怕只是為了養家糊口。面對這些誘惑，敘利亞自由軍的人數開始流失，對抗當局的力道也跟著減弱。

我盡量讓自己煩惱傷患的事，想藉此保持清醒，但在桶裝炸彈攻擊後，大約八成患者都會死亡。基於安全的考量，我和艾莉很少聯絡，但我經常惦記著她。我們的關係會如何發展？可能會導向何方？我倆現在的心理距離如此遙遠，根本難以想像未來。久而久之，我也變得抑鬱又偏激，跟任務開始時遇到的那位外科醫師一樣。

在某方面，我既不受外面世界的影響，也不受四周敘利亞局勢的影響。然而，我確實想了解空襲的情況。某天清晨，所有人都熟睡時，我瀏覽BBC新聞網站，除了擔憂空襲，還有一件事：在離我不遠的地方，許多歐美國家的人民遭ISIS綁架並斬首。

我讀到關於美國自由撰稿記者詹姆斯・佛利的報導。二〇一二年九月，他前往土耳其的途中，在敘利亞北部遭綁架。當時我在阿特邁為「無國界醫生」工作。二〇一四年八月，他在拉卡（或附近）被斬首，顯然是為了報復以美國為首對伊拉克IS的空襲。劊子手操著倫敦口音，因此人稱「聖戰約翰」（Jihadi John），後來證實本名為穆罕默德・恩瓦濟，是出生於科威特的聖戰分子，六歲時隨家人移居英國。恩瓦濟揚言，假如空襲不停止，就會有第二名美國人遇害。他還真的說到做到。二〇一三年，我在阿勒坡服務時，《時代》雜誌記者史蒂芬・索特洛夫在當地遭ISIS綁架，並於二〇一四年九月初被斬首，報復美國對伊拉克的進一步空襲。

二〇一三年三月，英國援助志工戴維・海恩斯在土耳其邊境旁的阿特邁被綁架，並在二〇一四年九月中旬慘遭斬首。那支斬首的影片中，可看到劊子手身旁有另一名英國援助志工艾倫．亨寧，劊子手說：「如果你（大衛）卡麥隆堅持要打擊伊斯蘭國，那就會像你的主人歐巴馬一樣，雙手沾滿自家人民的鮮血。」那年亨寧四十七歲，是來自索爾福德的計程車司機，他原本開著援助組織的救護車，正在前往阿勒坡的途中，卻在經過一座檢查哨時被綁架。二〇一三年底，他從土耳其越境進入敘利亞，進入敘利亞不到半小時就被捕，地點離我的住處大概不到一小時車程。

大衛．海恩斯遭處決後，我變得極度緊張，每天早上都著魔似地上網搜尋艾倫．亨寧的消息。我坐在小房間的床墊上，把電腦的亮度調小以免打擾到其他人，密切關注危急情勢的發展。

回想起來，我身為如此深入敘利亞的西方人，而且說不定是當時敘國上下唯一有自由之身的西方人，並沒意識到這件事多麼嚴肅。我和同事相處時感到很安全，我知道阿馬爾、阿布．穆罕默丹會保護我。儘管沒有告訴別人，但我正慢慢地陷入困境。我的胸部中間一直隱隱作痛，只有全心投入手術時，才能忽略疼痛。除了斬首事件、遭綁與處決的風險，我無法不去想前一年的爭端——ISIS入侵手術室，以及那名可憐男子從病房被拖到街上，在眾目睽睽下遭斬首。

十月初的一天早晨，有人進來跟我說：「那個，亨寧被殺了，你想看看嗎？」我像個笨蛋一樣，還真的看了他被處決的可怕畫面。我想這就是令我崩潰的原因。這件慘劇發生在另一名英國人身上，他跟我一樣都是志工，而且地點離我不遠。阿勒坡有數百人知道我的身分，也知道我的所在位置。每個人都有手機，只要一通電話，我就完蛋了。

阿布．沃席姆在拉卡附近的村子有些親戚，經常搭巴士去探望他們。他都會再三檢查，確定手機裡完全沒有敏感內容。他看過有人經過沿途眾多的ＩＳＩＳ檢查哨時被拉下車，只因為手機裡有聖戰分子討厭的東西。有些他認識的人明明恪遵宗教信仰，卻以這種方式被綁架，從此人間蒸發。這可能發生在任何人身上。身為西方人，我毋寧是珍貴的戰利品，醫生的地位根本無法帶來任何保護。

我開始感到孤立無援，連在醫院也盡量低調，舉止中立有禮、不多說話。若有人盯著我看，或說話方式不對勁，很容易疑神疑鬼。日復一日，我變得愈來愈緊張。

我們看到太多桶裝炸彈受害者的淒慘下場，因此必須設法維持對人生的正向態度。我打起精神繼續投入教學，包括跟阿布・侯賽法合作教授血管手術，同時跟阿勒坡唯一整形外科醫師阿布・沃席姆進行更多培訓。有許多病例需要的重建手術相當簡單，但對那些接受手術的患者來說，這足以改變他們的人生。一名小男孩就帶來了一絲希望曙光。桶裝炸彈炸傷了他的左腿後，他就被人送來醫院，但沒有任何家人陪同。他在手術台上不發一語。很多孩子都是這樣，通常是因為大量失血，但在某些情況下，是因為心理創傷而說不出話。

我去看了他的狀況，左小腿與左腳顯然傷勢嚴重。碎片刮去了小腿和腳上所有皮膚，還切斷了供應該區域的三條血管。直接進行截肢是很容易，但他未來的人生會很悲慘。所以我、阿馬爾、阿布・侯賽法和阿布・沃席姆決定盡力搶救他的左腿。

這是很大的挑戰。四歲孩子的血管非常細，即使手術設施再先進，成功的機率也微乎其微。我最敬佩的麻醉師穆罕默德・威比把男孩麻醉。威比是年僅十九歲的麻醉師，一年前就在阿勒坡工作。他的技術高超，可以幫靜脈塌陷的患者進行靜脈注射，還能讓患者安全進入麻醉狀態。他先讓男孩沉沉睡去，我再從男孩右腿上取下長長的淺靜脈用於繞道移植。我把膝下動脈切開，用手邊最細的縫合線小心地連接淺靜脈與動脈，移植用靜脈再接至左腳附近的小動脈。我把血管鉗拿下時，很高興地看到左腳開始恢復血色。這部分的手術十分成功，我們在男孩腿上放了很輕的敷料，再送他回到病房。不過，我仍擔心手術最後會失敗，因為腿部外傷太過嚴重。

隔天，我們帶他回到手術室，再度將他麻醉。值得慶幸的是，繞道移植後的血液循環良好。儘管切除了很多皮膚，他的左腳和腳趾都有了溫度。接下來，我們必須盡可能覆蓋左腿和左腳的皮膚，唯一的選擇就是利用併腿皮瓣轉移術。這項手術要取下小腿肌肉的皮膚和筋膜，將其製成一大片皮膚，再縫合到受傷的腿上。

我從旁給阿布．沃席姆指示，我們先抬起皮瓣，縫在另一條腿的移植靜脈上。重要的是，這兩條腿得併在一起，讓患處血管生長到併腿皮瓣，以提供血液循環。為此，我們用骨科的外固定器併起男孩的小腿。我們送他回病房，搭了個升降裝置，不但方便進食，也能擦屁股。他要維持這個姿勢大約三星期。目前為止，一切順利。

此時，卡斯泰洛路正受到攻擊，阿馬爾告訴我，他聽說該道路已關閉，不准任何車輛進出阿勒坡。若這條路真的被政府封鎖了，我們便坐困愁城。我因此既害怕又沒安全感，周遭的狀況難以掌握。唯一能確定的是，能信得過的只有阿馬爾和其他幾名熟識的敘利亞同事。

得知這項消息的數小時後，我碰巧在M2醫院幫一名孩子開完刀。我在樓下等著阿馬爾，他剛好離開我身邊幾分鐘，這樣的情況少之又少。我獨自坐在那裡時，一位之前打過照面但並不熟的外科醫師走到我跟前，說他認為我在拉卡的ISIS據點更能發揮外科長材，問我有沒有興趣過去跟他們共事。

「呃，不用了，謝謝，我在這裡就好了。」

他搖著手機，不死心地說：「你想去的話，我可以把一切打點好。」

我本來應該保持沉默，或微笑地說自己會考慮看看，但滿腔的焦慮和挫敗潰堤，我表明自己對這項提議有多反感。正要開始言詞交鋒時，阿馬爾回來了。

「小心點，大衛，」他悄悄在我耳邊說：「千萬要小心。」

我當然知道其中的風險，但還是忍不住表達了自己的厭惡，反正至今已緊繃、倦怠得無所謂了。隨著任務進入尾聲，我胸口的疼痛愈發強烈，凡是凌晨三點聽到有人敲我們的房門，就會刺激我分泌大量的腎上腺素分泌，我不得不開始揣測，這是叫我去看傷患，還是要來抓我走。最後一次的敲門聲響起，門外是阿布．穆罕默丹，他來告訴我和阿馬爾，有一絲機會能送我們離開阿勒坡。沒有確切的動身日期，只要感覺若卡斯泰洛路暢通，就該出發了。

週五清晨五點半，天剛破曉，我們啟程了。阿布．沃席姆表示他會一路陪同。我們從巴布哈瓦得到消息，那裡有許多患者需要重建手術，阿布．沃席姆要去幫他們開刀。阿布．侯賽法也說想一起前往。我則想帶著那名小男孩同行，方便照護他的傷口。當時共有兩輛車，我和阿馬爾坐在其中一輛後座，阿布．穆罕默丹負責開車，駕駛座旁是當初帶我們進城的男子，他全副武裝、戴著頭盔並荷槍實彈。阿布．侯賽法、阿布．沃席姆和小男孩坐第二輛車。旁人看來可能覺得奇怪，我們居然要男孩承受路途的危險，但他一天得換兩次藥，若沒有阿布．沃席姆來處理，手術成功的機率渺茫。我們都努力到這一步了，理應盡量幫他保住腿部。

我們接近了阿勒坡郊區。前方充斥重重障礙，都是滿布彈孔的翻覆車輛，部分已被英勇人士推到一邊，方便道路通行。我們必須穿過世界上最危險的道路，全長大約一公里，右邊不到一百公尺外部署著敘利亞政府的軍隊，左邊則是叛軍人馬。

阿布．穆罕默丹將車停在安全的地方。他環顧四周，伸出手跟我們握手。我知道，就像阿馬爾一樣，這代表道別。阿馬爾說：「大衛，繼續往前你沒問題嗎？」我抿起嘴唇點點頭。情勢太過危急，當然值得冒險。兩輛車的駕駛互相點了點頭，然後阿布．穆罕默丹踩著油門，我們全速衝刺到那些障礙前。我永遠也不曉得後來究竟如何穿過廢棄車輛的縫隙——車子好像是以極高速左右打滑。但我們辦到了，成功通過障礙，沒遇到一槍一彈。

回馬槍

往北的其餘路程就輕鬆許多，就連當局戰機瞄準我們的威脅也似乎不大。我們抵達了巴布哈瓦，接下來三天內沒日沒夜地進行手術，努力減少需要重建手術的傷患人數。我們四人——我、阿馬爾、阿布．侯賽法和阿布．沃席姆——充當外科手術的輸送帶，未達目標絕不罷休。我們定時關切那名男孩，他看起來恢復得不錯。不可思議的是，併腿皮瓣依然運作良好，而繞道移植的動脈也發揮了功用，沒有出現敗血症的跡象。

我們四人都住在醫院旁安全屋的小房間內。最後一天，重症專科醫師阿馬爾．柴克里亞出現了——不曉得他從何得知我們的位置，他說要安排水果宴當作給我們的贈禮。我從來沒有聽過水果宴，但接近傍晚時分，他再度出現，帶來了新鮮的香蕉、蘋果、柳橙等形形色色的水果，全都放在一個大盤子裡。

我們享受著水果大餐時，彷彿從肩膀卸下了重擔。但跟往常一樣，這趟任務最後也有個回馬槍。突然間，屋外砲火隆隆。我透過窗戶縫隙朝外看，大約二十名武裝分子向我們走來，有些人拿著武器，有些人用大口徑機關槍坐在軍卡後座。看樣子，我注定離不開敘利亞了。若阿馬爾．柴克里亞找得到我們，其他人當然也行。ＩＳＩＳ終於發現我了嗎？我看著阿馬爾，他首次露出恐懼的表情，臉色因害怕而蒼白。

我開始恐慌起來，渾身又冷又濕，開始抖個不停。外面的戰鬥愈發激烈。我們趴在地板上往床底鑽。我在想自己是否應該跑出去躲起來，便把這個念頭告訴阿馬爾。在我看來，此舉有兩項目的：第一，其他人不會因為跟我有關係而受害；其次，這樣存活率可能高於困在這個房間內。但前門是唯一的出口，離開就一定會被看見。因此，我只好閉上眼睛躺在原地，內心充滿絕望。既是為自己感到絕望，也是為黑暗籠罩的可憐敘利亞感到絕望。

槍擊持續了大約一小時，敘利亞自由軍從我們周圍的陣地開火。醫院院長孟澤逮到機會進入我們所在的房間，從容不迫地告訴我不用擔心，這只是敘利亞自由軍的兩個敵對派系在交火。

後來我才知道，他是為了保護我才隱瞞了真相。這些就是ＩＳＩＳ的戰士，他們以後再也沒機會抓我當人質了。六個月後，在土耳其的一場醫學會議上，孟澤坦承了這件事。我感謝他善意的謊言——若當時我知道這一點，心理承受的壓力無疑會要了我的命。幾小時後，雙方的戰鬥停了下來，我和阿馬爾進入土耳其。我們向阿布·侯賽法和阿布·沃席姆道別。他們要再陪小男孩幾天，若屆時道路仍然暢通，就會返回阿勒坡。

才剛跨越邊境，我的電話就響了。我在WhatApp收到了一張阿勒坡最優秀麻醉師穆罕默德·威比的照片，他靜靜躺在裹屍布裡。原來，他在前往另一家醫院的途中，被一枚桶裝炸彈給炸死。但我已麻木到不覺得難過，死亡早已變得司空見慣。

我們一抵達「解救敘利亞」在雷伊漢勒的辦公室，我便先跟醫療救援組織負責人加尼姆·塔雅拉談話。對於我們能全身而退，他大大鬆了口氣，不難從語氣聽出他先前的惶惶不安。

我接下來打電話給艾莉。我們有六週幾乎沒說到半句話，再度能跟她聊天，我感到既陌生又美妙。令我開心的是，她似乎還喜歡著我。但我不再確定自己是誰了。我被這趟任務弄得身心俱疲，不確定艾莉是否有意願或能力讓我重新振作起來。

12

醫者先醫己

每當我完成艱難的醫療任務回國，都會察覺自己有段時間的行為不大一樣，因為要慢慢放鬆、重新適應倫敦的生活與工作。父母過去對我的教誨都是待人有禮、懂得尊重，並且凡事要看別人的優點。但在結束辛苦的海外醫療任務後，我的性格有時確實產生了變化，同事偶爾會跟我反應，我回國後變得急躁又易怒。

久處戰地的影響

我與阿馬爾當天都待在土耳其的雷伊漢勒鎮，安安靜靜地吃了頓飯，心情跟前一年的歡欣鼓舞截然不同。他問我回到英國後有何打算。說也奇怪，除了跟艾莉見面，我唯一能想到的就是游泳。我想穿越沙灘，往海裡愈走愈深，直到海浪蓋過頭頂，這想被淨化的渴望，也許是出於要洗去目睹過的各種可怕景象，然後重新開始，宛如受洗儀式。

我最熟悉的海岸線位於蘇格蘭的聖安德魯斯，那裡是我的大學所在。我很享受那段求學歲月，極度渴望再訪這個充滿美好回憶的地方。我還想讓艾莉看看我的過往與出身。我剛從希斯洛機場出來就看到她，在熙來攘往的機場內，她靜靜地站著，已等了我好幾個小時。隔天一早，我們搭機前往愛丁堡，再租了一台車開往聖安德魯斯，我先訂好了一家豪華飯店，雖然戶頭的餘額不足，我一點也不在乎。

那幾天過得如夢似幻。令我寬心的是，在敘利亞期間，我們被迫分隔兩地又缺乏聯絡，但對彼此的感覺並沒有改變。艾莉似乎憑著直覺，便懂得如何讓我忘卻阿勒坡的死亡和災害。最後一天晚上，我突然向她提出游泳的想法。當時是十月中旬，天色黑暗，我們往海邊走去時，西沙灘（West Sands）正刮著大風。我知道這實在很瘋狂，但我一定得到海裡游泳，洗去記憶裡桶裝炸彈、塵土和沉默孩子的陰影。我轉身面對著艾莉，告訴她不必陪我一起游，但她回答：「你去哪我就去哪。」我們脫下外衣，奔跑入海。周圍一片漆黑，僅有偶爾浪上閃著亮光，而且寒意逼人。我們盲目地往前涉水，直到感覺海水拍打著大腿，便一股腦地跳進海中。我覺得自己又活了過來。

就在那一刻，我決定艾莉就是我想共度餘生的女人。

我們離開蘇格蘭後，便回歸日常生活，只是一切顯得反常。以往，每當我完成艱難的醫療任務回國，都會察覺自己有段時間的行為不大一樣，因為要慢慢放鬆、重新適應倫敦的生活與工作。父母過去對我的教誨都是待人有禮、懂得尊重，並且凡事要看別人的優點。但在結束辛苦的海外醫療任務後，我的性格有時確實產生了變化，同事偶爾會跟我反應，我回國後變得急躁又易怒。

這種任務後的壓力極少會真的爆發。我記得有次結束查德與達佛邊境的醫療任務，隔天坐在倫敦辦公室的情景。那次任務中，許多產婦與嬰兒都在極其困難的剖腹手術中死亡，血庫和補給品雙雙不足，我不僅因為手術而疲憊不堪，內心也因為目睹太多苦難而受創。跟以往一樣，孩子們的遭遇深深令我不捨。

這時大概不大適合進行私人門診——我在史隆廣場旁的診間所處理的醫療問題，都顯得毫無意義又微不足道。我慣性地點頭敷衍過去，但下午過了一半時，便覺得愈發緊繃和憤怒。

那天倒數第二名患者問我先前告假去哪了。我告訴她，自己剛從達佛地區回來，當地生活格外辛苦。她很擔心網狀靜脈曲張，認為這看起來很不雅觀。我幫她注射了一種藥劑，會讓這些淺層靜脈萎縮。「這種藥你一定帶了很多瓶去非洲吧，」她說：「治療那些有網狀靜脈曲張的窮人。」當然，她不理解我在非洲的工作並非她的錯，但這句話宛如催化劑，引發了接下來的事。

最後一名病人進來。她非常、非常不高興，因為她等了六星期才約到我看診，也表示自己非常、非常失望，因為我似乎並不在乎她被迫等這麼久。她開始談論自己的症狀，在我看來又是芝麻綠豆的小事。她開口說話時，我耳邊隆隆作響，而她喋喋不休、下巴動個不停，我卻一句話也聽不見，體內的緊繃感愈來愈大，直到我再也無法忍受，頓時站了起來，用力地大聲吼叫。

她滿臉吃驚地看著我說：「現在到底是什麼情況？」

「啊啊啊！」我再度大叫起來，抓住右大腿，搖搖晃晃地在診間走來走去，假裝十分痛苦。必須先找個理由打發她，才能叫她滾出診間。

「我的坐骨神經痛，」我倒在沙發上喘著氣說：「嚴重的坐骨神經痛。」

「噢天哪，你覺得我要先離開嗎？」

「是的——啊啊啊，喔喔喔好痛——是的，真不好意思。」

我打開門，說我痛到沒辦法看診，她可以下個月再約診，因為我可能需要住院觀察一陣子。

語畢，她就離開了。接下來的三小時，我單純就坐在診間椅子上，雙眼直盯著天花板放空。

值得慶幸的是，這類情況非常罕見，大多數時候我都能替自己的狀況找到原因，相信一切終究都會好起來，向來是如此。但現在距離「好起來」還有很長的路要走。過去十個月以來，發生了太多事，我在非洲的醫療任務苦不堪言；我去了加薩一趟，不僅逼近死亡邊緣，還得面對一項殘忍的事實：假如我死了，生命中似乎沒有任何人會留意；我二度前往敘利亞，那裡無辜的平民和孩童遭受慘無人道的暴力，而世界各國卻大都予以忽視。

我的狀況很不好。回國不久，我受邀到白金漢宮與女王共進私人午宴，而逐漸喪失的應對能力在此表露無遺。我不知道這場午宴是如何談成的，只知道艾迪．梅爾專訪我的那集節目感動了許多人，所以大概有皇室成員也收聽了吧。無論如何，在我回國後不久，某天我穿著當時唯一一套西裝，一邊向艾莉揮手告別，一邊穿過白金漢宮的大門。

宮殿四周鍍金的牆壁與阿勒坡滿目瘡痍的街道對比強烈，我的腦袋開始感到很不對勁。我沿著紅地毯走進一間接待室，跟其他賓客尷尬地排排站。我覺得自己有夠虛偽，一股內疚感襲來——阿勒坡的朋友都還在受苦受難，我不應該在此享受眼前輝煌的裝潢與溫暖的款待。我看了一下座位表，才發現自己坐在女王的左邊，我當然知道這是項榮譽。但在當時，我內心的恐慌症其實一觸即發。

我傻傻地跟其他賓客站在一起，跟菲利普親王閒聊著，天曉得他當時心裡作何感想。最後，我們被帶到了宴會廳，一位侍者領我前往女王旁邊的座位。根據王室禮儀，女王會在午餐前半跟右邊的賓客說話，後半則會轉向左邊的賓客。我現在才想到，自己應該先跟左邊的人說話，但實在不記得當時是否按規矩來，無論是誰想必認為我非常失禮。我只記得自己盯著前方放空。

甜點端上來了，女王轉向我。第一時間，我聽不見她在說什麼，因為阿勒坡醫院附近的爆炸損傷了聽力。我努力想開口說話，但什麼也說不出來，真的不是我不想跟女王聊天，我單純是說不出話來，不知道說什麼好。

她問我從哪裡來。我想她以為我會回答「來自漢默史密斯」之類的話，但我說自己最近剛從阿勒坡回來。

「原來如此，」她說：「感覺怎麼樣？」

感覺怎麼樣？我能說什麼呢？我的腦海立刻浮現有毒的灰塵、壓垮的課桌椅，還有血跡斑斑、四肢殘缺不全的孩子，還有艾倫．亨寧等死狀淒慘的歐美人士。

我不知道為何當時會發生這種事，也不知道為何居然是女王讓我內心潰堤。也許因為她是一國之母，我卻已失去了母親。我的下唇開始顫抖，只想放聲大哭，但還是盡力控制自己。我希望她不會再問我阿勒坡的事，心想若她繼續問下去，我會完全控制不住淚水。

她饒富興味地看著我，摸了摸我的手，然後跟一名侍者悄悄說了兩句話，侍者指著她面前的一個銀盒子。我看著她打開盒子，裡頭裝滿了餅乾。「這些是餵狗兒的零食喔。」她邊說邊把一塊餅乾掰成兩半遞了我。我們把餅乾餵給桌子底下的柯基犬，接下來的時間裡，她聊起自己養的狗兒，像是總共養了多少隻、分別叫什麼名字、年紀都多大了，同時輕輕摸揉著牠們。我的焦慮和悲傷慢慢消失了。

「你看，」女王說：「這比聊天好多了，是不是？」

實在了不起的是，伊麗莎白女王直覺地看出我內心的脆弱，還對素未謀面的我展現了同情心。雖然我勉強躲過了尷尬的場面，但這並沒有改變我身心狀態不佳的事實。

我變得容易被雞毛蒜皮的小事惹怒，也會無謂地與人爭執。我覺得自己與周圍的世界格格不入，彷彿跟現實脫節，行為變得愈來愈不理性。我動不動就發飆，內心總是十分暴躁。

愛與羈絆

對於我經歷的煎熬，艾莉非常有耐心地陪伴，但她也看出我不大對勁，當然心情也受到影響。我記得，有次她買了件漂亮的連身裙給自己，當天傍晚我們在外頭逛逛，她對我反常的舉止憂心忡忡，不顧身上穿著新衣，便直接坐在骯髒的人行道上，雙手掩面哭泣。我記得當時心想：「我到底在幹麼？」但我掙脫不了情緒的枷鎖，只能呆呆站在原地看她，宛如一頭笨拙的怪物。

聖誕節期間，我們去夏慕尼滑雪，飯店房間號碼剛好是一〇一。在喬治．歐威爾的小說《一九八四》中，一〇一號房是仁愛部的刑訊室，是大權在握的黨拷問囚犯的地方，手段駭人殘忍。我不知道究竟是海拔太高，還是我精神狀態不佳，但在那個房間裡，我陷入了精神錯亂和妄想的深淵。

可憐的艾莉，被迫承受很多苦。我像胎兒般蜷縮在門前動彈不得，彷彿能藉此抽離地觀察自己，看著艾莉愈來愈心煩意亂。我開始愛起衝突，開始挑剔她個性的方方面面。我把她視為看守我的人、劊子手，自己得阻止她離開房間。如此持續好幾天，我差點失去了她。

儘管不知何故，我有嚴重的精神病，反正我得找人談談。我們一回到倫敦，我就去看一位認識的精神科醫師。他幫了很大的忙，不僅聽我流淚傾訴了好幾小時，還適時給予嚴厲的教訓，例如說：「冷靜一點，不要再像個爛人了，對她好一點。」當然，艾莉說的也差不多，但我非得從其他人口中聽到。

我的人生大多數時間都很孤獨。說來荒唐，對我付出這麼多愛、帶我看到不同生活可能的人，竟然是我最生氣的對象。我從來沒對任何人有過如此強烈的愛，卻又似乎想把她推開。

一般很容易以為，我的崩潰是多年來壓力累積所造成——多次與死亡擦身而過、工作本身的危險、看到無辜平民與孩子受害帶來的情感衝擊等等。但在以前，我都能加以放下、繼續向前。現在又有什麼差別呢？是因為二〇一四年的任務特別辛苦，尤其是前往遭桶裝炸彈無情襲擊的阿勒坡嗎？也許吧。但我認為是艾莉的緣故，以前我在國內沒什麼值得留戀，現在有了掛念的人。某些方面看來，這實在很令人心慌。如今面臨的考驗太多了。

在專業的協助下，我開始處理自己的問題。我參加了認知行為療法的課程，還考慮服用抗精神病的藥物，只是最後證明這些治療非屬必要。幸虧有艾莉無比的耐心和毅力，我才重新爬出泥沼。

隨著病情好轉，我的心魔退到了陰影中，世界依然繼續轉動，偶爾仍會接到出任務的電話。由於二〇一二年結束阿特邁的任務後，我就被禁止參與「無國界醫生」的醫療團，因此二〇一五年四月下旬「無國界醫生」主動聯絡，令我大感訝異。他們希望我前往尼泊爾的阿魯卡德鎮，靠近大地震的震央。那場地震造成大約九千人死亡、超過兩萬人受傷。他們需要在數小時內得到答覆。若我願意，就會在那天稍晚搭機前往。

但現在情況不同了，我和艾莉已共結連理。不僅如此，就在我們結婚前十天，我正在洗澡時，艾莉走進浴室，叫我馬上出來。她遞給我一根驗孕棒，上頭顯示了陽性。

雖然尼泊爾不是戰區，但那裡的環境艱辛，進出都不容易。然而，我對於他人的求助，同樣湧現發自內心的情感。我極力抑制前往的衝動，也拒絕了他們的請求。但後來他們又打電話來，當地又發生了地震，是很大的餘震，他們真的需要幫助。我真的不得不去。雖然很難開口，我還是打了電話給艾莉，她起初既震驚又難過，但我們跟彼此說再見時，她仍像往常一樣，展現了堅定與支持的態度。

抵達加德滿都後，我坐在一輛汽車裡，足足花了七小時才越過各處山崩地裂，到達「無國界醫生」的一家充氣式戰地醫院。在我來到之前，很多傷患已受到應有的照護，我之後的角色根本不是外傷醫師，而成了婦產科醫生。我下車時，正因長途奔波勞累不堪，一位助產師跑了過來，對我說：「謝天謝地你來了，有個胎兒臀位阻礙產程，我們現在就需要你來幫忙，已經有一隻腳跑到陰道外了！」令我高興又放心的是，瑞秋．克雷文是負責的麻醉師，沒多久，她便幫產婦做了脊髓麻醉，我則進行下段剖腹產，把嬰兒接生下來。

我一回國，就跟艾莉長談。她發覺遇到這類情況，我根本控制不了自己當志工的衝動，必定會是我們共度人生的一部分。但孩子就要出生了，我們都認為，丈夫和父親的新責任可能會影響我選擇出國的地點。

我不在家時，艾利還完成了我多年來一直想實施的計畫，但我既沒有時間也沒有相關知識來進行。我知道，若我們能贊助世界各地外科醫師參加英國皇家外科學會的「嚴峻環境外科訓練」課程，絕對會取得更好的成果。但我們需要錢，這代表要募款，因此需要設立慈善機構。在艾莉的努力奔走之下，終於在二〇一五年七月，大衛．諾特基金會（David Nott Foundation）誕生，正式成為慈善機構。

同一個月，我們也迎接了大女兒莫莉的到來，她在我從敘利亞回來的九個月後出生。一般人常常說，升格父母是人生中最美好的日子，這話很有道理：你周圍的世界煥然一新，自己不再是基因鏈的終點，而僅僅是其中一環。我與艾莉身旁圍繞的朋友和同事，都跟我在雀兒喜暨西敏醫院共事了二十多年，包括產科醫師馬克．強森和麻醉師馬克．考克斯——他這時大概已原諒我上次開直升機差點害死他。迎接新生是神奇的體驗，二十個月後加入我們小家庭的妹妹伊麗莎白．羅斯亦如是，至今依然感覺不可思議。

現在該基金會已開始運作，世界各地的外科醫師可以申請獎學金來支付學費和所有交通與住宿開銷。他們將帶著全新技術和大量新知返國，為患者提供更好的醫療服務。我們還開設了一門衛星課程，稱作「險惡環境外科訓練」（HEST），可以帶到前線，提供無法離開崗位的戰地外科醫生修習。過去兩年來，我們已用這門課程在土耳其與敘利亞邊境、葉門、約旦河西岸、加薩、利比亞、伊拉克和喀麥隆培訓外科醫師。到目前為止，我們已培訓超過七百名當地外科醫師。

這項專業知識現在比過去更為重要。二〇一五年九月，俄羅斯在內外交迫的阿薩德政權請求下，出軍進入敘利亞，最初的理由是要打擊境內ＩＳＩＳ勢力，但想當然耳，他們其實是要支援敘利亞政權。阿薩德的軍隊力量正在下滑，而且已獲得伊朗和真主黨民兵的奧援。俄羅斯的介入也符合其國家利益，藉由起身對抗歐美，俄羅斯總統普丁可以挑戰美國在中東地區數十年來的壟斷地位。

殘酷的化學武器

二〇一六年三月，我請了三週假，回到邊境雷伊漢勒一家小醫院，那裡的患者獲准離開敘利亞接受治療。有很多患者讓我難過落淚，甚至是在急診部檢查時就已控制不住。因為莫莉的關係，我與眼前孩子建立更深的情感連結。一名小女孩幾個月前遇到空襲，因而嚴重燒傷，不但失去雙手，臉部還嚴重受創。她父母用嬰兒車把她推進門診診所，上頭用陽傘遮著，這樣就沒人會看到。她的父母給我看了女孩以前的照片，實在好像莫莉，我心都碎了。

二〇一六年七月十九日，卡斯泰洛路被徹底封鎖，阿勒坡城東被政府軍完全包圍。與此同時，阿布・沃席姆用WhatsApp發來許多影片和照片，都是希望我能協助處理的病例。我盡力提出自己的建議，但這真的是接二連三的苦難，他也受到吃力不討好的工作影響。有天，他發來兩張重傷孩子的照片。「看看這個女孩，」他寫道：「這是今天俄羅斯爆炸案其中一名受害者。這孩子的手臂和臉都廢了。」

「太可怕了，」我回說：「她活得下來嗎？」

「可憐就可憐在她活下來了。」

最新的威脅是化學武器——他告訴我，他最近收了大約二十名遭氯氣攻擊而中毒的患者，急診部人滿為患，他沒有足夠的面罩或氧氣瓶來治療所有人。後來有兩名患者死於氯中毒，因為氯遇到水會發生反應，形成氫氯酸，不幸吸入氣體的受害者肺部便遭溶解。

一星期後，我收到阿布・穆罕默丹的訊息，他仍在M10醫院工作。他寄來一張自己最近在治療的小男孩照片。那陣子，有一段影片在社群媒體瘋傳，各個新聞頻道也大肆報導，主角正是這名嚇得呆若木雞的孩子，臉上還沾著血漬。小男孩顯然不明白周遭發生什麼事，頭皮上有一道嚴重的傷口，血就順著他的臉往下流。他獨自坐在救護車上，茫然望著前方發呆。沒有人知道他父母的下落。

第二天，阿布・沃席姆傳簡訊告訴我，小男孩的弟弟已住進M1醫院。他的肝臟嚴重受損，最後死在手術台上。沃席姆顯然瀕臨崩潰。局勢怎麼會變得這麼惡劣？究竟何時才會結束？我內心愈來愈難受且憤怒。

二〇一三年，大馬士革郊外的古塔發生化武攻擊，造成四百名孩童死亡，當時歐巴馬總統表示這已「越過紅線」，正等著英國議會就展開軍事行動進行投票。結果票數十分接近，但以兩百八十五票對兩百七十二票，決定不繼續攻擊敘利亞政權。不幸的是，這似乎成了首相大衛・卡麥隆和反對黨黨魁艾德・米勒班之間的政治角力，而不是為了做對的事。在某種程度上，這是對前首相東尼・布萊爾十年前支持美國入侵伊拉克的反撲。伊拉克戰爭的餘波，留下了沉重的包袱：

英國人不想再捲入別人的戰爭，何況還發生在他們知之甚少的遙遠國度。但我很肯定，假如當時西方國家展現強而有力的領導魅力，敘利亞的軍事體系勢必會崩盤。

在二〇一三年古塔的攻擊後，阿薩德政權承認擁有化學武器，同意接受聯合國安理會第二一一八號決議所背書的國際監督。（銷毀化學武器庫存的最後期限是二〇一四年上半年，敘國政府當時聲稱已悉數銷毀。然而，二〇一七年四月汗謝洪化武攻擊事件和二〇一八年四月度瑪攻擊顯示，當局不是在撒謊，就是又補充庫存了。）與此同時，阿布．沃席姆繼續傳來簡訊，說他的醫院周遭被投擲裝載大量氯氣的桶裝炸彈，攻擊事件日益增多。

Skype 指導顎部重建手術

二〇一六年八月底，沃席姆再度聯絡我，詢問是否能協助他們治療一名臉部遭桶裝炸彈炸傷的男性患者。他今年三十歲，已是三名孩子的父親，有幾名朋友也在那次攻擊中喪生。他的嘴巴和下顎懸空，感染的風險極大。醫院團隊已盡力搶救，但想知道我能否能幫忙重建患者的顎部。不可思議的是，他們在M10設置了電腦斷層掃描儀，還透過WhatsApp寄來患者的照片。

我把這些照片給幾位同事看，他們都是顎面手術的專家。患者只剩顎骨兩側兩根腓骨，連接著上顎和頭部之間的顳顎關節。

隨便問十位不同外科醫師的意見，會得到十種不同的答案。平心而論，這項決定十分艱難。

部分外科醫師說重建並不可能，部分則說唯一方法是用腿部（包括一根腿骨）的游離皮瓣，再用顯微鏡縫合細小動靜脈。我想用金屬板，將其加工成半圓形，好用螺絲接起剩下兩塊骨頭，這樣就完成了顎部輪廓。金屬板再用肌肉覆蓋以重建嘴巴底部，嘴巴前部則由連接肌肉的皮膚覆蓋，即所謂的肌皮瓣。即使是在最佳情況下，這也屬於大型手術。由我從倫敦遠端指導操作，根本是前所未聞。

我們決定姑且一試，運用由鎖骨下動脈供血的胸大肌肌肉皮瓣，再拿一塊適合的皮膚旋轉來覆蓋新下顎。沃席姆等同事非常興奮。他們有一星期的時間在剩下的醫院和廢墟中搜索消毒過的金屬板與螺絲。與此同時，我盡量提供這項手術的相關資訊。

手術前一天，我們進行了最後一次Skype通話，確定他們有足夠的血液可供手術使用。碰巧的是，BBC二台的《新聞之夜》（*Newsnight*）向我詢問阿勒坡的局勢，我便說自己要用Skype遠端指導一項高難度的手術。他們同意記錄手術過程，跟全世界分享阿勒坡受困醫師們非凡的勇氣。

所以我就在倫敦，看著一面大型電視螢幕，患者躺在阿勒坡M10醫院的手術台上熟睡。我們設定好Skype通話，手術室內有人把iPhone架在手術台上方的自拍桿上，這樣我就能看到手術過程。由於那位外科醫師以前沒做過這種手術，因此我開始一步步指導。首先，他們用螺絲把金屬板固定在顎骨剩下的兩根腓骨上，這就大約花了兩小時，再來就是手術中最困難的部分。胸大肌是位於乳頭下方前胸的闊肌，由於他們從來沒有動過這塊肌肉，也不知道該在哪裡做切口，因此我先要他們拉起一片三角肌皮瓣，即把鎖骨下方一大塊皮膚從胸部提起，以露出整個胸大肌。這又花了一小時。與此同時，我們還要進行了許多測量，以確定金屬板下面的肌肉和皮膚，確實會旋入嘴巴和下顎底部。

我們繼續進行手術，我明確指導他們在哪裡做切口。接下來六小時，他們使用正確的肌肉量和皮膚量，最後成功完成了手術，實在是了不起的成就。

幾天後，該報導在《新聞之夜》播出，現在在YouTube上仍看得到。手術除了幫助了病人，更提振了醫師的士氣——一想到世界各地的人都看到發生什麼事，便從中獲得了希望。阿布．沃席姆與同事後續仍告知我患者的狀況。M10的醫師們取出患者氣切管時，沃席姆忍不住哭著說：「上帝保佑啊。」我很高興自己能同時幫助我的同事和患者，這是黑暗戰事中的一絲希望曙光。

陷入困境的城市

然而到了九月，局勢急轉直下。該月最後一個週末，我收到大約一百則敘利亞同事傳來的WhatsApp簡訊。在經歷了整天密集的桶裝炸彈和空襲之後，他們在短短幾小時內收到的傷亡人數就有一百六十八名，其中大約一半是兒童，還有許多其他人生死未卜。當時，民眾似乎是在市場上排隊領取糧食，一批戰機忽然飛來發射火箭砲。除了火箭砲，敘國政府軍和俄軍還投擲了集束炸彈，以及所謂「碉堡剋星」的更大爆炸裝置，這種炸彈撞擊地面時會鑽出一個洞，然後在地表幾公尺下爆炸，殺死躲在自家地下室的民眾。醫院還接收了一些傷患，他們的體內似乎深嵌了球軸承，十分駭人。我不僅極度擔心同事們，也害怕敘利亞平民和無辜孩童被殺害殆盡。

我想盡快行動來敦促政治人物阻止這場災難惡化。艾莉建議我去見安德魯・米契爾，他是為人道事務大力發聲的議員，擔任國際開發部部長期間盡心盡力。出乎意料的是，他同意會面。我們討論了當前的局勢，談到阿勒坡城東平民每天遭到敘利亞與俄羅斯戰機轟炸。我給他看了我收到的死亡和垂死孩童的照片，建議英國政府真的需要介入來阻止這場屠殺。

我也發動了媒體攻勢，一有機會就會現身廣播和電視節目，談論眼下發生的事，以及醫師們面臨的風險。十月初，即那場Skype手術成功的幾週後，這種風險更是加遽。我收到WhatsApp的一段影片，一枚碉堡剋星直接從M10手術室上方落下，手術室座標想必已遭洩露，否則不可能如此精準。我心懷恐懼地猜想，有人一定駭入Skype通話，並推算出M10的位置。在碉堡剋星落下後幾分鐘內，又有三枚油桶裝炸彈和兩枚集束炸彈落在M10上頭。當時，該醫院的加護病房、一般病房和恢康室全都滿床。不僅醫院遭到炸毀，許多患者也因此死亡，生還者被轉送到附近的醫院，但連這些醫院也遭受攻擊。然而，我的外科同事全都奇蹟似地撿回一命。

十月五日，在歷經多番外交斡旋後，終於有一支聯合國車隊準備運送醫療物資至阿勒坡城東，卻在途中遭遇空襲，所有人員不幸罹難，但俄、敘兩國空軍均否認犯行。五天後，時任英國駐聯合國大使馬修・瑞克勞福特在安理會發表了措詞嚴厲的演說，譴責俄羅斯暗中支援敘國政府進行空前猛烈的轟炸，敘國佯裝想實現和平，實際上根本是騙局。俄羅斯代表先前否決了一項恢復停火、結束空襲的決議草案，僅同意對敘國ＩＳＩＳ和附屬蓋達組織的叛軍停火。這是俄羅斯第四次利用其安理會常任理事國的身分，阻止聯合國對敘利亞採取行動。

與此同時，安德魯・米契爾依據議事規則第二十四條，向下議院議長申請緊急辯論。辯論在十月十一日進行，我和艾利坐在旁聽席上觀看，許多好心人士發表了看法，但現場沒有坐滿，最後我們極度失望地離開。然而，至少議會已開始討論阿勒坡的暴行，就這層意義來說，辯論確實奏效。在那之前，我一直覺得眾議員只想裝傻。

接下來幾天內，又有四百名平民死亡、數千人受傷，好幾家醫院也陸續停擺。阿勒坡市醫療委員會簡直快撐不下去了，因為傷亡人數日益上升，醫療物資卻是快速減少。他們終於提出正式請求，希望聯合國撤離傷者並提供人道援助。但由於之前的載運車隊多次遇襲，使得聯合國對此置若罔聞。

十月下旬，我和慕尼爾一起回到敘利亞的巴布哈瓦醫院，幫在阿勒坡周圍猛烈砲擊中受傷的部分患者開刀。敘利亞政府聲稱，已提供了安全走廊給想離開阿勒坡城東的平民，但沒有人敢接受這項提議，因為他們不相信真的能安全通過。

接下來兩週內，空襲次數有所減少，儘管糧食和醫療物資愈發吃緊，但阿勒坡傳來的消息似乎變得樂觀。我不禁好奇，國際輿論壓力是否終於發揮了作用。但沒多久，風險再次升高。十一月中旬，敘利亞政權從空中大量發送傳單，告訴所有人得在二十四小時內穿越所謂的安全走廊，否則屆時政府對阿勒坡城東發動大規模攻擊，一切後果自負。隔天，發生了將近兩百次空襲，還伴隨將近兩百枚砲彈，造成數百名平民死亡，兒童醫院被摧毀殆盡。但許多人仍然選擇留下來——他們不想離開自己的家，擔心一旦向阿薩德政權投降，就會遭到逮捕或更淒慘的下場。

回國後，我盡可能投稿每家報紙、接受所有電視與廣播電台的訪問。我認為，我們必須幫助這些民眾逃離，而且是經由他們信賴的路線，而不是接受敘利亞政府安排或監督的走廊。但要如何做到呢？這似乎是一項不可能的任務。敘利亞和俄羅斯在阿勒坡的暴行，讓整座城市陷入困境。我們究竟該從何處著手呢？

13

逃出阿勒坡

我從伊斯坦堡飛到哈塔伊機場，再驅車前往雷伊漢勒。BBC派了一支攝影團隊跟著我，記錄這個奇蹟般的時刻：那名勇敢的小女孩朝我微笑，一副健康的模樣。「哇，看看這是誰呀，」我邊看她邊說：「我帶了一個娃娃要給妳喔。」小女孩臉上洋溢著希望、幸福、純真、愛，也許還有寬恕，具體而微呈現了世界的美好……

誰能終止這場災難？

接下來幾週，我被捲入了國際外交與祕密談判的晦暗世界。阿勒坡的圍城情勢愈來愈讓人難以忍受——政府軍的攻擊愈發猛烈，由叛軍掌控的據點卻日益縮減，而我的友人都在那裡工作。傷亡人數持續攀升，物資供給不斷減少，風險愈來愈大。

我很希望能擴大對阿勒坡人民的救助，但自己畢竟施展不了奇蹟，更不可能想出拯救數萬人的辦法；畢竟，光是思考如何幫助自己共事過的三十來位同事就夠難了。我發現把思緒專注在一個人身上比較簡單：好友阿布．沃席姆。我下定決心，一定要把沃席姆救出阿勒坡，若其他人能跟他一同脫逃當然更好。

我向來都能在專注於特定目標後，鍥而不捨地追求，有時行為並不合乎邏輯或常識，也許可以說我頑固吧。在海地幫蘭蒂娜申請護照就是一個例子，另一個例子則要回溯到我當主治醫師之初，也許那件事也因此替我往後的行醫生涯定了調。

當時我在查令十字醫院服務，緊急被叫到急診部看一名年輕女子的傷勢。她先前在漢默史密斯站，不慎跌入月台與列車的縫隙，奮力爬回月台的同時，列車開始移動，造成她的骨盆動彈不得，而隨著列車駛離月台，她的骨盆和雙腿也被轉了將近一百八十度，上半身卻仍保持直立狀態。

我走進急診部，身穿母親為我升任主治醫師所買的新西裝，眼前是一名大量失血的年輕女子。她的名字叫伊薇特，已當場接受麻醉，目前是靠呼吸器維生。她需要立即手術，血壓低得危險，收縮壓僅四十左右。急診部的團隊迅速架起點滴，但若我等他們完成前置作業，女子肯定就會死了。我脫下外套、捲起襯衫袖子，要來一雙消毒手套和一把手術刀，首先需要馬上止血。我知道自己得夾住她的主動脈，於是選擇了最短路徑，令在場所有人都有點吃驚。這步驟看起來的確有些極端：我沒有使用任何殺菌劑，就在胸骨和恥骨之間劃出一條中線切口，再迅速用十字鉗夾住主動脈。她的骨盆扭曲變形——但這得等血壓回升之後才能處理。

我的新褲新鞋沾滿了血，就連外套都在一片混亂中搞丟了。我很快在外科醫師更衣室裡穿上了手術服，然後走進手術室。女子的輸尿管、膀胱、陰道、子宮與所有的大動脈和靜脈都受損嚴重。她的骨盆在旋轉時，骨盆骨的骨針刺穿了該部位的各個器官與主要血管。

我很需要協助，便請來一位我十分敬重的泌尿科主治醫師喬納森・拉姆齊，同時讓值班骨科醫師幫她固定住骨盆。此時，我已盡量夾住看得到的出血動靜脈，抑制了大部分的出血。骨科醫師從外部固定骨盆，而我和喬納森激烈討論該怎麼辦。巨大的撕裂傷一路延伸到子宮和膀胱，血液正不斷湧出。負責從腎臟輸送尿液至膀胱的輸尿管也受到損傷，亟需喬納森的專業技術。針對是否應該切除子宮，我們討論得相當煎熬，應該直接取出子宮？抑或應該保住子宮？如果我們保住子宮，患者最後死了，那絕對是個悲劇；但若她活下來，以後就還可能懷孕生子。這兩個選項都伴隨很大的風險。

喬納森把她的器官逐一縫合，而我負責縫合血管、重建骨盆與腿的動脈血流。我們縫了好幾個小時，直到所有出血全部停止。

但她依然未脫離險境。姑且不論其他問題，她的骨盆還有撕脫傷——即皮膚與下方組織分離。晚上七點左右，她被送進加護病房，但根據她的傷勢，我們認為她撐過當晚的機率只有一成。

就在那時，我發現自己踏上一條無法回頭的道路。我下定決心，絕對不會讓她在我眼前死去。當晚每逢整點，我會用紗布幫她包紮各個出血點，只要紗布被血浸透就立即更換。隔天早上九點，我已筋疲力盡，但她還活著。

接下來三個月，在加護病房主任馬克．帕拉佐的密切照顧下，伊薇特多次來回於加護病房與手術室，接受整形手術和泌尿手術。在普通病房住了幾個月後，她終於出院了，回到不離不棄的家人與準未婚夫身邊。兩年後，我和喬納森坐在教堂中，看著伊薇特挽著父親的手臂走了進來，我感動得流下眼淚。這是值得紀念的一刻——後來聽說她要迎接第一個孩子，同樣值得欣慰。

不願接受伊薇特可能會死的固執態度一直留在我心裡，而對於拯救阿布．沃席姆，我也同樣態度堅決。他與同事都非常擔心，若真的運用敘利亞政府的安全走廊離開阿勒坡城東，不曉得會受到何種對待。他們太了解被政府當成叛軍的人下場為何了，因此絕對要另覓出路。但這很可能需要聯合國的協助，也幾乎可以肯定需要停火，問題是停火又必須得到阿薩德政權的同意。但他們何必同意？誰來說服他們？他們可能會屈服於來自俄羅斯的壓力，但能否說服俄羅斯人出面是未定之天。而有鑑於俄羅斯在安理會握有否決權，聯合國是否會支持此計畫也很難說。

這些棘手的問題縈繞在我心頭，我簡直不知道從何下手。我決定盡量多管齊下，寄出多封電子郵件，也致電我在國內外的聯絡窗口。每當我收到阿布．沃席姆與他的同事們傳來的WhatsApp訊息，想幫助他們的決心就更加堅定。這些訊息在二〇一六年最後幾週格外頻繁：

> 2016/11/28
>
> 阿勒坡醫師之一：大衛醫生好，求你快點幫我們離開阿勒坡，我們每天都在擔心受怕。
>
> 我：好，我很快就會去救你。如果成行，你覺得會有多少人離開？
>
> 阿勒坡醫師之二：所有的醫療人員應該都會離開，民眾也應該有十萬人左右，真的應該要盡速離開。
>
> 阿勒坡醫師之三：大衛醫生，這裡的情況真的很糟。民眾紛紛逃離政權掌控的地區……許多人只能在街頭流浪，沒有足夠的空房容納……每小時都有愈來愈多民眾逃離……我們估計有超過十萬人想離開遭圍困的阿勒坡……拜託你了醫生，快救大家……因為局勢真的每下愈況。

阿勒坡的醫師也借助不同來源的社群媒體獲得各種資息，但不是所有資訊都很準確，有時他們還會比我早先一步得知。我只能盡力讓他們放心，只要收到關於改善政權走廊安全的任何消息，都會立即告訴他們。

2016/11/29

阿勒坡醫師之三：大衛醫生，我想說件關於走廊的重要事情。先前俄羅斯要求平民離開遭圍困的阿勒坡時，就沒有保證走廊會絕對安全（醫生你也知道，這裡的平民並不相信自己的政府和俄羅斯政府）……對平民來說，必須得到各國對走廊安全的保證。現在的形勢正在迅速惡化……阿薩德政權最近把逮捕的平民送到阿勒坡機場附近的大拘留區。請幫幫剩下的人。

我：你們還好嗎？各國已經開始提升走廊的安全性了。你覺得努斯拉陣線會妨礙你們撤離嗎？

阿勒坡醫師之一：人員撤離要跟努斯拉陣線協商嗎？誰會負責出資？聯合國或者英國政府？這樣安全嗎？

我：我們今天會跟英國政府和聯合國開會，再跟你說結果。有人說努斯拉陣線可能會加以阻撓，你覺得可能嗎？我應該順便跟他們談談嗎？

阿勒坡醫師之一：誰都不能阻隢我們離開……萬事拜託了。

十一月二十九日，我收到上述簡訊的那天，敘利亞政權在阿勒坡城東空投了更多的傳單：「這是最後的希望了……給自己一條生路吧，若不趕快離開這些地區，你們全部都會被殲滅。我們留了一條通行無阻的道路供你們離開。現在就決定……給自己一條生路。大家都走光了，只剩你們獨自面對滅亡。」

不可能的人道撤離

我聯絡倫敦的外交暨國協事務部（Foreign & Commonwelath Office），他們直接跟聯合國進行溝通，關鍵人物是凱文・甘迺迪，他負責協調敘利亞危機的當地人道援助。同時，時任美國國務卿約翰・凱瑞與俄羅斯外交部長瑟吉・拉夫羅夫也在進行大方向的高層討論——美、俄兩國共同擔任國際敘利亞支援小組（International Syria Support Group）的主席，該組織成員包括聯合國、歐盟與其他國家，旨在促進更為廣泛的對話，設法結束敘利亞內戰。

英國外交暨國協事務部表示，由於俄羅斯動用否決權，導致聯合國救援路線完全受阻，實在無能為力。我還得知，外交暨國協事務部可以提供建議和資訊，但不能直接介入，因此也束手無策。但事實證明，我在外交暨國協事務部的聯絡窗口非常幫忙。在電子郵件往返過程中，我經常會提出異想天開的點子，他的回覆每每充滿活力與熱情。至少我找到了跟自己意氣相投的人，因此大受鼓舞。他針對如何跟俄國政府打交道提出建議。畢竟我只是一介普通公民，不可能逕自出現在大使館，必須經歷無比迂迴的途徑，而且得借助當時的外交使節團團長，即在任最久的駐英大使，科威特大使哈立德．杜維森。

於是我開始拜訪俄羅斯大使館，提出必須停止轟炸才能進行人道撤離，也表示阿勒坡的醫師絕對不會利用俄羅斯目前安排的走廊離開。

2016/11/30

阿勒坡醫師之一：大衛醫生好，俄羅斯同意打開安全（但仍屬於敘利亞政府）走廊運送物資。這是真的嗎？也包括撤離嗎？僅限醫療人員嗎？

我：對，俄羅斯似乎已經同意了，正在等待敘利亞政府回應。阿勒坡市議會進行中的談判頗樂觀，不過再等我確認一下。

阿勒坡醫師之二：謝謝醫生，我們會靜靜等待，希望會得到保證……在過去的兩天內，我們治療的傷患多半是試圖移往政府據點的平民……明明知道走廊不安全，但被炸彈和飢餓逼得姑且一試（其實逃不逃都是死路一條）。你昨天看到的照片就是這樣：民眾就死在路邊，身上還背著行李。

但在十二月一日，我收到駐倫敦俄羅斯外交政策團隊負責人寄來的一封電子郵件，詳細引述俄羅斯軍事行動首長中將魯茲柯伊的簡報，聲稱逾九萬名阿勒坡平民已「重獲自由」，傷患正在接受醫療援助，剩下十二歲以上男性都「遭到叛亂分子動員」——即積極反抗敘利亞政權。最令人難以置信的是，我還得知，「遭戰爭摧毀的道路、基礎設施和社會住宅正在重建中。水電也陸續恢復供應，一切都打造了和平生活的基礎」。

這個平行宇宙完全超乎我的認知，迥異於我從阿勒坡同事那獲得的景象。

2016/12/1

阿勒坡醫師之一：醫生你怎麼看？可能撤離醫療人員嗎？

我：會的，但是要再等一下。

阿勒坡醫師之一：好，我們實在是擔心受怕。

2016/12/2

我：親愛的朋友，今天還好嗎？很多幕後協商在進行喔。

阿勒坡醫師之一：我們很平安，謝謝。協商進展如何？你怎麼看？

我：聽到你們平安真是太好了，謝天謝地。正在跟聯合國協商，我到處去敲門拜訪，已經有轉機。注意安全，離政權的走廊遠一點。

阿勒坡醫師之三：太感謝了，大衛醫生……你重新給了我希望。今天我想到自己的太太和小女兒，就忍不住要掉淚。我有四個月沒見到他們了……周圍一再有人死亡，我的心非常脆弱……護士今天早上叫醒我去幫患者看診，一名七十歲的老人受到嚴重碎裂傷，碎片上唇進、脖子出。他在急診室裡冷得發抖……醫生，你也知道我三十二歲了……以前從未見過敘利亞平民遭遇這種情況……戰爭就是犯罪，老百姓恨透了……

就所有報導研判，大約有五百名孩童需要撤離。毫無疑問，這是一切協商的前提，我一面想幫助阿布．沃席姆和他的同事，一面也努力想救出這些孩童。問題是，他們要往哪裡去？當然，家人也必須陪著他們一起。就我跟醫師的交談中可以明顯看出，他們最怕的就是接近政權勢力範圍，因此必須走一條各方都同意的路線。但是哪一條呢？跟國際紅十字會、敘利亞紅新月會和聯合國的協商仍在繼續。

一日七十場手術

2016/12/3

我：在設法把醫生們送去巴布哈瓦。可以告訴我當前情況嗎？你在哪裡？我需要最新資訊。

阿勒坡醫師之一：前線發生大型衝突。我們在卡拉薩附近，非常不安。

我：所有人都在嗎？

阿勒坡醫師之二：是的，M1、M2和M10的醫生都在這裡。

阿勒坡醫師之三：整體局勢很險惡，阿薩德政權的盟友專注於在阿勒坡城東推進……砲擊非常猛烈……前兩天天氣惡劣所以禁飛，但今天戰機又回來轟炸市區，正如媒體所說，阿勒坡遭圍困後，很難運送生活物資。醫療情況也變得更加複雜。大部分重要醫療資源都耗盡了，我們今天只能開始做無氧手術，醫療品質愈來愈差，惡化的速度很快。我現在人在一個小型地下室，這裡已成為迷你醫院，盡可能去拯救平民……手術室只有三公尺見方……我們努力不讓人發現這座小醫院，以免成為攻擊目標。

阿布．沃席姆：每天都有太多外傷要處理，還有一大堆腹部和血管受損的傷患。今天就有五個血管受損的傷患同時出現，但只有阿布．侯賽法幫得了他們。我們曾經一天內完成七十場手術。

我繼續對相關單位施壓，也收到各種高層的電子郵件副本，但很快就發現，聯合國與俄羅斯之間的僵局難以打破。同時，阿勒坡內的安全據點愈來愈受到限縮，政府軍的轟炸不曾停歇。

2016/12/4

阿勒坡醫師之三：今天阿勒坡遭到大量空襲……今天收到的許多外傷傷患，都像這張照片中的孩子一樣。醫生，政府盟軍每天都踩著罹難者屍體，不斷向前推進……今天網路中斷了六個小時，我現在是用最後的網路路由器上網……接下來幾天會很艱困……我不知道自己會不會死、會不會被逮捕，或者有機會離開這個地獄……大衛醫生，我想把身分證寄給你。如果政府逮捕我，也許會有幫助。我想我躲不了被捕的命運了……因為身為醫生，我被政府當作恐怖分子。對了，我這輩子都沒拿過槍，我們治療的傷患幾乎都是平民。我的內心已經殘缺不全了。大衛醫生，我能把你的電話號碼給我太太嗎？萬一有緊急情況，她會聯絡你的。

媒體開始有些關於阿勒坡的報導，尤其是第四頻道新聞台，他們取得了記錄醫院內與街頭駭人景象的影片，看了令人心碎。我持續遊說電視台和廣播電台，主張敘利亞政權的進攻違反了國際人道法。

2016/12/5

我：請不要放棄。我們仍在努力，還有其他條路可走，我們正在想辦法。目前的情況怎麼樣？我要上電視發聲了。

阿勒坡醫師之一：砲擊沒有停過，所有只有少數人傷亡。血庫空了。沒有新鮮的血品可用，也沒有氧氣機，情況太糟糕了。我們需要安全走廊來撤離平民。拜託幫我們。

我：了解，正設法幫你們安排一條聯合國的安全走廊。注意安全。

阿勒坡醫師之三：一如往常，戰機飛來飛去……到處都是炸彈……急診室滿是患者……罹難者橫死街頭，沒有人去收屍，只好給野貓野狗啃食，太可怕了。由於轟炸太猛烈，救護車多半不再出動。阿勒坡最後一個加護病房的護理師告訴我，在過去三天內，擁擠不堪的加護病房只有一名患者生還，其餘都死了。

連環致電阿薩德總統

大約此時，大局開始出現變化。我不能透露細節，但一些管道打開了。有人建議，我也許可以直接跟莫斯科的普丁總統聯絡，以人道立場敦促該國政府停火。我回到俄羅斯大使館，請他們安排我去莫斯科，直接跟普丁商討當前情況。儘管這聽起來十分天真，但我實在無法相信，若他看到阿勒坡當前的慘況，還會堅持繼續轟炸。但我得知，局勢變化太快——阿勒坡城西一家俄羅斯野戰醫院剛遭叛軍砲擊，造成兩位俄羅斯醫師死亡。他們辯稱，雙方都遭受人道災難，彷彿這就弱化了我的主張。

接著，又發生了另一件更加出乎意料的事。某個週二下午，我正好在進行手術。我的手機響了，一位護理師把電話舉到我耳邊。一位聽來高學歷的英國人請我到倫敦市中心一家咖啡店會面，說要提供有用的資訊。

一結束所有工作，我就騎腳踏車去見這位聯絡人。他說了令人難以置信的消息：我說不定可以直接向大馬士革的阿薩德總統表達意見。他給了我一些電話號碼，並說若我在隔天早上特定時間打電話，阿薩德本人就會聽聽我的看法。

這位聯絡人說：「這是打電話的時間，要說你是倫敦的外科同事，在帝國理工學院工作，而且一九九三年你在西區眼科醫院就認識他了，這樣就能靠點交情跟他說話了。」

這個機會可能打破協商僵局，我在做準備的過程中，再度聯絡了阿勒坡的同事。

2016/12/6

我：今天還好嗎？

阿勒坡醫師之一：糟糕透頂……根本是大屠殺，又無藥可用……政府軍不斷推進。

我：你想用Skype跟第四頻道新聞台通話嗎？但我不想讓你為難。

阿勒坡醫師之一：我不能跟媒體說話……抱歉。

我：我明白，沒問題。

阿勒坡醫師之一：大衛醫生你怎麼看？……有可能撤離嗎？

我：我要跟有可能阻止轟炸、協助撤離的人談談。會議（即跟阿薩德通話一事）預定在明天上午舉行。

阿勒坡醫師之一：我一直在禱告。叛軍決定離開阿勒坡市。我希望這個消息有助我們撤離。

我：這個消息太好了。我們正在（跟聯合國）討論派遣車隊接受傷孩童與負責照顧的醫生（包括你和同事），如果計畫生效，希望最快在週五出發。

十二月七日星期三上午六時，我首度直接打電話給阿薩德總統辦公室。大約過了一小時才成功接通。最後，一個沙啞又帶軍人口吻的嗓音，用阿拉伯語簡短地說：「怎樣？」

我身旁有名阿拉伯語流利的口譯人員，透過他的翻譯，我說明了自己的身分，小心地略過了我曾在阿勒坡城東工作的事實，並表示自己想跟阿薩德總統商討撤離阿勒坡受傷孩童。

「你是誰？」對方粗聲粗氣地說，口氣相當咄咄逼人，「聯合國？」

我連忙解釋自己僅參與國際人道救援，希望能談妥停火事宜。接著，我表示自己想直接說英語，對方回答：「好，說吧，我們都在這裡。」我問阿薩德是否也在場，得知確實如此，但他絕不可能親自跟我說話，只會聽擴音的內容。

我深吸一口氣，直接開始說了。我不知道阿薩德是否真的在聽，甚至也不確定他是否真的在電話那頭房間內，但得姑且一試。我完全以人道主義的立場表明意見，指出他也接受過醫學訓練，也宣讀過所有醫師都遵守的希波克拉底誓言。我告訴他，大約有五百名孩童需要從阿勒坡東部緊急撤離，並直接請他下令停火，好讓他們可以動身，聯合國已表示會提供車輛護送他們離開。那個沒好氣的聲音又出現了，語帶懷疑又不表態答應，只說他們不會同意使用聯合國的車輛。

我重複了一遍自己的主張，大大出乎我意料的是，電話那頭傳來不同的聲音，而且這次是用英語，文雅許多又有修養。他說：「好，十分歡迎，再見。」通話就結束了。這是阿薩德本人嗎？我永遠不得而知，也不知道究竟獲得什麼成果，但感覺多少有些進展。我被告知隔天再打電話。

2016/12/7

我：希望很快就會停火。

阿勒坡醫師之一：拜託了，醫生……拜託盡力救救我們。

我：盡量注意安全。現在檯面下有很多事在進行。希望在接下來一天內就會有一條往北的走廊。很快就會見面的。務必要安全啊老友。如果你有網路就保持聯絡。

阿勒坡醫師之二：我們好擔心，政府軍步步進逼。

阿勒坡醫師之三：政府軍非常靠近了……我們要關閉野戰醫院，逃到叛軍的最後據點。我可能無法聯絡你了，大衛醫生。

隨著敘利亞政府軍從四面八方進逼，尚未遭政府控制的阿勒坡地區日漸縮小，不久便僅剩兩、三平方公里了。沒想到，聯合國收到了阿勒坡領導委員會（Aleppo Leadership Council）一封電子郵件，成員都是「武裝行動組織」的叛軍團體，信中要求停火五天。這封電子郵件引起了軒然大波，美國國務卿凱瑞得以跟俄羅斯外長再次協商停火事宜。

我收到一封來自聯合國凱文・甘迺迪的電子郵件複本，信中說武裝行動組織最多只能再撐五天，但有些人預估阿勒坡最快隔天就會被攻陷。另有報導指出，阿薩德的精銳部隊第四師正在領軍進攻；還有傳言說，負責接管「解放區」的伊朗民兵在進行報復性殺戮。據估計，遭圍困的平民有十萬人，其中需要醫療照護的比例尚不清楚。

凱文嚴正提醒，撤離的最佳時機即將消失。他主張美、俄兩國外長應該繼續進行對話，也關切如何處置醫師、醫療人員和非政府組織——他們會獲准離開嗎？抑或留在安全的地方繼續醫療工作？他最後提到：

> 大衛，如果你聯絡上阿薩德，就應該提這件事：他應該發表公開聲明，表示民眾的安全無虞，可以自由行動。最後，如果明天跟阿薩德的通話狀況不樂觀，就考慮自行發表公開聲明，說明目前已就緒的詳細安排，一切都為了治療受重傷的孩童。聯合國目前發表了幾十次聲明，但全都成效不彰。民間人道組織的公開聲明就是把球丟回去給他們，說不定能逼他們有所回應。

我突然感受到很大的壓力，致電阿薩德總統辦公室一事也顯得愈來愈急迫。我每天早上都打電話。六點準時起床，撥那支別人給的號碼，然後等電話接通。若電話沒接通，我就打到接通為止。有時電話通了，聽到那位沒好氣的將軍說：「怎樣？」讓我說了幾句話又掛斷。然後，在一次通話過程中，我說（想必是第一百次了）聯合國有一支車隊在等候，必須確認停火才能出發，對方的回答有所轉變。

「不要聯合國的巴士。」我聽到他說，「只能用我們的巴士。」

這是否代表他們同意了呢？很難說。我只能繼續催促、繼續打電話。

2016/12/8

我：準備好離開了嗎？有多少醫生和孩子隨時可以離開？可以盡快給我人數嗎？

阿勒坡醫師之一：大部分醫生都想離開，大約有三、四十人。我們在卡拉薩和沙卡瑞。政府軍還在進逼中。需要撤離的孩子應該有四、五百人。

我：了解，你很快就會得知世界衛生組織的消息，他們在阿勒坡城西，之後會給你指示。可以打這幾支電話，就說是我要你聯絡他們，他們就會跟你協調。

阿勒坡醫師之一：好。

我：正努力安排一條北邊的安全通道。

阿勒坡醫師之一：上帝保佑……救救我們，帶我們回家。

我：我想知道，你覺得自己能離開現在的位置嗎？走北邊的卡斯泰洛路，或者你覺得其他路更安全？

阿勒坡醫師之一：卡斯泰洛路。

我：了解，你覺得到現在的地點接你最好嗎？你願意在那裡等嗎？

阿勒坡醫師之一：沒問題……卡拉薩或沙卡瑞都可以。

我：轟炸停止了嗎？

阿勒坡醫師之三：過去一小時內，急診室就有數十名傷患，轟炸未曾間斷。政府還動用氯氣攻擊，我的天哪，孩子們邊哭邊咳，這可怎麼得了。政府分明想把我們全殺了。

停火協議

而在幕後，高層電子郵件之間的磋商仍持續中，郵件往返之下，另一名聯絡人提議直接向普丁總統傳訊息，看他有沒有辦法促成停火，好讓困在阿勒坡城東的五百名孩童離開。我再度替他們請命，就像先前打給阿薩德辦公室的電話，主張這是為了向世界展現該政府具有人道精神，而不是給好戰份子的印象。令我驚訝的是，普丁同意停止衝突，但不清楚何時開始與結束。

2016/12/9

阿勒坡醫師之一：大衛醫生，我們準備好了……拜託告訴他們停止轟炸，然後帶我們出去。

我：可不可以把孩童依指定走廊送往西邊，醫療人員和傷患則往北部前進？

阿勒坡醫師之一：我們不可能把任何人送到政府手中。

當時在阿勒坡城西，國際紅十字會、敘利亞紅新月會和世界衛生組織首長正在跟當地俄軍指揮官談判，討論平民和傷患可以通過的各個邊境出入口。當然，俄羅斯和敘利亞政府控制著所有地點，平民與醫師要從叛軍據點穿越政府領地，人身安全仍然是一大問題。他們需要確定不會在前往我們努力設立的中立區途中遭逮捕，一旦到達中立區，就會由各個非政府組織接他們到北邊。但也有一些正向的發展——會談期間，一位俄羅斯將領接到電話，確定很快就會停火。

2016/12/10

我：今天好嗎？再告訴我今天的狀況，親愛的朋友，我得把消息轉給聯合國。

阿勒坡醫師之一：大規模砲擊……今天落下的是碉堡剋星。

我：好，我們還在努力中。

阿勒坡醫師之三：直升機直接在一棟建築物上空投下氯氣彈……造成很大的恐慌……感謝上帝，我們還活著……今天戰機和直升機來得十分頻繁，我們有五、六次感到地面震動，可能是碉堡火箭砲（也可能是俄羅斯戰機）……至於傷患撤離一事，一點變化也沒有，俄羅斯要傷患走一公里到政府領地，說那裡就有救護車等著他們！大衛醫生，說說你的看法……我們到底會怎麼樣？我每天都覺得自己離死亡愈來愈近。

武裝行動組織對阿勒坡城西展開迫擊砲襲擊，造成數十人死亡、三百人受傷，讓原本就敏感的局勢雪上加霜，實在不大妙。

我把所有收到的WhatsApp簡訊轉發給凱文·甘迺迪，他再轉給華盛頓國務院，好讓眾人了解阿勒坡內部的真實情況。

2016/12/11

阿勒坡醫師之一：我們有一份傷患名單，已經傳給聯合國了。

我：我說了所有電話都得由我來打，所以耐心等我的消息吧。

阿勒坡醫師之一：大衛醫生，這件事必須跟叛軍商量才行。

我：目前在跟一個叫法魯克的人協商（武裝行動組織負責人），你認識他嗎？

阿勒坡醫師之一：認識認識……這樣沒問題。

我：我也有必要跟他談談嗎？

阿勒坡醫師之一：如果聯合國在跟法魯克協商就沒關係，不需要再找他談了。

我：很抱歉，俄羅斯和美國在日內瓦的談判又失敗了。我已經跟很多政治人物接洽，想盡辦法爭取停火。如果我們能達成停火協議，聯合國就會去接你們。

阿勒坡醫師之一：好……希望一切順利。你知道為什麼談判失敗了嗎？叛軍同意撤離了……我擔心美國政府把情況搞砸，導致協議破裂，害我們陷入絕境……你覺得呢？

我：我也不知道，只覺得好挫折，但現在仍在努力中，想辦法再帶話給普丁，他們上週雖然同意小規模停火，阿薩德政權卻沒有停止轟炸。但我們又開始努力，得讓普丁叫阿薩德停止轟炸。我一確定停火，就是撤離的時候了，好嗎？

阿勒坡醫師之三：這裡就像世界末日……把平民當目標的侵略戰……甚至每天都有直升機投下氯氣彈……老弱婦孺行走時得躲避炸彈，有些死在路上，孤伶伶遭動物啃食，這還有人性可言嗎？有些人到達了政府控制的地區，盟軍準備好逮捕他們，再度把他們派到前線……昨天，俄羅斯戰機用碉堡剋星攻擊阿爾哈吉大橋，想把橋炸斷……阿勒坡的天空滿布直升機和戰機……昨天直升機沒有投擲炸彈，因為出現一架俄羅斯戰機……傷患的遭遇依然很悲慘，兩天前我們收到一名十歲女孩，她被壓在廢墟底下，父母下落不明……我設法幫她治療，也開始照顧她，希望有人會來詢問她的身分……傍晚，政府軍的氯氣彈擊中醫療據點，我們只好把患者送往第二個據點……沒想到，女孩抵達時，護理師請一位婦女挪出病床一點位置，那名婦女卻突然大喊：「女兒啊，我的女兒啊……」

一股急迫感再度湧上心頭，我們真的快沒時間了，每條活路逐一被堵住了。肯定有人能想辦法阻止這一切吧？情勢每下愈況，氯氣彈逼得民眾離開地下避難所，因為氯氣比空氣重。而他們從避難所出來時，又成了砲彈和火箭彈的目標。每家新聞媒體都刊登了阿勒坡斷垣殘壁與民眾受苦的照片，看了怵目驚心。

十二月十二日，我接到俄羅斯大使館的電話，要我緊急聯絡他們。我致電領事館的高級幕僚，他說莫斯科當局已聯繫他們——他們說停火是勢在必行，普丁總統也已給予保證，但要我暫時不要公開這項消息。

安德魯．米契爾已正式申請第二次緊急辯論，我再度在下議院聆聽。就在辯論開始之前，我在WhatsApp上收到一段阿勒坡城內直播影片，正是阿布．沃席姆，看起來活像流浪漢，從頭到腳裹著好幾件衣服。當時氣溫是零下十度，他們沒有食物，沒有水，只剩一台發電機。他問我好不好，聽得我差點掉淚，但我強忍淚水，在他面前保持堅強。

「我們會救你出來的，」我說：「等我。」

「謝謝你，好友。」他回答。但我很清楚，如果承諾好的停火協議落空，這可能是我最後一次見到他了。

辯論結束後，我向安德魯．米契爾感謝他的付出，便騎腳踏車回去上班。在維多利亞附近的車陣中，我感覺手機在口袋裡震動，直覺告訴我要停下車掏出手機，螢幕因為冷冷的細雨顯得模糊。

我看到的當下不禁叫出聲來——是一封來自凱文．甘迺迪的郵件，說到各方停火協議已開始生效，而且在緊急辯論結束後不久，就證實已經停火。敘利亞政府提供了綠巴士組成的車隊，負責把人從阿勒坡載出去。不久後，凱文又寄來另一封郵件：「大衛，多虧有你的大力倡議，敘利亞問題引起國際關注……只希望這能帶來正面的結果。」他後來告訴我，土耳其與俄羅斯總統達成一項協議，允許所有平民和叛軍離開阿勒坡。

我簡直不敢相信，但事情正在成真。我的朋友們終於安全了。

黑暗中的微光

2016/12/15

阿勒坡醫師之一：我離開阿勒坡了，跟家人在一起……非常感謝你所做的一切。

阿勒坡醫師之三：哈囉，大衛醫生……我凌晨三點才回到家。幾個月來第一次見到家人，那一刻真的難以言喻。

阿布．沃席姆：謝謝你，想到再也回不去阿勒坡了，我們也很難過。

我：我知道，但幸好你還活著，太開心了。

阿布．沃席姆：哈囉，我的朋友。我們離開阿勒坡了，非常感謝你。

敘利亞政府的綠巴士與救護車都抵達了，排起一列列長龍，準備帶他們送往邊境出入口，再移交給「解救敘利亞」等多個非政府組織。救護車會把傷患送至伊德利布省醫院。

隔天，慕尼爾．哈基米打電話給我。一輛輛巴士前往阿勒坡撤離民眾，許多人受了重傷，另外還有人凍傷，或在連番轟炸下飽受心理創傷。他問我，是否願意去敘利亞幫忙？我當然不會放過這個機會。

我接到電話時人在特拉維夫，因為我和艾莉在我們自己基金會的資助下，跟國際紅十字會合作，在加薩開設了一門險惡環境外科訓練課程。接到電話後，我們立即取消了課程，我天未亮就離開了飯店房間，先飛往伊斯坦堡，再轉往土耳其與敘利亞邊境附近的哈塔伊機場跟慕尼爾會合，一起進入敘利亞。

那天下午，慕尼爾去了拉希丁的邊境出入口，我則待在巴布哈瓦幫剛從阿勒坡過來的患者看診。慕尼爾後來告訴我，站在出入口看著民眾乘著政府的綠巴士離開阿勒坡，實在太過神奇。這些人從遭圍困又形同廢墟的恐怖之都重回自由，俄羅斯士兵還扶他們下巴士，此情此景好不真實，令他深感震撼。不過幾小時前，這群士兵還朝他們開槍呢。

那天傍晚，慕尼爾提議我們開車去當地一家餐館，不要像往常一樣在醫院吃飯。路上大雪紛飛，整趟花了大約半小時。由於情勢依然很緊張，因此我們抵達餐館時，我戴著一大頂羊毛帽當作偽裝，從後門偷偷溜了進去。我們走進偌大的飯廳，似乎跟餐館的其他區域隔開。突然，一道簾子拉起，所有人都現身了，大約有三十位撤離阿勒坡的醫師，其中包括阿布．沃席姆和阿布．

侯賽法。這是我這輩子歷經數一數二感人的重逢時刻，對他們來說，則是地獄般的日子終於畫下美好句點。為了實現這項目標，許多人努力了好幾週，包括英國政府、聯合國、政要與中間人，當然還有默默付出的人。我非常感激他們，也很高興我們的堅持不懈有所成果。

我與阿布．沃席姆合作了一週，共同替他手上許多患者動手術，進行截肢或重建手術的補強。再度跟學生共事，我感到十分滿足。

有一名小女孩特別惹我愛憐。她的名字叫瑪蘭，只有五個月大，父母在穿越通往阿勒坡城西的出入口時遇害。她的腿部、手上和手臂上都有嚴重的碎裂傷，看起來非常痛苦，還有嚴重的敗血跡象，若沒有適當處理傷口，很快就會死亡。另外，還需要緊急幫她把骨折部分復位。這是我們在當地最後一天，慕尼爾負責處理骨頭傷口，我則處理所有的軟組織傷口。我擔心瑪蘭的傷勢太過嚴重，恐怕會撐不下去，但我們仍盡力而為。

隔天正好是平安夜。我穿越邊境到土耳其準備返國之前，特地去探望瑪蘭，但巡遍了病房都找不到她。我問了一些醫師和護理師，他們都不曉得瑪蘭的下落，所以我做了最壞的打算：想必她已在昨夜死了，隨即被帶走，成為這場無情戰爭另一名受害者。

我回到倫敦時，直接開車往德文郡看家人，最後在凌晨三點到家。聖誕節那天，我緊緊抱著莫莉和艾莉，心中滿是感恩。我們真是太幸運了。

對於敘利亞的慘況，實在很難抱持樂觀態度。我的同事與其他醫師基於勇氣與奉獻的精神，會繼續進行醫療工作。但除非有強大政治施壓，否則很難會有正面的進展。正如我們最近幾個月所見，在東古塔等地，更有必要敦促阿薩德政權採取溫和手段。我為敘利亞人民感到痛心，真的祈禱很快能找到通往和平的道路。

一如往常，都是黑暗中微小的火光，賦予了我們希望。我從巴布哈瓦回來數月後，BBC聯絡了我。不可思議的是，他們居然在土耳其找到瑪蘭，問我願不願意去探望她。

我從伊斯坦堡飛到哈塔伊機場，再驅車前往雷伊漢勒。BBC派了一支攝影團隊跟著我，記錄這個奇蹟般的時刻：那名勇敢的小女孩朝我微笑，一副健康的模樣。「哇，看看這是誰呀，」我邊看她邊說：「我帶了一個娃娃要給妳喔。」小女孩臉上洋溢著希望、幸福、純真、愛，也許還有寬恕，具體而微呈現了世界的美好，正如《古蘭經》第五章第三十二節（Sura 5：32）所言：「凡拯救一條生命，就如同拯救全人類的生命。」

瑪蘭——以及世界各地戰亂下的其他孩子與無辜受害者——就是我行醫的使命。

跋

英雄的勇敢與脆弱

艾莉諾・諾特

英雄主義是人類代代相傳故事中的常見主題：力量卓越的人成就了不起的大事。幾百年來，英雄的故事僅次於浪漫愛情故事，英雄承擔使命、克服逆境並取得勝利，遍布洞穴壁畫和圖書館書架上。英雄故事帶給我們希望，讓我們即使不時見到世界的悲慘，仍然可以保有信心，這些故事也化作靈感與抱負。我們自己可能沒有這些特質，但知道有這類特質的存在，就可以稍稍感到寬慰。

社會需要英雄，但我們不見得希望英雄太人性化。我們不想要看到醜陋的一面。英雄若要討我們歡心，就應該有我們無法企及的善良和美德。一旦有失敗的跡象、盔甲出現裂縫，我們的美夢就破碎了，又得重新追求起完美。

愛就像外科手術，並非永遠乾淨俐落，也並非永遠輕鬆寫意。從許多方面來看，進出戰區比日復一日的正常家庭生活更加簡單。你不會永遠都當英雄或救世主，還得面對日常、沉悶和艱難的對話。

我經常得提醒自己，大衛想必要費力適應婚後的生活和父親的角色。他大半輩子都遊走在剃刀邊緣，情感也保持某種程度的孤立。

正如他在書中所描述，我們交往之初有時充滿痛苦。但就我對他的了解，至少能明白他所作所為的理由。我很感激他展現真正的勇敢，並告訴我未曾與人分享過的人生大小事。這些都有助我更加體諒他。

想看到大衛最了不起的一面，就得觀察他如何跟不同的兩群人相處。首先是他情同手足的敘利亞醫師們，再來是他的兩個女兒。

二〇一六年，阿勒坡的局勢急轉直下，大衛掛念著城內的醫師與平民，一心只想結束他們的苦難。他的手機不斷收到可怕的照片，都是遭俄羅斯和敘利亞炸彈和子彈摧殘的弱小軀體。他有時深陷靈魂的孤寂暗夜，好幾小時蜷縮在筆電前、敲打著手機。除了敘利亞的事，很難跟他談起其他問題。

經過幾個月的遊說，巴士開始駛出阿勒坡，開進伊德利布，我告訴他，他儘管過去幫忙，順便向友人表達我的祝福。他不僅跟自己培訓的阿勒坡醫師志同道合，也跟英國的敘利亞社群情誼深厚，這毋寧是件美好的事。那年十二月他再次跟所有人重逢，想必感動莫名。當時天寒地凍，他們送給他一件厚厚的棕色羊皮大衣。他現在若在家工作到很晚，有時乾脆睡在樓下沙發上，我下樓便會看到睡得正香的他，身上就蓋著那件大衣，後方有個小小的燒焦痕跡，是他某次太靠近爐火所致。我很好奇他在做什麼夢，希望是在阿勒坡最後一家冰淇淋店跟朋友一起吃冰淇淋，或是夢到開車奔馳在不同醫院之間，儀錶板上擺著阿波．阿卜杜的卡拉什尼科夫衝鋒槍，用來嚇阻任何想攔下他們的人。

大衛真的很愛這些朋友。在跟阿勒坡醫師的來往中，他找到了陪伴、使命、意義與任務，而這些朋友對他的好，也令他大受感動。我們都希望做出貢獻，希望我們的生命有意義。當時他身邊沒有任何親人，這些醫師就是他生命的意義。

阿布・沃席姆都習慣叫他「阿布・莫莉」，阿拉伯語的意思為「莫莉的父親」，逗得大衛開心不已。我最喜歡看他從自家門口進來時，跟兩個突襲他的小蘿蔔頭一塊打鬧。我們會張大耳朵等著爸爸的摩托車聲，或他腳踏車的剎車聲，然後門咻一下打開，莫莉和伊麗莎白爭相要他抱抱。他是溫暖、和藹又認真的父親。我有時會隔著門，聽他讀睡前故事給莫莉聽。伊麗莎白生病時，大衛整晚熬夜陪伴，把女兒抱在懷裡，讓她感到安心可靠，只是這代表自己也無法睡覺。

早先我便明白，大衛從事的人道醫療是他生命的一部分。儘管我起初覺得很為難，非常擔心他在敘利亞工作的安危，但我完全支持他所做的事，否則不僅會讓大衛失去熱情，還會剝奪世人受惠於他醫療能力的機會，而這份能力在當前實屬必要。

從我們相遇的那一刻起，我就開始思考要如何培訓更多醫師，讓他們掌握必要外科能力，好在世界上飽受戰爭蹂躪的貧困地區拯救生命。我成立了大衛・諾特基金會，方便我們募得資金，贊助各地醫師來英國皇家外科學會，參與大衛指導的「嚴峻環境外科訓練」課程。若我們募得足夠資金，還可以直接在國外開課，把培訓帶到需求最大的前線。

懷莫莉時，我帶著筆電和一疊慈善委員會的文件，在廚房的桌子旁連夜趕工，替基金會撰寫章程、招募理事、開設銀行帳戶。二〇一五年大衛生日當天，我接到我們獲得慈善組織認證的通知。兩星期後，莫莉出生了。

大衛・諾特基金會自成立以來發展迅速，大衛在媒體上的曝光帶來大幅助益，其中又以二〇一六年六月播出的BBC廣播節目《荒島唱片》（*Desert Island Discs*）最具影響力。至今，我們依然會收到有關那次特別節目的來信。對成立不久的慈善機構來說，每筆捐款都象徵一個個支持者對我們的信任，而我們也非常認真地看待這項責任。

過去三年中，基金會團隊舉辦了七次「險惡環境外科訓練」，總共培訓了七百五十位醫師。我們在土耳其加濟安泰普舉辦三次課程，專門給從叛軍據點搭巴士來的敘利亞醫師；我們接受「無國界醫生」的邀請，前往亞丁和葉門，並隨紅十字會前往加薩走廊。我們在約旦河西岸拉馬拉、伊拉克摩蘇爾和利比亞米蘇拉塔都開過課。二〇一七年十一月，大衛前往孟加拉的科克斯巴札爾，醫治遭緬甸迫害而流亡的羅興亞難民。

我們已邀請過三十五位學者來倫敦參加嚴峻環境外科訓練課程。對於在人道手術表現出無窮潛力的醫師，我們一律提供獎學金，支付課程費用、機票、簽證與住宿。如今已出現良性循環。凡是我們在國外開設一門險惡環境外科訓練課程，就會收到一大堆獎學金的申請，而學者也會邀請我們去他們家鄉開課。

我們也籌措資金來購置最先進的模擬人體模型，這是培訓海內外醫師時的珍貴教具；同時跟世界首屈一指的電信企業慈善部門合作，製作手機應用程式，提供相關資源給世界各地的醫師，其中的資料庫包括大衛的手術影片與專業知識、相關示範以及社群功能，讓醫生可以進行諮詢與分享經驗。

目前外科受到的關注，不如傳染病或可預防疾病等問題。然而，根據《刺胳針》雜誌一項研究，每年有一千七百萬人死於可以手術治療的疾病，這個數字超越肺結核、瘧疾和愛滋病的總和。因此，我們大力主張在資源匱乏或戰亂環境中，必須要有熟練又安全的外科手術，同時提倡衝突下受害者與醫療照護人員的權利。

我們提供的培訓課程需求很大。未來幾年，我們希望擴大基金會的影響層面，陸續在世界各地開設課程，也希望建立不同的區域中心，成為教授嚴峻環境外科手術的權威。

大衛體現了真正的英雄精神，前提是我們得正視英雄也有脆弱與人性的一面。我受洗的天主教會中，有位睿智的神父曾說：「追求遠大目標，準備為其奮鬥。」這句話我一直銘記在心。我不願見到女兒在尋找浪漫幻想的過程中錯過真愛，我很慶幸自己也沒有錯過。

正因為英雄有脆弱的一面，所以更值得我們愛戴。這就是大衛，我那了不起、心思複雜又摯愛的先生。

誌謝

二〇一四年，我結束了在阿勒坡為期六週的醫療任務返國，接受ＢＢＣ廣播四台艾迪．梅爾的專訪。當時，世人似乎遺忘了敘利亞內戰，相關消息鮮少成為新聞。我下定決心要讓觀眾好好聆聽，分享自己在阿勒坡那段日子，以及日復一日見到的各種怵目驚心的傷勢。

這次距離我之前接受艾迪．梅爾訪問已過了將近一年，但節目播出後，我收到不同經紀人發來的電子郵件，問我有沒有考慮出書。老實說，我壓根沒有想過。我寫過幾本醫學教科書，但從來沒有想過延伸寫作觸角，或從個人角度出發，書寫我在國內外行醫的經歷。我心想，也許這是告訴世人敘利亞情勢的有效方式。

二〇一五年一月某個陰冷的下午，安德魯．戈登（Andrew Gordon）來到診間找我。而當時再兩週就要與我結婚的艾莉，也一如既往陪伴著我，展現慣有的聰慧、爽朗與活力。我們跟安德魯一拍即合，他也是我寫這本書過程中的指路人，總是體貼、懂得鼓勵又給予務實的建議。二〇一八年一月，我交給他一本「文字大雜燴」，他居然能巧妙潤飾，讓本書成為我引以為傲的作品。對此，我不勝感激。

除了安德魯以外，尼基．倫德（Nicky Lund）細膩又貼心地處理我筆下的故事，我們感謝大衛希格姆版權代理公司（David Higham Associates）的所有團隊成員。

從我們與麥克米倫／皮卡多（Macmillan/Picador）首次會面開始，我就深深佩服喬吉娜・莫里（Georgina Morley）和她團隊的活力。我知道，這本書交給他們萬無一失，共事過程也十分愉快，有助本書愈來愈好。

一九九三年，我首次隨著「無國界醫生」前往塞拉耶佛以來，就一直在默默地執行海外人道任務。許多人放下舒適又安全的生活，抽出時間運用自身技能在海外行善，對此我由衷感佩。「無國界醫生」、國際紅十字會和解救敘利亞等組織的工作人員和志工，理應獲得最崇高的敬意。而我在海外行醫時，也跟許多了不起的人成為好友，包括哈勞德・維恩（Harald Veen）、海達爾・阿瓦許（Haydar Alwash）、瑞秋・克雷文、彼得・馬修、卡洛斯・皮拉西・米尼切堤（Carlos Pilasi Menichetti）等人。

我要感謝倫敦醫院的同事與雇主，總是接受我臨時趕往世界另一個角落。感謝雀兒喜與西敏醫院的傑瑞米・布斯（Jeremy Booth）、戴瑞爾・多布（Daryl Dob）、賽門・艾寇斯（Simon Eccles）、里克・凱斯（Rick Keays）、羅傑・吉布森（Roger Gibson）、詹姆斯・麥考爾（James McCall）、柔伊・潘恩（Zoe Penn）、沃里克・拉德福（Warwick Radford）、詹姆斯・斯梅里（James Smellie）、理查・史密斯（Richard Smith）、雷斯利・沃茲（Lesley Watts）和羅恩・齊根（Ron Zeegen）；感謝馬克・強森（Mark Johnson）在艾莉兩次懷孕期間對我們夫妻倆照顧有加，也感謝他與馬克・考克斯平安接生我們的寶貝女兒；感謝聖瑪莉醫院的克里斯・艾爾文

（Chris Aylwin）、尼古拉・巴翠克（Nicola Batrick）、曼蘇爾・罕（Mansoor Khan）、烏斯曼・傑佛（Usman Jaffer）、奈傑爾・斯坦德（Nigel Standfield）、馬克・威爾森（Mark Wilson）與多位血管外科同事。感謝皇家馬斯登醫院的安迪・海斯（Andy Hayes）和德克・史特勞斯（Dirk Strauss）；感謝利斯特醫院（Lister Hospital）的蘇西・瓊斯（Suzy Jones）、帝國理工學院的羅傑・尼伯恩（Roger Kneebone）和賈斯汀・科布（Justin Cobb）；感謝英國健保局內所有我教過的醫師，以及每位我有幸在手術室與病房共事過的優秀護理師。

我要感謝我的病患展現無比的耐心。有時因為人道急難，我得臨時到海外出差，不得不取消門診與預約。病患不僅非常配合，還極為慷慨地支持基金會的運作，對此我銘感五內。

我要感謝英國皇家外科學會，看到我所指導課程「嚴峻環境外科訓練」的價值，並且提供開課的協助。感謝外科學會的友人與開設該課程的同事，包括東尼・雷德蒙（Tony Redmond）、喬納森・巴登（Jonathan Barden）、維西・馬哈德萬（Vishy Mahadevan）、馬汀・庫柏（Martin Coomber）、佛蘭辛・亞歷山大（Francine Alexander）、克莉斯汀・梅里杜（Christine Melidou）、克萊爾・馬克思（Clare Marx）、德里克・奧德森（Derek Alderson）和伯尼・里貝羅（Bernie Ribeiro）。

我首趟的敘利亞之旅，就此改變我往後的人生。後來，我數次前往阿勒坡參與醫療團所認識的一些醫師，不僅成為至交好友，更如同家人一般。他們賦予我一股使命感，我會永遠感激那段與他們共度的時光：阿布・沃席姆、阿布・卡里法、阿布・阿杜拉、阿卜杜拉齊茲、阿布・穆罕默丹、慕尼爾・哈基米、加尼姆・塔雅拉、艾曼・君迪（Ayman Jundi）、路埃・艾拉貝（Louay El-Abed）和薩拉定・薩旺（Saladin Sawan）。希望自己有幫上忙，凡事我都盡力而為。

我在阿馬爾・達維許身上，找到了兄弟般的友情。他總是安靜、沉著又堅定地陪伴著我，引領我渡過許多危難時刻。阿馬爾的妻子亞拉・埃卡尼（Aala El-Khani）剛跟艾莉認識就對她照顧有加，也一直是她的一大心靈支柱。

二〇一三年十二月，我首次接受廣播節目《PM》的訪問，對此我永遠都會感謝艾迪・梅爾。這讓我得以有時間與空間說明敘利亞的情況。藝術家鮑勃與羅伯塔・史密斯（Bob and Roberta Smith）是我所認識數一數二有趣的人，他聽了廣播後便把訪談內容畫成五公尺高、四公尺寬的作品，掛在二〇一四年皇家藝術學院夏季展供人觀賞。

二〇一六年，我有幸受邀到BBC廣播四台節目《荒島唱片》。我在錄音室待了大約兩小時；錄製結束時，其實深深擔心節目播出後，自己會給聽眾何種印象。結果，這集節目的迴響令人震驚，我至今仍然對聽眾的美言感到受寵若驚，還會收到他們捎來的訊息，表示我說的話與挑的音樂深具意義。我由衷感謝凱西・卓斯戴爾（Cathy Drysdale）、克莉斯提・楊（Kirsty Young）與他們所有團隊成員給我這個機會。

《荒島唱片》給予我與艾莉創辦的大衛・諾特基金會莫大幫助。我們基金會是慈善機構，宗旨是訓練醫師必要的手術能力，在遭受戰亂天災的地區提供救援。我們提供獎學金，好讓各地醫師能飛來英國，參與我在皇家外科學會開設的培訓課程，我們也另外提供海外教學課程。我們培訓的醫師遍及土耳其與敘利亞邊境、葉門、巴勒斯坦、伊拉克、利比亞、黎巴嫩和喀麥隆等地。我非常感謝所有慷慨解囊或運用所長支持基金會的人士。各位看到我們努力背後的價值，這對我的意義重大。我還要感謝前任與現任的理事，以及我們不可多得的贊助人貝蒂・布斯羅伊德（Betty Boothroyd）。

而在媒體圈、遊說團體、政治圈和外交圈都有許多人設法喚起民眾對敘利亞人道情勢的關注。我要特別感謝國會議員阿利斯泰爾・伯特（Alistair Burt）閣下，他總是認真傾聽我的問題，並盡其所能提供協助；感謝議員安德魯・米契爾閣下排定兩次緊急辯論，討論阿勒坡的人道情勢。二〇一六年，我首次到他家拜訪，一如既往帶著筆電，裡頭盡是一張張照片與眼下被圍困的阿勒坡城東慘況，議員不僅熱情招呼我，也不遺餘力地幫忙；感謝哈米許・布雷頓—戈登（Hamish de Bretton-Gordon），我們因為支援敘利亞醫師而認識，至今交情深厚；感謝約翰・斯威尼（John Sweeney）和薩萊哈・阿桑（Saleyha Ahsan）努力促進社會對敘利亞人道情勢的關切。

感謝許多朋友在我寫書進度被其他工作拖慢時，依然不斷幫我加油打氣，包括史蒂芬・鮑爾斯（Stephen Bowers）、桃樂西・伯恩（Dorothy Byrne）、傑米與妮娜・克寧尼恩（Jamie and Neena Crinnion）、麥可和與溫蒂・費爾（Michael and Wendy Feher）、昆汀・史密斯（Quentin Smith）、彼得・戈溫（Peter Godwin）、菲爾・古德（Phil Goodall）、羅傑・馬伍德（Roger Marwood）、艾莉森・穆迪（Alison Moodie）、梅瑞安、艾莉諾，以及杜拉貝拉・莫斯科維—湯瑪斯（Dorabella Moskovic-Thomas）、安德魯・諾曼（Andrew Norman）安迪和吉姆・羅斯（Andy and Jim Rose）、

尼爾和艾莉森・索尼（Neil and Alison Soni）、理查・史道頓（Richard Staughton）、強尼和露西・伍茲（Richard and Lucy Woods）。

而無論是寫這本書或做任何事，我最大的靠山一直都是艾莉。她、莫莉與伊麗莎白向來是我力量的泉源。我永遠都不會忘記，二〇一七年夏天，自己抱著熟睡的伊麗莎白，坐在我們漢默史密斯家中的頂樓，口述本書部分內容給她聽。另外要感謝威爾斯的阿姨、叔叔與表兄弟姊妹的情義相挺，也感謝同樣貼心的艾莉家人史蒂夫和溫蒂、瓊恩和傑瑞。

感謝從小陪我長大的卡馬森郡山巒、森林與河川，如此地美麗又神祕，在在影響了我的童年，提供我精神的養分與寧靜。但願我的父母麥爾康和伊芙仍在世分享這一切喜悅，感謝他們在我們共度的美好時光中，給予我的無盡關愛與支持，他們如今在美麗的莫里亞山上，長眠於曼古和達庫旁，距離一切的起點有數公里遠。

*

大衛・諾特基金會是英國註冊的慈善機構，專門提供最佳外科手術訓練給予在嚴峻惡劣環境中工作的醫療專業人員，好讓他們有能力拯救更多性命。

肩負人道任務的我們，宗旨是拯救戰亂和災難下受害者的生命。我們認為要實踐這一點，最有效的方法就是賦予醫師需要的技能與知識，以便為患者做出正確的選擇，成為更好的外科醫師。

為此，我們邀請醫師來英國接受手術課程的培訓，也把教學帶到前線。我們採用多元化的教學方法和教材，聘請經驗豐富的優秀外科醫師，組成世界一流的師資，戮力提供課程的影響力和效能。我們的願景是建立起醫療專業人員的全球網絡，按照最高標準進行培訓，以在嚴峻惡劣環境中給予患者最好的照護。

欲對我們的慈善事業表達支持或捐款，請見官網：www.davidnottfoundation.com

NEW不歸類 RG8046

醫者無懼

從中東戰區到非洲煙硝之地，行遍二十一世紀砲火最猛烈的戰場，外科醫生從事人道救援25年的生死故事

War Doctor: Surgery on the Front Line

•原著書名：War Doctor: Surgery on the Front Line•作者：大衛・諾特（David Nott）•翻譯：林步昇 •封面設計：橘籽設計 •校對：李鳳珠 •主編：徐凡 •責任編輯：李培瑜 •國際版權：吳玲緯•行銷：何維民、吳宇軒、陳欣岑 林欣平 •業務：李再星、陳紫晴、陳美燕、葉晉源•總編輯：巫維珍 •編輯總監：劉麗真 •總經理：陳逸瑛 •發行人：凃玉雲•出版社：麥田出版／城邦文化事業股份有限公司／104台北市中山區民生東路二段141號5樓／電話：(02) 25007696 ／傳真：(02) 25001966、發行：英屬蓋曼群島商家庭傳媒股份有限公司城邦分公司／台北市中山區民生東路二段141號11樓／書虫客戶服務專線：(02) 25007718；25007719 ／ 24小時傳真服務：(02) 25001990；25001991 ／讀者服務信箱：service@readingclub.com.tw ／劃撥帳號：19863813 ／戶名：書虫股份有限公司•香港發行所：城邦（香港）出版集團有限公司／香港灣仔駱克道193號東超商業中心1樓／電話：(852) 25086231 ／傳真：(852) 25789337 •馬新發行所／城邦（馬新）出版集團【Cite(M) Sdn. Bhd.】／ 41-3, Jalan Radin Anum, Bandar Baru Sri Petaling, 57000 Kuala Lumpur, Malaysia. ／電話：+603-9056-3833 ／傳真：+603-9057-6622 ／讀者服務信箱：services@cite.my •印刷：漾格科技股份有限公司•2022年3月初版一刷•定價450元

國家圖書館出版品預行編目資料

醫者無懼：從中東戰區到非洲煙硝之地，行遍二十一世紀砲火最猛烈的戰場，外科醫生從事人道救援25年的生死故事／大衛・諾特（David Nott）作；林步昇譯. -- 初版. -- 臺北市：麥田出版, 城邦文化事業股份有限公司出版：英屬蓋曼群島商家庭傳媒股份有限公司城邦分公司發行, 2022.03

面；　公分. -- (NEW不歸類；RG8046)

譯自：War doctor : surgery on the front line

ISBN 978-626-310-166-1（平裝）

1. 諾特（Nott, David）　2. 災害醫學　3. 傳記

784.18　　110021281